翻译认识与提升

Understanding and Enhancing Translation

周领顺 著

南京大学出版社

图书在版编目(CIP)数据

翻译认识与提升 / 周领顺著. —— 南京 ：南京
大学出版社，2018.7
ISBN 978 - 7 - 305 - 20339 - 8

Ⅰ. ①翻… Ⅱ. ①周… Ⅲ. ①翻译—研究
Ⅳ. ①H059

中国版本图书馆 CIP 数据核字(2018)第 120330 号

出版发行　南京大学出版社
社　　址　南京市汉口路 22 号　　　　邮　编　210093
出 版 人　金鑫荣

书　　名　**翻译认识与提升**
著　　者　周领顺
责任编辑　刁晓静　　　　　　编辑热线　025 - 83592123

照　　排　南京南琳图文制作有限公司
印　　刷　南京京新印刷有限公司
开　　本　787×960　1/16　印张 16　字数 360 千
版　　次　2018 年 7 月第 1 版　2018 年 7 月第 1 次印刷
ISBN 978 - 7 - 305 - 20339 - 8
定　　价　45.00 元

网址：http://www.njupco.com
官方微博：http://weibo.com/njupco
微信服务号：njuyuexue
销售咨询热线：(025) 83594756

前　言

　　本书既是教材，也非教材。说是教材，是因为它是按照教学和学习的自然顺序排列每讲内容的；说非教材，是因为它包含了众多另类的观点，绝非对其他传统教学材料的汇编，应属于研究型教学材料。本书所讲道理深入浅出，实践紧贴时代。本书材料经过了多年的积累、试用和提炼。

　　本书不仅布局另类、材料另类，甚至观点也另类，显示的视角众多且与众不同。说布局另类，是因为有违传统上从翻译史、翻译理论、翻译技巧到翻译练习的组织方式。大多略写，旨在为教师留出更多操控课堂的主动权和学生课后进一步阅读的空间；说材料另类，是因为内容多为笔者研究所得；说观点另类，是因为书中观点创新之处，皆出自笔者，个别与传统说法有异，但更能反映本质的、灵魂的东西，从每讲的副标题便可见一斑。

　　本书既不求面面俱到，也不板着面孔说教，多为师生留下开放的、争辩的、互动的和不断完善的空间，使学生在诸种另类之中获得新知、感悟和提升。翻译是一个不断完善的过程，译无止境，而且翻译之难，不全体现在背景知识的陌生、学科专业的深奥上，材料越熟悉，甚至越难翻译，毕竟翻译不仅在于理解，更在于表达。

　　本书在主题上涉及文学翻译、应用翻译和应用文学翻译。从文学到应用，从文本到译者，从靠近原文到偏离原文，不乏专题而集中的讨论；在例子上涉及英译汉和汉译英，但更偏重英译汉；在翻译原则、翻译技巧和评价思想上，做到有的放矢。坚持译、评两条线，并确保学习者在学习"译理"之余，体会到"译趣"和"译艺"。

　　本书主体由"要点拓展"、"阅读空间"、"师生互动"和"实践提升"等几部分构成。"要点拓展"是供教师课堂上拓展使用的，以免教材写得过细而限制教师的课堂发挥；"阅读空间"主要是供学生们课余使用的，是就"要点拓展"部分的某一点或几点而展开的详细讨论，可作为其他要点讨论的样板，任由教师跟踪补充并填补空白；"师生互动"部分先由作者初译而后与学生互动，设此部分旨在为师生提供互动训练的材料和样板;"实践提升"为翻译练习,供学生课余和老师下次课堂使用。"导入篇"论述"英译汉"之"好",具有入门和概论的性质;每隔 4 讲增添一个"外篇",共增添 5 个"外篇"。"外篇"的目标在于通过实例,提高学习者的鉴赏能力,也帮助调节教学气氛,虽然不属于整个教学以"讲"的形式安排的必要内容,但可由教师和学生根据需要而一起赏析。本书最后是"收尾篇"。

本书名为 20 讲,部分内容可分多次讲解,可浅可深,可满足一学年的使用;可做主教材、辅教材、专业教材或拓展课堂教材;适合英语专业本科生、学术型/MTI 研究生,以及非英语专业研究生和广大翻译爱好者学习使用。

目　录

导入篇

英译汉之"好"：好在哪里？

一、英译汉"好不好"和翻译批评问题

好不好的问题，显然是审美层次上的问题。翻译有两个层次，即"准不准"和"好不好"。例如：

I came to the class so late that I was scolded by my teacher.

译文 1：我上课是**如此**的晚**以至于**受到老师的批评。

译文 2：我上课晚了，老师批评了我。

译文 1 是练习词组"so ... that"使用的，如果不翻译出来就不准，但在交际场合里，因偏于形合，不符合目标语的讲话习惯，可读性较低，翻译出来则不好。"准不准"是基本的层次，"好不好"属于较高的层次。

"准不准"是指对原文的理解对不对，是"求真"的问题；"好不好"是指译文的表达地道不地道，是"务实"的问题，即理解和表达、求真和务实之间的关系。"好"是建立在"准"的基础之上的，如果"好"脱离了"准"，势必造成原文不存在的局面，超出"翻译"的范畴而走向无原文可依的"创作"。正如周领顺译者行为批评理论中提到的"求真"和"务实"一样，彼此互相制约，不能脱离，只有处于该评价模式描写和批评的范围，才属于"翻译"。"准"要求向原文求真，"好"要求对读者务实。在译者行为批评"求真—务实"连续评价模式的范围内，翻译始终维持在既不"超额翻译"（over translation）也不"欠额翻译"（under translation）的理想状态，否则就会导致汤姆孙（J. Thomson）所说的"翻译中两种危险"状态的发生。不走极端，不僭越翻译行为的约束，贯彻的是翻译的"忠实"原则。虽然翻译过程复杂，但需要保持翻译的内核不变。这里将主要讨论英译汉"好不好"层次上的问题。

"英译汉"是翻译实践界的常规行为,有关讨论已然汗牛充栋。但读者欣赏的究竟是什么呢? 事实上,人们对"英译汉"认可的"好"和对于"汉译英"认可的"好"是有出入的,其中既涉及译者和读者、翻译和创作之间的关系,也涉及汉民族的审美传统等问题。这里将通过对 30 名翻译方向研究生们(硕士生、博士生)的翻译测试和对于翻译网络围观现象的分析,讨论译者和读者心中"英译汉"之"好"的立身之本,揭示译者的目标与读者的期待,以期给予翻译实践以理性的引导,对提高翻译批评的公正性有所助益。所选实例简单易懂,便于说明翻译上最根本的东西。

二、《爱情》汉译测试:翻译研究生译作及其翻译分析

美剧《绝望主妇》(*Desperate Wives*)中有一些有关爱情的佳句,暂定名为《爱情》。笔者就其翻译对翻译研究生们进行了测试。

原文:I love you once, I love you twice. I love you more than beans and rice. I love you blue, I love you green. I love you more than peach ice cream. I love you north, south, east and west. You're the one I love the best.

翻译开始前,应对原文语言特点、风格特点和内容进行仔细的分析。原文用词简单、朴实(如 love; once; twice),不卖弄文采,整体如同儿歌一般简洁上口;突出色彩(blue; green)和方位(north, south, east and west);善用比喻性的语言(如 beans and rice; blue; green; peach ice cream; north, south, east and west),追求活泼生动;喜欢打比方(如 beans and rice; peach ice cream),以拉近与读者的距离,增强亲近感;原文内容十分生活化(如 beans and rice; peach ice cream; blue; green),更助于文风的质朴。

我们来看看翻译方向研究生们的译文(因篇幅所限,只列举个别例子,但分析时补全集体翻译的事实):

1. 我爱你。一顾倾城,再顾倾国。至死不渝,爱在朝暮。爱你忧,爱你怒。爱你喜,爱你乐。你甜过蜜桃,爽若夏冰。迷恋你周遭空气。我,最爱你。

2. 惊鸿一瞥,自此终生难忘。你是所有,柴米油盐不及你,夏日清凉不及你。相伴的时光,有时晴天,有时雨。海角天涯,只愿为你守候,有生

之年，我最爱你。

3. 一见倾心，二见倾情。我爱你，胜却人间无数。爱你是苦涩，是眼红；爱你是蜜桃般甜蜜的温柔，爱你是雾里迷了方向。你是我此生挚爱。

虽然研究生们的译文五花八门，但都有一种古雅之美，独立之美，或者说都进入了"化境"，但并未完全做到"神似"原文，呈现为辞藻美、风格华丽以及通过增添、删减而更改原文的事实，所以基本上是在进行一场汉语爱情诗歌的创作大赛。网上的译文简化作"一见倾心，再见倾情，我爱你，此生不渝"[①]，但因删减了原文的一些事实，导致原文生动性有所丧失。他们拥有共性的认识，待笔者将大家的译文公示后，他们彼此恭维，由此可见一斑。

存在问题主要表现为：

1. 代读者作深度解读。比如将 love you once 作"倾心"；将 love you twice 作"倾情"；将 blue 作"忧郁"；将 green 作"青涩"、"眼红"；将 I love you blue, I love you green. 作"浓妆淡抹华服素衣"；将 north, south, east and west 作"愿得一人心"、"迷恋你周遭空气"、"上穷碧落下黄泉"、"你哭，你笑，你痴，你嗔"、"天涯海角"、"咫尺天涯"、"爱你的方方面面"、"你是我的全部"、"爱你是雾里迷了方向"。代读者作深度解读时，难免扭曲原文的意义，如把 green 作"怒"、"天真"；将 beans and rice 作"生活中的琐事"、"一切琐碎"、"世俗一切"；将 peach ice cream 作"诱人的一切"、"珍馐佳肴"。

2. 丢掉原文的色彩用词。比如将 blue 作"忧郁"、"忧"、"苦涩"；将 green 作"欢喜"、"欢脱"、"嫉妒"、"朝气蓬勃的样子"、"搔首踟蹰"。汉语也喜欢用色彩词语，有直观形象之感，比如说"脸红了"（害羞、愤怒、着急）、"脸绿了"（害怕、生气）、"脸白了"（害怕、紧张）等。

3. 夸张语言或者夸大和更改原文的事实。比如将 beans and rice 作"世间万物"、"山珍海味"、"人间美味"、"人间无数"、"八珍玉食"、"一日三餐"、"柴米油盐酱与茶"、"至死不渝"、"爱在朝暮"、"与君共度，春夏秋冬"、"此情不灭"、"佳味珍肴"、"白首不相离"、"你哭，你笑，你痴，你嗔"、"此生不渝"、"一日三餐"、"布帛菽粟"、"爱你喜，爱你乐，像风过四季，如你脾气"、"柴米油盐"、"有时晴天，有时雨。爱你的全部，连皮带骨，至死靡它"；将 I love you once, I love you twice. 作"爱你千万次"、"爱你不是两三天，如生命般对我而言"、"倾城倾国"；将 peach ice cream 作"爱你的明朗欢欣"、"荔枝三百颗"。

---

① https://wenda.so.com/q/1476496252527236643? src=180.

4. 丢失原文质朴的风格。增添原文所没有的积极修辞(比如增添"万般姿态,刻骨铭心"),超越或者更换原文的风格。原文作者并非找不到色彩浓烈的词语,说明是有意为之。

5. 丢失原文的内容,舍弃原文作者有意表现的喻体等风格上的东西。比如不译出 beans and rice; north, south, east and west; peach ice cream 等。

6. 巧用汉语组合的特殊意义,使之在汉语读者中产生特殊的联想。如"一见……再见"、"一顾……再顾"、"惊鸿一瞥"。

以上问题总的可归纳为三个方面,即:语言上,主要体现为超越原文用词的高古;风格上,主要表现为舍弃原文的质朴而追求华丽和典雅;内容上,通过夸大、删减等改动原文事实,故意不忠于作者有意使用的喻体。

有的"译文"颇有彻底摆脱原文约束之感,很难找到原文意义的影子,应属于无原文可依的"创作"。例如:

1. 回眸初见已相恋,再度相逢坠爱河。眼前佳肴索无味,可餐秀色饱腹里。阴晴不定难捉透,却话佳人最得心。西北东南愿追随,心中最是伊人伴。

2. 一见倾心,再见倾情,我爱你到海枯石烂;生气也爱,耍赖更爱,我爱你竟如痴如醉;爱意充斥我心,你是我一生所爱,此生不渝!

3. 一见心怦然,再见心倾君。柴米油盐酱与茶,不及吾对汝之情。为汝忧思,为汝搔首踟蹰。荔枝三百颗,不及吾对汝之意。

这些所谓的"译文",只有对读者的"务实",却失去了对原文意义的"求真",难以置于"求真—务实"连续统评价模式内考察,是脱离了"翻译"的信马由缰。正如钱锺书所言:"一个能写作或自信能写作的人从事文学翻译,难保不像林纾那样的手痒,他根据自己的写作标准,要充当原作者的'诤友',自以为有点铁成金或以石攻玉的义务和权利,把翻译变成借体寄生的、东鳞西爪的写作。"①

"忠实"是文学翻译特别是诗歌翻译的基本原则。P. Newmark 将诗歌归入"表达型"文本,即要求翻译尽可能向原文靠拢,把作者有意表现的语言特征、风格特点和内容结合起来,却不需要代读者去审美、去思考,否则会限制读者的思维,况且"诗无达诂",除非由于文化差异,构成了理解的障碍。江枫先

---

① 罗新璋编:《翻译论集》,商务印书馆 1984 年版,第 703 页。

生曾就"Yesterday is old."这句诗的翻译测试过笔者的学生们,学生们的译文色彩浓烈(如"昨日已逝"、"昔日垂暮"、"往事如烟"、"往事随风而逝"、"昨日迟暮"、"昔日莫再提"等),而他给出的译文只是简单的"昨天老了"。这些所谓的译文,显然过度解读了原文。文学性并不都表现在辞藻上,而当作者用表示有灵生物的 old 表示时间时,就是有意的,因此"忠实"就必然是首选的原则。

翻译的"忠实"原则,不是空洞之物,但一落到实处,研究生们就往往将自己当作读者和译文"作者"去解读原文并审美,表现出很大的任意性。他们掩饰不住自己创作的冲动,与钱锺书批评林纾翻译时所言"碰见他心目中认为是原作的弱笔或败笔,不免手痒难熬,抢过作者的笔代他去写。从翻译的角度判断,这当然也是'讹'。尽管添改得很好,终变换了本来面目……"①如出一辙。虽然"忠实"不是翻译的全部,但对于表达型的文学文本来说,向原文靠拢,求真于原文,是译者应有的行为。

那么,什么情况下可以改变原文而不忠实或者不够忠实呢？客观原因主要是语言和文化上的差异,比如语言文化差异造成的不可译或可译但难以理解的情况;主观上主要是译者的主观愿望,比如为了提高销量而删减原文,更改那些不符合译者意愿的客观信息等。不过,这些都已超出了语言和翻译的范围。译者把翻译作为可以任意处置的东西,但严格地说,处置行为并不都是翻译行为,所以译者的身份也就不全是翻译人和语言人。

"超额翻译"因"目的语的信息度过大"②,造成"再创作"直至"创作"的事实。"再创作"是保留了原文的意义,但通过特别的加工,又在目标语中获得了新的生命。比如《暮光之城》中的 I love three things in this world. Sun, moon and you. Sun for morning, moon for night, and you forever. 网译为"浮世万千,吾爱有三。日,月与卿。日为朝,月为暮,卿为朝朝暮暮。"③该译文显然是将汉语成语"朝朝暮暮"拆分又合并后,导致汉语读者产生了"两情若是久长时,又岂在朝朝暮暮"(秦观《鹊桥仙·纤云弄巧》诗句)的文化联想,此非作者之意,所以拥有了"再创作"的效果。"创作"是原文不存的凭空创造。根据以上的翻译思想,笔者将《爱情》试译为:

　　一爱你,再爱你,胜过爱豆爱大米。爱你蓝,爱你绿,胜过冰糕加桃

---

① 罗新璋编:《翻译论集》,商务印书馆 1984 年版,第 703 页。

② 方梦之主编:《中国译学大辞典》,上海外语教育出版社 2011 年版,第 6 页。

③ https://www.zhihu.com/question/56378324.

汁。爱你南北爱东西,你是吾爱数第一。

只是该译文押了通韵,稍异于原文,但质朴的文风却得到了保留,而用词和内容几乎都一如原作。

三、《心畏》汉译的网络围观:翻译及其特点

研究生们在翻译测试中掩饰不住创作的欲望,而网络围观的"美文"翻译尤甚,译者多不具名,而网友们纷纷转发和跟帖,表明了他们的态度和认识。就译文风格的多样性而言,一首土耳其诗人所作但冠以莎士比亚之名的《心畏》(*I Am Afraid*)①堪称代表,我们仅以其中的"文艺版""诗经版""离骚版""五言版""七言绝句版""七律版"为例(其他还有"女汉子版""现代版""吴语版"等):

原文:You say that you love rain, but you open your umbrella when it rains. You say that you love the sun, but you find a shadow spot when the sun shines. You say that you love the wind, but you close your windows when wind blows. This is why I am afraid you say that you love me too.

文艺版:

> 你说烟雨微芒,兰亭远望;后来轻揽婆娑,深遮霓裳。你说春光烂漫,绿袖红香;后来内掩西楼,静立卿旁。你说软风轻拂,醉卧思量;后来紧掩门窗,漫帐成殇。你说情丝柔肠,如何相忘;我却眼波微转,兀自成霜。

诗经版:

> 子言慕雨,启伞避之。子言好阳,寻荫拒之。子言喜风,阖户离之。子言偕老,吾所畏之。

离骚版:

> 君乐雨兮启伞枝,君乐昼兮林蔽日,君乐风兮栏帐起,君乐吾兮吾心噬。

---

① https://weibo.com/2286908003/BEAfDzK2S? type=comment#_rnd1518529155853

五言版：

恋雨偏打伞，爱阳却遮凉。风来掩窗扉，叶公惊龙王。片言只语短，相思缱绻长。郎君说爱我，不敢细思量。

七言绝句版：

恋雨却怕绣衣湿，喜日偏向树下倚。欲风总把绮窗关，叫奴如何心付伊。

七律版：

江南三月雨微茫，罗伞迭烟湿幽香。夏日微醺正可人，却傍佳木趁荫凉。霜风清和更初霁，轻衫蛾眉锁朱窗。怜卿一片相思意，犹恐流年拆鸳鸯。

《心畏》的多个译本在网上传播迅猛，围观者众多。"围观"本来是个贬义词，但网络围观是一种网络现象，是近些年新兴的一种社会现象，在其他学界，学者对于网络围观现象已经有了一些初步的研究成果，该现象具有参与者人数众多、舆论场无中心化、反应速度光速化、影响力异常强大[1]等特点，但在译学界几乎无专题的讨论。网络围观的翻译有别于一般的网上评论，受到追捧的如《心畏》、乔布斯的《情书》、塞缪尔·厄尔曼（Samuel Ullman）所作的《青春》《年轻》等多个译本，受到贬斥的如冯唐所译泰戈尔的《飞鸟集》。多译本共现，自然形成比较。特朗普当选美国总统还不到一天，其就职演说的汉语古文版译文就出现于网络了，不得不让人感叹高手在民间。

翻译的网络围观形成这样一些相辅相成、因果照应的特点：

1. 以"妙译"并以能够体现汉语强大的居多，具体落实在汉语古雅的文风上。

2. 为展现汉语的强大，围观的多是"英译汉"而非"汉译英"。

3. 是可以反复把玩、人人都可一试身手的文学翻译。

4. 在翻译策略上，表现为"化境"超越"神似"，"归化"超越"异化"，"务实"超越"求真"，"超额翻译"超越"欠额翻译"，总体上偏离"忠实"原则，以"再创作"甚至"创作"为主。

以上这些特点归结为一句话，即要体现母语汉语的强大，展现汉语超强的

---

① 　贺义廉：《网络围观现象研究》，《社科纵横》2011 年第 12 期。

审美,所以以艺术品的形式反复出现于人们的视野。笔者试将该诗还原为:

> 说爱雨,雨来却用伞遮挡;说爱阳,阳来却去寻阴凉;说爱风,风来却把窗关上;说爱我,我却瑟瑟心畏伤。

与网上"妙译"相比,笔者的译文只能算作"普通版",有意忠实于原文,但也考虑了汉语偏于意合等特点,所以"再创作"的痕迹是难免的,只是尽量控制自己创作的欲望和幅度罢了。

《心畏》网上翻译和《爱情》研究生们翻译相比,有一点是相通的,即充分发挥了目标语汉语的优势,在风格上超越了原文。在强大的民族审美传统促动下,即使专门学习翻译的研究生们也对"忠实"的翻译原则视而不见。那么,为什么在进行英译汉时我们倾向于浓烈地处理原文的表达和风格呢?

四、"英译汉":汉民族传统审美心理的基点

在汉文化中,美辞之风是有其历史渊源的,许慎的《说文解字》将"文"解释为"文,错画也",特指那些精心描绘的字样。指文章时,多指重修饰。比如在汉代,"文"常用来指讲求藻饰的作品,尤其是骈文和韵文。

在创作实践中,侈丽宏衍的辞赋家、文风轻靡的骈文家,以及其他拘于格式的文人们,一味追求声律,雕琢辞藻。早期技巧论的代表人物有沈约、李东阳、李梦阳到后来的翁方纲、曾国藩等。"在 17 世纪以前的英国文坛上,藻丽的语言风格颇为流行。"[1]但在 17 世纪之后就趋向衰微,"这一世纪结束前,传统的修辞学成为新科学拥护者们抨击的对象,他们认为,修辞学由于提倡使用华丽的而不是清晰直接的语言使得真理变得模糊不清"[2]。修辞具有民族性,汉语言以绮丽为美,英语言以质朴见长。比如,"中国古代诗歌,已经成为中华民族最基本的文化'基因'之一,甚至形成了中国人在写作和阅读中对讲究平仄、对仗、押韵之文句的特殊偏好"[3]。

---

① 秦秀白:《文体学概论》,湖南教育出版社 1997 年版,第 280 页。
② 胡曙中:《英汉修辞比较研究》,上海外语教育出版社 1997 年版,第 48 页。
③ 陈庆荣、杨亦鸣:《古诗阅读的认知机制:来自眼动的证据》,《中国社会科学》2017 年第 3 期。

我们的传统审美观总体上是以神驭形的,所谓"文曲星"、"文似看山不喜平"、"夺(脱)胎换骨"、"出神入化"、"空灵"、"神似"、"化境"、"不隔"、"羚羊挂角,无迹可求"、"超凡脱俗"、"传神之笔"、"神来之笔"、"神采飞扬"、"如椽之笔"、"言之无文,行而不远"之理或无"斧凿之痕"、不"味同嚼蜡"等之谓是也,英译汉表现得尤其明显,这是民族文化认同的主流。所以,当钱锺书把 Just as we see the bee settling on all the flowers, and sipping the best from each, so also those who aspire to culture ought not to leave anything untasted, but should gather useful knowledge from every source. 一句翻译为"独不见蜜蜂乎,无花不采,吮英咀华,博雅之士亦然,滋味遍尝,取精而用弘"时,收到了"钱译语言精美,不枝不蔓,言简意赅,自然工丽"①的高度评价。究其原因,仍不过是钱译迎合了汉民族传统的审美情趣,这跟原文的本来风格没有直接的关系。为了体现汉语的强大,译者甚至要依据汉语和汉文化的特点,创造出原文所没有的联想意义。

对很多不懂原文的目标语读者而言,译文就是原文。所以,当把英语翻译成"唐诗宋词"般古雅时,就会受到汉语读者的青睐,而把唐诗宋词翻译为直白的英语时,就难以受到汉语读者的喝彩,归根结底无非是对孔子"言之无文行而不远"在翻译上的表白罢了,《心畏》的多译本如此,乔布斯《情书》的多译本也一样。② 网络围观的译文,表面上看似译文,却不如说是具有能够摆脱原文而拥有独立之美的美文,体现了译者和读者对母语的眷恋;围观译文,不如说是对母语的情有独钟。事实是,即使不对照原文、不懂原文的读者,也能对众多译文有个"好不好"的比较。

对于英译汉,汉语读者是"好不好"的审美者;对于汉译英,汉语读者是"准不准"的鉴定者。英译汉时,我们实际期待的是汉语表达"超额",希冀从"务实"到"超务实";汉译英时,我们实际批评的是英语表达"欠额",要"求真"再求真,甚至要求"原汁原味",以免"信息度过小,以致读者得不到理解原文意思的必要信息"③。汉语读者追求的是"英译汉"的艺术性和"汉译英"的准确性。在不涉及语言和文化差异的前提下,超额翻译的诱因都是站在目标语角度审美或者考虑其在目标语中的务实效果而引发的。所谓审美,甚至不妨说就是以目标语做的文字游戏,"神翻译"尤甚,如把 Young Girls 译为"秧歌",把 We

① 方梦之主编:《译学辞典》,上海外语教育出版社 2004 年版,第 292 页。

② 周领顺:《散文英译过程》,国防工业出版社 2012 年版,第 102–103 页。

③ 方梦之主编:《中国译学大辞典》,上海外语教育出版社 2011 年版,第 6 页。

found love 译为"潍坊的爱";故意寻找古文而与之对应,如把英语 Two wives, one funeral, no tears. 倒译成古代卓文君的《白头吟》"闻君有两意,故来相决绝",以及把古文警句翻译为流行语,如把"达则兼济天下,穷则独善其身"译为 Fuck the world if you are rich; otherwise fuck yourself. 等。

翻译方法上的各种超越,仍不过是借以体现母语汉语的强大的。所以,偏离"忠实"指导原则,也是情理之中的事。有读者,就有市场,但市场的合理性,并不意味着学理上的合理性。众多的汉语译文,戳中的是目标语读者的"美"点;表面上斗的是文字,实际斗的是民族的审美传统。

五、翻译批评和翻译导向

英译汉终究是把玩文字,追求艺术之美的,在审美的过程中,民族的审美习惯会在不知不觉间发挥潜移默化的作用。[①] 说到底,"英译汉"之好,实际是超越原文之好;对于汉译英,主要表现在准确性上,虽然也论艺术性,但主从有别,比如对于"你懂的"、"不折腾"、"以人为本"、"八荣八耻"等政治热词以及汉语流行语、汉语成语的翻译等。

网络围观本质上是一种社会现象,是发生在虚拟社会中的现实行为,具有集群效应,有其发生的文化与社会根源。网络围观起源于刻意或者无意中的信息释放,然后经过各种渠道的放大从而获得社会的广泛关注。翻译的网络围观现象,难免会融入社会的各种复杂因素,影响着人们的接受、传播和审美。

这里讨论的两个例子,在内容上都属于爱情,是否更迎合青年学生的创作热情而在很大程度上偏离了原文呢?结果证明并非如此。对于非文学文本的翻译,大家都认识到实用信息传递的重要性。比如,即使喜欢古雅文风的汉语译者,也不主张将英语直白的菜谱翻译成"雾里看花"、充满积极修辞的汉语,反而却将积极修辞浓厚的菜谱转变为易懂直白的英语(如把"蚂蚁上树"译为 Vermicelli with spicy minced pork 而非 Ants climbing trees)。

作为翻译批评者,我们虽然难以改变众人的翻译实践,但借以提高人们对翻译的认识,却是十分重要的。网络舆情要重视,甚至需要给予理性的引导,毕竟舆情是读者市场现状。只有将译文的"准"和"好"协调统一起来,尽可能控制在"求真—务实"的范围内,才可能保持翻译之为"翻译"的内核不变,这是

---

① 周领顺:《文学翻译中语言的民族风格的暗化》,《外语教学》2003 年第 4 期。

"翻译"的可控度。

　　文学翻译是艺术性的活动，为了满足目标语读者的需求，译者"再创作"是难免的，但要"正确认识翻译的性质，严肃执行翻译的任务，能写作的翻译者就会有克己工夫，抑止不适当的写作冲动"①。市场上认可的"好"，未必是翻译学上认可的"好"；群众说的"好"，未必是学理上说的"好"；翻译的网络围观是文化活动，但未必是翻译活动。作为翻译批评者，我们要将学术真性和社会围观分开来看待。

---

① 钱锺书：《林纾的翻译》，罗新璋编：《翻译论集》，商务印书馆 1984 年版，第 705 页。

第1讲 翻译性质

——谁是翻译谁不是　不是翻译也鼓励

要点拓展

1. 宏观上讲,从翻译角度谈的翻译就是翻译,虽然不排除其中可能包含的非翻译成分。

2. 微观上讲,"翻译"的定义有多个,但确保翻译是翻译的前提条件是,第一是语码(语言符号、方言)发生了转换,第二是再现了原文的意义,至于是不是实现了原文甚至译文预定的效果,是更高层次的要求。译文和原文该是如影随形的关系;译文和创作的分界线是译文改变或替换了原文的意义,如Goldlion 和"金利来"的关系。

3. 具体而论,翻译中包含着不是翻译的东西。不是翻译的东西可以笼统地称为"创作"、"创造"或者相对原文而言的"再创作"、"再创造"。

4. 评价单位有大有小,甚至是认知上的、心理上的,但不管怎样,鉴别"翻译"和"创作"的根本在于:超出了原文不存在的意义的不是翻译,略去了原文中存在的意义的不是翻译,改变了原文本来意义的不是翻译。归根结底一句话:不是原文意义的所谓翻译都不是翻译,所以除了"翻译"之名外,还有"译写"等借体寄生之物。

5. 在篇章内,翻译和创造常常交织在一起。因此,讨论评价单位的大小就变得很有必要了。

6. 翻译是在形式和内容上对原文的忠实再现,但形式和内容又怎能做到丝丝入扣? 就比如形式,风格是形式,语句组织形式是形式,连标点符号都属于形式。译者的能动性体现在转换之间。向原文求真是选择性的,与意欲达到的目标相一致。

7. 到底谁是翻译谁不是翻译,对于普通读者来讲,似乎大可不必较真。但对于英语专业或翻译专业的学生而言,需要提高理论修养和实践操练能力,也就是评价和实践两方面的能力。

8. 讲翻译，着重两条线，一是"怎么译"，二是"怎么评"。比如，我可以说 Coca Cola 和"可口可乐"间不是翻译的关系，这是从评价或认识上看问题的；在现实生活中又鼓励翻译中的创造，因为毕竟能够创造出更大的社会价值，达到译以致用的目的，这是从翻译实践上看问题的。

9. 貌似翻译，却实际是故意改变原文意义、改变翻译性质的市场营销策略，比如 Best 和"百事得"、"贝斯特"、"佰斯特"等，十足地跳到了"翻译"外。生活还有多少这样的例子？mini, Goodyear, Sportsman, Legend, Benz, tractor, All Joy, Dove, sofa … 哪些属于音译？哪些貌似音译？这里还需要了解"音译"的定义。

10. 译文与原文本来是要做到如影随形的，但不同的文本类型会有变化。有的是故意靠近原文的过程中而走样的，有的是在迎合社会需求的过程中而故意偏离原文的，不管有意还是无意，总有译者的影子在里面，译者或主动或被动，总会受到环境、目的、语言和文化差异等因素的影响。

11. Translation 原本的意义是什么？要把一袋粮食从河的此岸带到彼岸，会不会有所损失？译文再现原文的意义也一样。但以原文为中心时，"走样"和有意识改变原文的意义，是性质不同的两类活动。

阅 读 空 间

• 文学类文本和译者行为

She had corn-gold hair, this sun-kissed being. She wore it in a hazy aureole that fluffed out all over her head. She had freckles that were like little flecks of gold paint, spatted from some careless painter's brush all over her apricot cheeks, with a saddle across the bridge of her tiny, pert nose. It was her mouth that was the beautiful part of her. And if the rest of her face was not quite up to its matchless beauty, that mouth alone was sufficient to make her lovely-looking, unaided, drawing all notice to itself as it did. Just as a single light is enough to make a plain room bright; you don't have to have a whole chandelier. When it smiled, everything else smiled with it. (Cornell Woolrich: *I Married a Dead Man*)

这个愉快的姑娘长着一头金发。这头金发在头上蓬蓬松松地披散开来，就像一个迷蒙的光环。她的杏黄色的脸颊上长满了雀斑，就像一个不经意的画家用画笔在那儿撒上的金黄色的小斑点，在她细巧雅致的鼻梁上还跨越着一条斑纹。她的嘴是她脸上最美的一部分。即便说她脸上的其余部分没法跟嘴相媲美的话，单这张嘴本身就足以使她看上去十分可爱，能把所有的注意力都吸引过去，而事实也确实如此。就好像一盏灯足以照亮一个空房间一样，不必再装上一盏枝形吊灯。当嘴微笑时，脸上的所有部分都会同它一起微笑。[1]

从文学类文本旨在欣赏原作和作者独特的个人写作特点看，该译文还有完善的空间，比如第一句"这个愉快的姑娘长着一头金发"和原文 She had corn-gold hair, this sun-kissed being. 在句法结构、语义重心上有很大的不同，可以按照原顺序译为"这个姑娘长着一头金发，她真是个阳光的小生灵"；形象化的语言消失殆尽，汉语中不说"当嘴微笑时"，而是说"抿嘴一笑"等。

文学类文本的译者是努力靠近原文和作者的语言人，但又是满足社会上需要借翻译接近原文和作者的社会人。

- **应用类文本和译者行为**

品牌的翻译含有从翻译直至完全创造的各个阶段的阶段性特征。将原本字面意义不明的 Nokia 音译为"诺基亚"是翻译；将 Cambridge 译为"剑桥"是不完全翻译，即半翻译半创译，也是创译；将"乐百氏"（饮料名）译为 Robust 是创意，因为二者意义完全不同（其他如 Mini 和"迷你"、"联想"和 Legend、Coca Cola 和"可口可乐"、Best 和"百事得"、Poison 和"百爱神"、Mild Seven 和"万事发"、All Joy 和"爱家"），意义改变而音近只能是"音似"而非"音译"。百度百科对"音译"的释义是：用发音近似的汉字将外来语翻译过来，这种用于译音的汉字不再有其自身的原意，只保留其语音和书写形式，如：cool/酷、disco/迪斯科、OPEC/欧佩克、TOEFL/托福、Yuppies/雅皮士、teflon/特氟隆、bikini/比基尼、Beatles/披头士、locquer/腊克、mummy/妈咪、punk/朋克、hacker/黑客、clone/克隆等。音译是把一种语言的语词用另一种语言中与它发音相同或近似的语音表示出来，是"把一个国家或民族的人名、地名或其他名词的读音，译成另一个国家或民族的读音"。[2] "音译"只有"音"而无"意"，或原文本来就有音无意（如咒语、鸟鸣），所以是音译，但要确保译文同样有音无意，如果在译文中增加了可以解读的、新的意义，就不属于音译的范畴。

译者扮演着从语言人到社会人等不同的社会角色，为了达到实用的效果而首先进行着"语不惊人死不休"的努力，甚至为此而进行"非译"。毕竟，语言

---

① 贾卫国主编：《英汉对照描写辞典》，上海交通大学出版社 2000 年版，第 82 页。
② 林煌天主编：《中国翻译词典》，湖北教育出版社 1997 年版，第 852 页。

表达是译者打动读者而需要逾越的第一道关隘,是译者在翻译内的基本职责所在,也是使译文从译内效果(或者简单地称为社会效果,即在译文效果上反映为译文向原文靠近的求真度,在译者行为上反映为译者在翻译内向原文靠近的求真努力)走向译外效果(或者简单地称为社会效果,即在译文上反映为译文靠近社会需求的合理度,在译者行为上反映为译者在翻译外向社会靠近的务实努力)的必要环节。商标品牌的翻译,在形式上重音,在内容上重意,二者兼得且能受到目的语读者欣赏的当然最佳。我把"意"和"音"作为连续统一体(continuum)的两极,进行了可能的排列组合,基本上每一种情况都能找到足够的例证,其中所谓"有"、"无",是比照原文而言的:

(1) 有意有音:Dawn(黎明)——旦(为说明问题自拟)

(2) 有音无意:Sharp(尖端)——夏普

(3) 有意无音:Lacoste(鳄鱼)——鳄鱼

(4) 有音换意:Goldlion(金狮)——金利来

(5) 换音换意:Sprite(调皮鬼)——雪碧

(6) 不音不意:Head & Shoulders(头和肩膀)——海飞丝

因语种差异较大,第(1)种"有意有音"的情况太过偶然,可遇而不可求。第(2)种"有音无意"、第(4)种"有音换意"、第(5)种"换音换意"和第(6)种的"不音不意"严格说来都不是翻译。

第一,"翻译即译意",如果置内容于不顾,又怎么可能称为翻译呢?第二,"换音换意"和"有音换意"本质上是相同的,更改了原文的意义,自然不属于翻译的范畴:前者是仿音创造,后者是舍音而创意。"不音不意"即无所谓原文的音,也无所谓原文的意,而新造的"译文"在汉语中也并没有获得新的意义:如果说"飞丝"可喻为"头发",但"海"又作何解?原文的"飞"音无处寻觅。

商标品牌翻译的极端形式是"自创自译"(如:Best/"百事得"保健品等、"佰斯特"商务酒店、Sportsman/"斯波兹曼"电动自行车、Giant/"捷安特"自行车、Robust/"乐百氏"饮料),并不在以上排列组合之内。表面上看似翻译,实际很难归入翻译的范畴,因为"原文"和"译文"都是国人自创的,并不涉及英汉和东西方两大片文化,是纯商业化的炒作,是商家特意迎合社会上的崇洋风尚而做,这一活动中甚至不涉及"译者"(但涉及双语人才)的参与。商业上利用外语单词进行所谓翻译的创意之举各色各样,比如当蒙牛集团利用 DELUXE(豪华)一词的发音造出"不是所有牛奶都叫特仑苏"的广告词时,就根本不是会不会翻译 DELUXE 一词的问题,实际是用玄虚赚眼球的营销策略,是懂得双语的市场操控者拿语言所做的商业化炒作,不是翻译范畴的问题。

完全的"创意"不属于"创译","创译"是"创造性翻译",含有原文的部分意义特征,而创意与翻译毫无关系。商业运作之功不可小觑,即使像文学翻译作品,译文的畅销到底是因为作者的名气还是出版社的营销策略抑或内容本身等因素起了决定性作用呢?真正属于翻译内可以认可的"对"和"好"的因素占多大的比重?促销效果很大程度上取决于广告策划者、产品质量、品牌效应、推介力度、营销策略、市场需求等诸多因素。正如周兆祥所说,"在极端的例子中,原文只不过是一些灵感,甚至借口,让译者发挥,创造出跟原文具备'某种关系'的新作而已。"[①]钱锺书把这类作品称为"借体寄生的东鳞西爪的写作"[②],一语道破了实质。

谢天振说:"因为我们所处的时代已经发生了根本的变化,原先以宗教典籍、文学名著、社科经典为主要翻译对象的时代已经结束了,在那个时代形成的'忠实'的翻译观(也即只有忠于原著的翻译才是好的翻译)显然已经无法解释当前出现的许多翻译现象,譬如'可口可乐'的翻译,原文里并没有'可口'和'可乐'的意思,按传统的翻译观,它并没有忠于原著,但我们却一致认为这是一个好翻译。这些现象提示我们,现在是到了调整和转变我们的翻译观念的时候了。"[③]我们应该怎么看待这一问题呢?

(1) 如果说达到务实于社会目标的翻译就是"好翻译",那就有可能摆脱钱锺书所说的"翻译的性质"的约束而跳出"翻译"之外;所谓"好",显然认为"音"是妙配,而且该品牌受人欢迎:过于注重译外效果,降低了对译内效果的关注。

(2) "我们"是哪些人呢?只是那些懂得原文之音和译文之意的人们。

(3) 如果说"调整和转变我们的翻译观念",那就需要分清是在翻译内看问题,还是在翻译外看问题,翻译内认为的"好"未必和翻译外认为的"好"相一致。

译外因素不能和译内因素混淆起来,译外效果不宜和译内效果混为一体。最典型的是当年有很多文章大谈特谈"联想"和 Legend 如何成为佳译、绝配,但 Legend 因版权问题变而为 Lenovo 之后,翻译界陡然间噤若寒蝉。从翻译学(翻译内)的角度仍然可以继续讨论,至于如此"佳译"、"绝配"被改变,却是

---

① 周兆祥:《译评:理论与实践》,黎翠珍主编:《翻译评赏》,中国青年出版社 2004 年版。

② 钱锺书:《林纾的翻译》,罗新璋编:《翻译论集》,商务印书馆 1984 年版。

③ 谢天振:《译介学:比较文学与翻译研究新视野》,《渤海大学学报》2008 年第 2 期。

译外的因素造成的,是超出译者职责的不可控的效果。

- **宗教类文本和译者行为**

翻译活动难以忽略译者的意志,即使如《圣经》一类的经典,也有被改动的痕迹,也和原文存在一定的距离,所以才有不断翻译、不断靠近原文的各种努力。译者,特别是信仰宗教的译者,对于宗教类文本,态度虔诚,按理需实事求是地向原文靠拢。但由于译者是意志体,有意志性,他有自己顾及的"私念",比如对耶稣犹太身份的有意隐藏;有的译者(如贺清泰《圣经》译本)专门为读者制作了"主副文本"的篇章体制;有的译者为特定读者专门制作了浅文理译本;"委办本"在中国学者王韬帮助下掺杂了一些不合基督教义的中国哲学思想;吴经熊在翻译《圣经》诗歌时采用的符合中国文化诗学形式的传统诗体;严复对《圣经》文本《马可福音》1~4 章的节译、故意删改不符合中国传统价值观表述的"马太效应"、故意采用的古雅汉语等。也就是说,只要有读者和任何社会需求存在,意志体译者的行为就不会那么纯净;只要译者心中有针对的读者对象,即使表面上看来纯技术层面上的语言转换,也无不包含务实于人的心理定位。读者需求是最为直观的、影响译者行为的环境因素和翻译外因素,读者是社会需求的一部分,意志体译者无时不考虑社会的需求。

译者满足社会需求既反映在其作为语言人在翻译内、各种正法翻译方法(如直译、意译、音译、词性转换等)上,更反映在其作为社会人采用的非正法翻译方法上,其社会人本质一览无余。比如译者采取的节译、增译等任何非正法翻译方法,从宏观上论,无一不是译者超越了语言人意义上对原文意义的直接搬运;无一不是以社会人的面目借译文支配原文并给予重新分配的,《圣经》多语种版本和多种译者身份的存在就是不争的事实。作者的原文成了译者的"鱼肉",译者借译文化身为"刀俎",此时对原文的分割已经超越了翻译之为翻译的根本。

文本经典化程度从高到低似可排列为:

考古类＞宗教类＞科技类＞公文类＞哲学类＞文化类＞文学类＞宣传类＞娱乐类

经典化程度愈高,受人的因素干扰愈少。越往右,文本感性化、人性化的成分越多,偏离原文的情况就可能越明显,除非向原文求真的同时可达到对于社会务实的效果,比如逐字直译的《圣经》,虽然晦涩拗口,也仍然会受到虔诚信徒的欢迎。受到信徒的欢迎,说明信徒对神的虔诚超越了语言本身,他们甚至将晦涩拗口的语言叙述方式视为神授的特别方式而接受。

偏左的"考古类"和"宗教类"虽然同属高度经典化的文本,但程度上仍有差异。考古类的文本旨在解读古代文化密码,向原文靠拢是不二的选择;不需要迎合任何的读者,基本上围绕着原型意义上的"翻译"而动。所谓原型意义上的"翻译",是无需读者参与的翻译。比如,英语系统中的"ABCD",等于汉语系统中的"甲乙丙丁",语言转换后,仍然如此,不受意志性所左右。

宗教类文本的经典化程度虽然很高,但并未高到让译者完全忽视读者存在的程度,读者永远是意志体译者的顾念对象,所以在进行翻译批评时,就不能忽略现实中的译者存在。人是复杂的,人脑的工作原理,迄今还是一个有待打开的"黑匣子"。

除了翻译目的、意识形态、诗学、赞助人等因素的影响之外,译者的内心活动怎样?就增加注释被称为"厚译"(thick translation)的现象而论,为什么有的传教士译本注释得多,有的注释得少?除了传教士们共有的传教者这一宗教身份外,是否还有学者型传教士和非学者型传教士之别?汉译本《圣经》的译者有纯粹的外国人、有外国人+中国人助手、有纯粹的中国人,在面对同一个原文时有什么不同的规律性行为?《圣经》翻译的译者有宗教人士和非宗教人士。宗教人士译者对原文的敬畏源自对神的敬畏,对原文的意义不敢越雷池半步,西方传教士译者最初是带着明确的传教目的从事《圣经》翻译的。对于传教士译者而言,翻译《圣经》就意味着传教,逐字逐句才能有效传达上帝的真意,而非宗教人士中,既有扮演福音传播者角色的,也有扮演文学鉴赏者角色的,偏于文学欣赏定位的译者,会在某种程度上淡化宗教的严肃性和神秘性,会把《圣经》译为不同的风格,如古文言、古诗体、骚体、方言、官话等,风格的变化,凸显的是文学的创造性,表面上游戏于文字之间,实际展露的是文字背后的鉴赏性,和林纾"抢过作者的笔代他去写"以展露文采,没有本质的不同,中国翻译家多不是宗教人士,《圣经》翻译有明显的文学化趋向。

译者的意志性与译者的身份和角色对于译者行为的影响、译者行为对于翻译质量的影响等,涉及因素众多。总之,从译者切入看文本,从文本切入看译者,在开展翻译批评时必然拥有更强的全面性和客观性。

师生互动

【例子】 Americans might be embarrased because their Japanese friends are so formal with them. Japanese might feel insulted because American acquaintances greet them casually. Still, the forms of greeting in both countries only show respect for others. It just happens that Americans and

Japanese have a different way of looking at human relationships and thus have a different way of showing respect.

【初译】　美国人可能会因为日本朋友待他们过于正规而显得有些不自在，日本人可能会因为美国朋友寒暄过于随意感到有失恭敬。当然，不管在美国或在日本，打招呼就意味着尊重对方，所不同的是，美国人和日本人看待人与人之间的角度不同，表现敬意的方式也因之有异罢了。

【讨论】　这是一段说明文，在用词上应表现出庄重，因此我使用了"有失恭敬"、"因之有异罢了"一类的表达。

原文中的 friends 和 acquaintances 只是为了避免用词的重复才选用了不同的词，实际表示的意思是相同的。

学生的疑问是，insult 意为"侮辱"，在初译文中没表现出这样的程度，或可译为"蒙羞"、"冒犯"、"受辱"。另外，学生说，"寒暄"本来就意味着随意，译文的表述重复了。

【再译】　美国人可能会因为日本朋友待他们过于正规而觉得有些不自在，日本人可能会因为美国朋友的问候方式过于随意感到有失恭敬。当然，不管在美国或在日本，打招呼就意味着尊重对方，之所以出现这样的情况，是因为美国人和日本人看待人与人之间关系的角度不同，表现敬意的方式也因之有异罢了。

实 践 提 升

1. The worst thing you can encounter when you interact with people is your own lack of a base line. No matter who you are interacting with，be it your family，your friend or strangers，you should know：（1）You have your own boundaries which others have no right to pass unless you authorize them to.（2）What you do is your own business. And you are the one who decides how to do them.（3）What others do is their own business. If you don't want to help, you have the right not to. There is no need in maintaining all those pointless relationships and making yourself miserable. You don't need to please everyone. Your energy is limited. And it's impossible to get along with everyone. This is life. It may not be the life that we imagine our lives should be like. But it's the true life that we have to live.

2. Sure, money cannot buy you everything. But no one can deny that

it's necessary. I need money to have a shelter so that I won't freeze to death when winter comes. I need money to buy food so that I can live a healthy life. Plus, with money you can see a lot of things much more clearly. And there's something really precious which you can only get through money. It is the privilege to say "No." With money, you can protect those who you love. With money, you can fight against the evil in the world. I don't know why so many people despise money and those who found their way to make money. Yes, sometimes fortune brings corruption. But that's because it's a double-edged sword. It's not money who made the decision. So I'm not ashamed to say that I cherish money, not at all. There's nothing more honorable than making money with your own hands legally, period.

第 2 讲　翻译质量
——经典译论有数十　原文总是译所据

要点拓展

　　1. 传统翻译的门外汉一向认为,只要会查词典,就会翻译。实际情况却不是这样,这里有两个层次,一个叫"准不准",一个叫"好不好"。会查词典、会翻译,可能只能达到前一个层次。在外语学习的过程中,一般所谓的翻译,只是学习精读课等其他外语课程的手段。

　　2. 说到翻译质量,就必定绕不开翻译好不好的问题。理解"好"的角度不同,但翻译的性质决定了译文和原文之间是如影随形的关系,所以朝原文靠拢总是译者最本能的选择。

　　3. 之所以读者对"好"有不同的理解,说明了读者间的期待不同,也变相说明翻译之不易、翻译活动的复杂性以及翻译的目标定位和被定位读者的接受效果问题。

　　4. 翻译是有目的的,但因为原文的意义纷杂(内容上、形式上),因此向原文求真必然是选择性的。选择与目标一致的,就希望务实效果也一致,甚至更理想化。但既然是选择性的,就意味着不可能满足方方面面的希望。

　　5. 翻译之"好"是有时代性的,比如文字的风格就是一例。严复时代读者喜欢的风格和现在就有差异,一个 rich lady,新中国成立前译作"阔太太"才得体,今天译作"富婆"才恰当;汉译英的 police officer,中国封建社会的故事应还原为"衙役",今天默认的是"警官"。即使同一个时期的译者,既可以将cowboy 异化为"牛仔",也可以归化为"牧童"、"放牛娃",甚至"牛郎"。

　　6. 译者是意志体,是有思想的人,所以在译文中增加利己的因素时有发生,比如林纾表现自己文笔之译,甚至还有故意偏离原文的译作,直至彻头彻尾的创造和"伪译"。译者的意志性也是使翻译复杂的主要原因之一。

阅读空间

• 西方经典 Translator Quotes[①]

The University of Texas at Dallas 翻译研究中心网页上汇总了几个世纪以来几十条经典的"Translator Quotes",简单归类如下。

1. 在翻译内,翻译是无奈之举,对于诗歌尤其如此:

(1) Translation from one language into another ... is like gazing at a Flemish tapestry with the wrong side out. (Cervantes)

(2) Translation in no sense can be considered as a substitute for the original. (R. Nemiah)

(3) Translation is sin. (G. Showerman)

(4) There is no such thing as translation. (J. May)

(5) All translating seems to me to be simply an attempt to accomplish an impossible task. (W. Humboldt)

(6) Why do people want to translate? (H. Thursfield)

(7) Nothing which is harmonized by the bond of the Muse can be changed from its own to another language without destroying its sweetness. (Dante)

(8) Poetry cannot be translation. (S. Johnson)

(9) A translation in verse ... seems to me something absurd, impossible. (V. Hugo)

(10) Poetry is what gets lost in translation. (R. Frost)

(11) It is risky to translate those who have given their language much grace and elegance, particularly with a language of less power. (Montaigne)

(12) A major difficulty in translation is that a word in one language seldom has a precise equivalent in another one. (A. Schopenhauer)

(13) Even the simplest word can never be rendered with its exact equivalent into another language. (K. Friar)

(14) In its happiest efforts, translation is but approximation, and its

---

① http://www.utdallas.edu/research/cts/translation_studies/quotes.html.

efforts are not often happy.

(15) A translation may be good as translation, but it cannot be an adequate reproduction of the original. (G. Lewes)

(16) Translation distortion is caused by differences in meaning, in syntactical context, and in cultural context. (S. Ervin)

(17) Can we in attempting to translate a work which belongs to a very different tradition do more than read our own conceptions into it? (I. A. Richards)

2. 在翻译外,翻译是有功的:

(1) You only have to consider how much of the world's literature is translation to see that theoretical objections to translations are empty air. (G. Sampson)

(2) Translation is a mode of self-expression; it springs from a desire to instruct and to enrich literature. (B. Anderton)

(3) The taste of an age is reflected in its translations. (J. Peterson)

(4) Translation does not usually create great works; but it often helps great works to be created. (G. Highet)

(5) The literature of the world has exerted its power by being translated. (M. Doren)

3. 在翻译内外该"怎么译":

第一,在翻译内要神似原文,还原原文的风格之美,效果和原文给读者的感受相同:

(1) The Live Dog better than the Dead Lion. (E. Fitzgerald)

(2) The Faithful Translator will give the letter where possible, but in any case the spirit. (J. B. Postgate)

(3) Better a live Sparrow than a stuffed eagle. (E. Fitzgerald)

(4) A good poem shall not be turned into a bad one. (Rosetti)

(5) Mechanized translation is a travesty for poetry and useful only infrequently for scientific texts. (Y. Bar-Hillel)

(6) Not to translate word for word, but to preserve the general style and force of the language. (Cicero)

(7) In poetry, the translation must produce an effect comparable to that of the original work. (A. Cauer)

(8) The genius of the language into which a translation is being made is the first thing to be considered; if the original was readable, the translation must be so too. (S. Butler)

(9) The translation called good has original value as a work of art. (B. Croce)

(10) Poetic translation is the transmigration of poetic souls from one language into another. (J. Rosenberg)

(11) The new verses should produce the same effect upon their readers as the originals did upon their contemporaries. (U. W. Moellendorff)

(12) The ideal of translation is this: to make a poem whose form is as seemingly spontaneous as the poem it seeks to translate, and to put into that form the whole wealth of the original conception. (H. Bell)

(13) Ideal translation would be that which, when reversed, would produce the original text. (C. Michaud)

第二,在翻译内,译语语言要纯正、自然:

(1) The first requisite of an English translation is that it be English. (B. Jowett)

(2) One must be wary of "translatorese"——a queer language that counts words but misses their living force. (J. Ciardi)

(3) Only when we oblige the reader to move within the linguistic habits of the author will there be worthy translation. (J. Gasset)

(4) The language of translation ought never to attract attention to itself. (J. H. Frere)

第三,在翻译外,译者要花费辛勤的汗水:

In translation language facility is not enough; blood and sweat are the secret. (S. Putnam)

第四,在翻译内外,翻译方法应直译为本,不要过犹不及:

(1) The clumsiest literal translation is a thousand times more useful than the prettiest paraphrase. (V. Nabokov)

(2) The two dangers are over translation and under translation. (J. Thomson)

4. 以原文为中心:

It seems to me that we may compare the work of a translator with that of an artist who is asked to create an exact replica of a marble statue, but who cannot secure any marble. He may find some other stone or some wood, or he may have to model in clay or work in bronze, or he may have to use a brush or a pencil and a sheet of paper. Whatever his material is, he is a good craftsman, his work may be good, even great. It may even surpass the original, but it will never be what he set out to produce, an exact replica of the original. (W. Winter)

5. 译者的作用：

(1) There are three grades of translation evils: ① errors; ② slips; ③ willful reshaping (V. Nabokov)

(2) The compelling reason for translation is the hope of producing a classic of translation, a work more nearly worthy of its great original than any of its predecessors. Translators by the dozen are ready to rise to this lure. The reason is simple enough. A translator's most essential business, and his most exciting activity, is a traffic in meaning. A moment comes in the translation of any important passage in any significant book when the author's intent hangs naked in the translator's mind. It has shed its original clothes and has not yet found new ones. The translator, like Edna St. Vincent Millay's Euclid, looks on meaning bare. (D. Lindley)

(3) Translation does not, for him (referring to Ezra Pound), differ in essence from any other poetic job: as the poet begins by seeing, so the translator by reading; but his reading must be a kind of seeing. (H. Kenner)

(4) The poet cannot hope to present his vision intact just as a translator can not hope to present the poet's work unaltered. (K. Friar)

(5) A good translation must succeed first of all as a poem itself. A good translator must enter the poet's world without leaving his own, return to his own without leaving the poet's world behind. (F. Fredericks)

(6) The best a translation can hope for is to convey something of the impression the poem made upon him. (E. Hamilton)

(7) The Translator must recast the original into his own Likeness. (E. Fitzgerald)

(8) A translator ought to endeavor not only to say what his author has

said, but to say it as he has said it. (J. Conington)

(9) The translator, even the novice, is not working in isolation. Inevitably he or she re-enacts to a large extent, if not necessarily in the same chronological sequence, the historical evolution of translation. (D. Weissbort)

(10) The ideal translator, as we all know well, is not engaged in matching the words of a text with the words of his own language. He is hardly even a proxy, but rather an all out advocate. His job is one of the most extreme examples of special pleading. So the prime criterion of successful poetic translation is assumability. Does it get across to the jury? (K. Rexroth)

• 好译文和现实接受

有多种翻译观,译文就会有多种版本存在的理由。有偏向"原文/作者"的,也有偏向"读者/社会"的,比如语言学派的一些观点,像忠实论、等值、等效、神似、化境、美人论、地毯论、"戴着镣铐跳舞"等翻译观可看作偏向前者;像目的论、操控论、食人说和解构主义翻译观等功能学派、文化学派的一些观点可看作偏向后者。前者唯原文是瞻,后者以满足社会需求为最高宗旨。无论偏向"作者/原文",还是偏向"读者/社会",抑或兼而有之,均反映的是译者语言性或社会性的强弱表现,在翻译上反映为"翻译"成色的程度和翻译社会化的程度。

偏向"原文/作者"的翻译观,似乎少了务实的目标。因过于忠实原文而使"翻译"的成分居多,但因语言、文化有隔,有可能达不到应有的社会效果。但是,树立这类翻译观的前提是,或至少在译者看来,是"读者/社会"需要这类原汁原味的、形式上忠实的翻译,因此,"读者/社会"一端常常是隐性的。大的方面说,只要用于交际目的,译者不考虑"读者/社会"的需要是不现实的,主观上服务于"原文/作者"的努力,可能在客观上满足了"读者/社会"所乐意接受的务实效果。所以,译者仍然在两个端点间维系着平衡。在普遍意义上,对前者求真,可以意味着译者兼具相应务实的目标、务实的态度、采取了务实的方法和希冀达到的务实的效果,这种情形下的求真即等于务实。但是,对后者务实,未必一定能够做到对前者求真,这也说明,翻译的本质属性是语言性的,务实不会必然等于求真。求真和务实是一体的,彼此不能割裂。从翻译批评论,评价前者,宜从翻译之为语言转换的角度,偏重于语言上的分析;评价后者,宜从翻译之为服务社会的实用功能角度,偏重于社会的效果,具体包括社会的和经济的收效。有的文本传统上可以作纯语言的鉴评,比如表达型文本,而有的文本可以将语言效果的鉴评和社会效果鉴评结合起来。译者多走的是"中庸之道",确保语言性和社会性的和谐统一,也确保求真和务实的和谐统一。按哲学家德里达(Jacques Derrida)的话说就是,"一种在接受语中写下了对原文最'确当的'等价物的同时,履行了义务、偿还了债务、完成了工作或职责的译文"①。

效果的考察当然是多方面的,但首先应是译者本人的预期。杨宪益回忆道:"(熊式一教授)后来写了一部戏剧曾在伦敦上演。剧名叫《王宝川》(英文原名 *Lady Precious Stream*,看来,熊式一是为了适应英国观众,将《王宝钏》改名了),它是在一个民间传说的基础上写成的。它曾引起轰动,在伦敦一个小剧场里演出将近一年之久。"②这是译者预期务实于一个团体的行为,对剧名改动的行为是能够理解的,而且效果非常理想。

杨宪益还回忆道:"我用英国的英雄偶句体的形式来译《离骚》,出于兴趣,我模仿了德莱顿的风格,对此我自己很得意。这是我第一次把中国古典文学翻译成英语。"③这是译者预期务实于个人的行为("对此我自己很得意"),毕竟译者个人是社会的一分子。译者的行为不仅合理,而且务实社会的效果理想。特别是杨先生以"伪"(形式上的伪译)应"伪"(历史上的作者之伪,不是普遍认为的屈原,而是淮南王刘安),即"不管怎么说,我迄今仍认为著名的诗篇《离骚》是一部伪作,我采用'模仿—英雄偶句体'形式翻译这首诗是恰当的。"这也是一种求真,并且译者认为是"恰当的"。当然,从文本看,译文与原文的求真度可能会发生较大的偏离。比如,杨宪益说:"这部《离骚》的诗体译文在精神上与原作的相似程度正如一只巧克力制成的复活节鸡蛋和一只煎蛋卷的相似程度一般大。大卫是我俩的一位好朋友,我俩都觉得他的话很好玩。"④译者有意而为且能实现自己预期的当然理想。求什么"真"、多少"真",务什么"实"、多少"实",都是由作为翻译活动主体的译者决定的,译评者不可紧抓着自己先入为主的标准不放,要深入分析译者行为背后的动因。

简单地说,好译文就是既能对"原文/作者"求真,又要务实于"读者/社会"二者相对平衡的译文。至于平衡度怎样,对于译者来说,是综合了各种因素而

---

① 孙志祥:《德里达晚年翻译思想发生过转变吗?》,《江苏大学学报》2008 年第 6 期。
② 杨宪益:《漏船载酒忆当年》,薛鸿时译,北京十月文艺出版社 2001 年版,第 49 页。
③ 杨宪益:《漏船载酒忆当年》,薛鸿时译,北京十月文艺出版社 2001 年版,第 49 页。
④ 杨宪益:《漏船载酒忆当年》,薛鸿时译,北京十月文艺出版社 2001 年版,第 49 页。

在心理上的把握,对于译评者而言,是通过描写而分析才能得到的结果。

师 生 互 动

【例子】 Pearls are gathered by men known as pearl divers. Actually, these men do not dive. They are lowered by a rope to the bottom of the sea. Pearl gatherers work in pairs, with one remaining at the surface to help the other return from his dive. An experienced pearl diver can stay down about a minute and a half and can often make as many as thirty dives in one day.

【初译】 人人都知道珍珠是由潜水采珠人采集的,但事实上,他们并不潜水,而是靠一根绳子系到海底的。采珠人互相配合作业,一人留在外面负责把同伴系出水面。采珠好手能在水下坚持 1 分半钟,一天能往返水下 30 个来回。

【讨论】 这段话是一段说明文,以直白的方式陈述事实,尽量不用形象化的用词,根据学生的提议,似乎将"好手"改用"有经验的采珠人"更妥当。另将"外面"改为"水面"更具体。

【再译】 人人都知道珍珠通常是由潜水采珠人采集的,但事实上,他们并不潜水,而是靠一根绳子降到海底的。采珠人成对作业,一人留在水面帮助返回水面。有经验的采珠人能在水下坚持 1 分半钟,一天能往返 30 个来回。

实 践 提 升

1. I spent my teenage years scrambling up the mountain of mathematics. Midway up the slope, however, I staggered to a halt, gasping in the rarefied air, well before I reached the heights where the equations of Einstein and Dirac would have made sense. Nowadays I add, subtract, multiply, and do long division when no calculator is handy, and I can do algebra and geometry and even trigonometry in a pinch, but that is about all that I've kept from the language of numbers. Still, I remember glimpsing patterns in mathematics that seemed as bold and beautiful as a skyful of stars.

2. My spirit and my senses were heightened. I was keenly aware of the world, eager to experience it. My senses were willing to be gratified by their fullest exercise. Hence my eye was sharp, but so was my ear and my nose, I

was open to experiencing aesthetically. And on the way I did take minor pleasure in a bird's song, a tree's sway, and a cloud's contortion. I was in the world considered as potential aesthetic realm. Any pleasing feature that appeared would be welcomed. And that welcoming mode drew forth pleasing features. A tonic subjective at-homeness with the world pervaded my feelings. I was in the right mood to enjoy Nature.

第3讲 策略方法

——翻译策略定调子 方法转换自有余

要 点 拓 展

1. "策略"也称"原则","方法"也称"技巧"等,二者是有区别的。"策略"是纲,"方法"是目,纲举目张;"策略"是"党委","方法"是"政府",党委定调子,政府去实施。比如,党委决策将城市向西发展,而怎样拆迁、怎样铺设道路、怎样规划街区、拆迁赔偿等都是政府的事。方法主要表现为翻译内部语言上的转换技巧,数量有限,而策略是不定的。"策略"和"方法"也是"战略"和"战术"之间的关系。

2. "策略"在上层,"方法"在下层。"异化"和"归化"既可以作为策略,也可以作为具体的方法。"异化"和"归化"作为策略时,"直译"和"意译"可以是具体的方法。"异化"和"归化"策略,可以看成市场营销策略。除了异域文化是吸引人的一个因素外,语言上是不是需要"洋气",就要看市场上是不是有更多的人群喜欢了。

3. 前人积累的翻译方法都有哪些?增译法、减译法、词类转化法、合并法、拆分法……

4. 前人的翻译方法,只表明翻译实施的合法性和可操作性。翻译方法是逻辑思维的结晶,而翻译的过程是形象思维的过程,形象思维的过程是"跟着感觉走"的过程,译者释放的译文,一定是综合考虑了各种因素(目的因素、读者对象、赞助人的要求、社会的接受度等)的结果,因此任何方法都不可能事先预定,更不能死记硬背和机械套用,那样不仅不能提高翻译的速度,也难以提高翻译的质量和人们对于译文之"好"的认可。"跟着感觉走"的实质是"在心理上跟着社会需求走",是对于周围一切因素在心理上的把握。

5. 鉴赏翻译的标准,绝不会是因为使用了哪种翻译方法或者使用了翻译方法的多寡来评判翻译的好坏,如果把鲁迅在《秋夜》里写的"我家门前有两棵树,一颗是枣树,另一颗也是枣树"采用合并法变为"我家门前有两颗枣树",鲁迅能高兴吗？翻译考试阅卷也同此理。

6. 再现原文的意义，方法上贯彻的总原则是：靠近原文，直译为本，意译传神，不改变原文的意义。

7. 翻译的具体操作程序一般可按照 E. Nida 等人的"翻译"定义，即 Translating consists in reproducing in the receptor language the closest natural equivalent of the source-language message, first in terms of meaning and secondly in terms of style. 但有时形式的东西也一样重要，甚至更重要，比如某种优美外形的诗歌、幽默话语的再现等。

8. 改变了原文意义的"翻译"，不是翻译，可以叫"译写"、"仿写"、"综述"等。

阅 读 空 间

• 策略/方法的杂糅

译者把异化和归化作为翻译策略甚至具体方法使用的倾向性非常明显，王楫、康明强翻译的《欧·亨利短篇小说选》倾向于异化，张经浩的译本倾向于归化。

At the corner of the block in which he lived Rudolf stopped for a glass of beer and a **cigar**. When he had come out with his lighted weed he buttoned his coat, pushed back his hat and said, stoutly, to the lamp post on the corner：

"All the same, I believe it was the hand of **Fate** that doped out the way for me to find her."

王楫、康明强：鲁道夫回到住所的街区的街角上，他停步去喝一杯啤酒，抽一支**雪茄**。点着雪茄从店里出来，他把外衣扣好，帽子向后推了推，毫不含糊地对街角的灯柱说：

"反正都一样，我相信那是**命运女神**的手指出方向让我去找她的。"

张经浩：回到他住处近旁的街口，鲁道夫喝了杯啤酒，点了根烟。出店门后烟还没抽完，他扣上衣服，往后挪挪帽子，对着街口的灯柱毫不犹豫地说：

"反正是一回事。我相信是**命里**注定，**鬼使神差**让我见到她。"

对于普通的烟民，"雪茄"在美国比在中国更常见，所以偏于归化的张经浩译为"烟"而偏于异化的王楫、康明强仍旧译为"雪茄"；"命运女神"来自希腊神话，偏于异化的王楫、康明强照旧译出，而偏于归化的张经浩借用来自佛教的

"命里注定,鬼使神差"减少了中国读者的陌生感,以此拉近和读者的距离。但是,倾向归倾向。偏于异化的也不乏归化的成分:

I steeled myself against his unexpressed but palpable desire. He should not coax, cajole, or wring from me the dollar he craved. I had had enough of that **wild-goose chase.**

王楫、康明强:我下定决心不再理会他不言而喻的愿望。凭他怎样花言巧语也休想从我手里榨出那块钱。**癞蛤蟆想吃天鹅肉,**我早就厌烦了。

偏向于归化的也有异质性的成分:

True adventurers have never been plentiful. They who are set down in print as such have been mostly business men with newly invented methods. They have been out after the things they wanted—golden fleeces, holy grails, lady loves, treasure, crowns and fame.

张经浩:一心猎奇的人历来不多。书中所载的冒险家大都为办成一件事,只是方法各异而已。他们的行动有明确的目的,或为寻**金羊毛,**或为寻**圣杯,**或为得女人之爱,或为得王位,或为得美名。

脚注1:典出古希腊神话,金羊毛是一只飞山羊身上的一根奇毛。羊被人献于天神宙斯,金羊毛献于伊奥尔克斯(Iolcus)国王伊森(Aeson)。伊森将金羊毛挂在一橡树上。后其子家森(Jason)率希腊数位大英雄远渡重洋寻得金羊毛,从异母兄弟手中索回王位。

脚注2:圣杯为耶稣在最后的晚餐所用之杯,耶稣在十字架受难时所流之血有一部分滴入此杯。后有一传说为接血人将杯带到英格兰后圣杯失踪。另一传说为天使将杯从天上带到人间,交一群勇士保管,置于一山顶。凡有罪孽的人寻至山顶圣杯便不翼而飞。

"在翻译过程中,'归化'和'异化'策略只是相对的倾向,译文中绝对的'归化'和'异化'不可能实现。通常情况下在以'异化'翻译策略为主的译作中往往渗透着'归化'的影子,同时在以'归化'策略为主的译作中同样可以看出'异化'的痕迹。"[①]

王楫、康明强的译本采用了以异化为主的翻译策略,真实还原了小说中的美国社会风貌和欧·亨利独特的语言特点;张经浩的译本采用了以归化为主的翻译策略,采用改写、省略等方法,使译文自然流畅,并用目的语文化再现了

---

① 姜秋霞:《文化翻译与社会文化的相互作用关系研究》,外语教学与研究出版社2009年版,第209页。

欧·亨利的幽默风格,从而达到了吸引广大读者的目的。二译本各有所长。从例句可以看出,没有纯粹的异化派,也无所谓纯粹的归化派,皆为译者审时度势、吸引读者的务实之举。

一般而言,求异化,形较真,但传神不够;求归化,神有余,但求形不足,会丧失异质性的成分,降低原文语言的可信度。就我国的翻译事实来看,采用归化法翻译的作品明显占上风。"我国头一百年的外国文学翻译,除了五四后的十多年以外,基本上都是以归化译法为主调。"①这种结果的出现自然是译者偏于归化的指导思想和以迎合目的语读者的传统审美情趣为目标并着力增强作品的可读性所致。

文化上主张异化的译者,目的在于保存外国作品的异国情调,语言上主张异化,是因为译者感到翻译时汉语"语法的不精密"②、"语法的不够用"③。异化的语言常常是与为人们诟病的"翻译腔"相提并论的,有时甚至成了"硬译"和"死译"的代名词。例如:

It was remarked that the clock began to strike, and I began to cry, simultaneously.

译文 1:据说,钟开始敲,我也开始哭,两者同时。(董秋斯异化法译)

译文 2:据说那一会儿,当当的钟声,和呱呱的啼声,恰好同时并作。(张谷若归化译法)

译文 3:据说,钟当当一响,不早不晚,我就呱呱坠地了。(许渊冲归化译法)

作为翻译策略和具体的方法,异化和归化有着相同或相似的社会性动因。从"异化"到"归化",也可构成一个连续统一体,由此及彼的过程,反映的是译文社会化的渐变过程。由于翻译环境的复杂性和意志体译者的复杂性,译文在翻译策略的采取上也总表现为一个连续的统一体,表现为不同的渐变状态。当然还有其他原因,从实用性上看,二策略迥然有别:异化旨在输出文化,归化旨在方便交际。

对于一个靠形象思维取胜的真正翻译者而言,方法不是刻意追求的,也不是事先设定的,大多是自然天成的,所谓"译无定法"是也。比如,就"直译"、

---

① 孙致礼:《中国的文学翻译:从归化趋向异化》,《中国翻译》2002 年第 1 期。

② 鲁迅:《鲁迅和瞿秋白关于翻译的通信》,罗新璋编:《翻译论集》商务印书馆 1984 年版,第 276 页。

③ 郭沫若:《谈文学翻译工作》,罗新璋编:《翻译论集》商务印书馆 1984 年版,第 498 页。

"意译"而言,该直译时直译,该意译时意译,过程在于感觉:跟着感觉走。这种感觉,可以是一个译者融入了故事情节、做了其中角色或者是作者一分子的感觉,也是综合了各种因素(包括社会可能的反应的因素、读者因素)而考虑的结果和表现。具体的过程是个"黑匣子"。贴"直译"、"意译"标签的,是靠逻辑思维取胜的理论家,因为标签是理性归纳的结果。比如说,I love you 一句,即使标榜自己是喜欢意译方法的人,你有必要绞尽脑汁、故意避开常见的直译文"我爱你"而想象出一个意译文吗? 对于 it is said that 短语,即使标榜自己是喜欢直译方法的人,是不是一定要翻译成不伦不类的"它被说"呢? 事实上,起码在以段落为翻译单位时,"直译"、"意译"方法常常是交织在一起的。比如有文章经常举这样一则格言及其译文:

Don't lock the stable door after the horse has been stolen.

直译:不要等马被盗后,才去锁厩门。

意译:不要贼走关门。

为什么会发生意译? 一般来讲,采用意译有这样几个原因:第一,直译不通,变通而意译;第二,直译虽通,但意译更能达意;第三,译者借意译展示自己,比如文笔或者其他个人的目的(比如 Wet floor! 的译文"地面潮湿,注意防滑"。增加"注意防滑"是译者对读者的善意之举)。直译为本,而意译的发生多出于必须。

意译文"不要贼走关门"可能产生的歧义是:(1) 贼走后主人仍要开着门;(2) 不让贼走的时候贼把关门上;(3) 不要贼一走主人就马上关门,等等。

意译文与直译文相比,得失共存。得:简洁;四字结构("贼走关门")有节奏感。失:有歧义;失掉了原文的形象("马"、"厩门"等)。

鉴于此,我们有理由说,意译文并不是真正的意译,而是"非直译"或"非意译",是中间状态。较理想的做法是,直译兼顾意译,保留原文的形象(直译),译出作者的深意(意译),保留或增加简洁、上口等美感元素(直译+意译,如把"马"直译为亲昵体的"马儿",按原文的意义把一整句话意译并分为两个对称而古色古香的分句),尽量避免可能产生的歧义。方法上直译、意译参半:意译时不完全舍弃原文形象,直译时又不在形式上亦步亦趋。还要做到言简意赅,符合格言等警句的特点。我尝试处理为:

莫待马儿盗,方知锁厩门。

甚至也可仿照汉语中的"亡羊补牢,犹未为晚",改造为"亡马锁门,悔之晚矣"。"悔之晚矣"是对原文深层意义的再现,是对前半句意义可能不够明晰之处的有效补充,是意译部分。起码在段落翻译单位内,"直译"、"意译"方法常常是交织在一起的。"有些教授翻译的书籍,把某些译者在翻译过程中偶然使用的一些处理方法,一一挑出,加以归纳分类,然后冠以种种庞大的名目,如什么'词类转译法'、'重复法'、'增词法'、'省略法'等,作为固定的法则向初学者推荐。这种做法也显然是十分不妥的。"①散文家董桥也反对"做翻译工作必须先熟读翻译教条"②的做法。翻译是不是一定要明确什么样的方法,并不是问题的关键。关键是不管采取什么样的方法,目的无非是要译文"出采"。只有出采的译文,才可能打动人,只有出采的译文,应试时才可能打动阅卷人,才可能得到较理想的成绩。"我想,理想的译者在翻译时,既要用眼,也要用脑,用幻想,(脾脏怎么用,恕我不敢妄言,)更要用心,用自己善于感动的心去贴近原著,去贴近作者的心。"③

师生互动

【例子】　*Ordinary People* is a movie about the problems faced by a family. Before the film opens, one of the teenage sons has drowned in a boating accident. The other son attempted suicide and was hospitalized. Unable to forget her dead son the mother has difficulty communicating with her surviving child. This lack of communication eventually leads to the break of the family.

【初译】　《百姓人家》这部电影讲述了一家人的种种遭遇。电影开始前,一个十几岁的儿子在划船时溺水身亡,另一个儿子自杀未果,后被送到医院救治,母亲因无法忘掉失子之痛,竟变得难以与这个幸存的儿子沟通感情,由此最终导致了家庭的破裂。

【讨论】　学生说,before the film opens 译为"电影开始前"会不会让人感觉是发生在电影之外? teenage sons 译为"十几岁的儿子"不如"年少的儿子"好。"救治"不表明就一定能够救活,而且没必要强调医院。有些句子还可以再调整一下。

我没像学生那样把 *Ordinary People* 译成《普通人》,我译成《百姓人家》的考虑是,这里突出的是一家人的故事,最好把"家"体现出来。另外,这里也

---

① 黄雨石:《英汉文学翻译探索》,陕西人民出版社 1988 年版,第 171 页。

② http://www.douban.com/group/topic/3557745/.

③ 周克希:《译边草》,三联书店 2008 年版,第 7 页。

不过讲述的是普通老百姓的家事,这样翻译似乎更家常。后来,见到该电影的两个通行的译名:《普通人》和《凡夫俗子》,普遍认为后者较好地表达了审美情趣。理想与否,待读者评说。注重审美情趣的电影译名再如:*You Can't Take It with You*/《你无法带走》/《浮生入梦》;*Man from Snowy River*/《来自雪河的人》/《雪河男子汉》。

本段第1句没有按照原来的句法结构译成"《百姓人家》是一部讲述一家所面对的难题的电影",因为这样读起来有些拗口,缺乏自然。

学生们对"电影开始前"的感悟是比较恰当的,"开始"的外延比"开头"大,容易产生歧义。不过如此理解也有故作歧解之嫌。"开头"指的是故事的背景。学生对 teenage sons 的译文我接受。

【再译】《百姓人家》这部电影讲述了一家人的种种遭遇。电影开头,一个年少的儿子在划船时溺水身亡,另一个儿子企图自杀,幸被及时救下,沉溺于丧子之痛的母亲竟变得难以与这个幸存的儿子沟通感情,最终导致了家庭的破裂。

实 践 提 升

1. No doubt everyone has to apologise for his life, sooner or later. When we appear at the Last Judgment and the Recording Angel reads out a list of our sins, we will presumably be given an opportunity to apologise, in the old sense of rebuttal, and in the new sense too, by way of confession and plea of repentance. In this life, it is well to apologise (in the new sense), but promptly, voluntarily, fully and sincerely. If the error is a matter of opinion and unpunishable, so much the better—an apology then becomes a gracious and creditable occasion, and an example to all. An enforced apology is a miserable affair.

2. I go to visit my great-aunts. A few of them think now that I am my cousin, or their daughter who died young. We recall an anecdote about a relative last seen in 1948, and they ask if I still like living in New York City. I have lived in Los Angeles for three years, but I say that I do. The baby is offered a horehound drop, and I am slipped a dollar bill "to buy a treat." Questions trail off, answers are abandoned, the baby plays with the dust motes in a shaft of afternoon sun.

第4讲 翻译标准

——忠实原文意和形 理想现实要分清

要点拓展

1. "标准"是什么？是衡量事物的准则，是依据，是镜子，是参照系。朝着这个目标迈进就好，达不到，不一定是努力程度不够，可能是条件所限，比如自身外语水平、汉英语言文化差异。即使名家的译作，也仍然有商榷和提升的空间。

2. 鉴于翻译本质上译文和原文是如影随形的关系，所以忠实原文就是译者的本能选择和道德底线，就是翻译的总标准。

3. 但忠实原文的什么呢？准确地说叫忠实原文的意义，但意义有多种，不仅仅限于我们平常说的"意思"。原文的"文"如文字的组织，所以是形式上的东西。"原意"指的是作者的深意，是内容上的东西，比如"原文"是"但见泪痕湿，不知心恨谁"，"原意"是"但见泪痕湿，不知心想谁"。原意是作者之意，表面上的原文未必显现的是作者的深意。

4. 是忠实"原文"还是忠实"原意"，关键在于原文会不会产生交际障碍。如果产生交际障碍，就需要忠实"原意"，比如"你喝西北风吧！"就不能按照原文的字面意义翻译，但对于不会产生交际障碍而又表现作者独特创作风格的，还是以忠实"原文"为上，比如对于李白"但见泪痕湿，不知心恨谁"中"恨"的翻译，由恨生爱，全人类皆然，并不会产生交际障碍。

5. 总的可以分为形式意义和内容意义。具体地说有词汇意义、句法意义、联想意义等。按说，标点符号也该是形式意义的一部分，在进行语言转换时，谁又能在一个篇章内做到标点符号的完全一致呢？

6. 在现实中，"忠实"实际是"忠实度"，而"忠实"只是"忠实度"上的一个量级。只要保住翻译的底线，译文即使某种程度上偏离原文了、走样了，也仍然是可以接受的翻译状态，仍然处于翻译的范畴之内。想想金子的成色，成色不足，不照样叫"金子"吗？因此，分清理想和现实是有出入的，对于我们进行翻译实践,提高翻译认识水平和自信心,都有着重要的意义。

7. 在现实中,总存在着"该不该"和"会不会"的问题。正像交通规则,按理说不该横穿马路,但在现实中却经常会发生,屡禁不止。翻译也同此理,理想和现实要分清。

8. 翻译,形神兼备、文质兼备、效果相当等状态最好,但在难以保全的状态下,内容第一、形式第二,先质而后文,和 E. Nida 等人的"翻译"定义的意思相同,特殊情况下,形式的东西要尽可能保全,比如作者有意创造的某种原文形式效果(如把诗歌排列成轮船状、建筑物状等)。

9. 我们把忠实原文看作翻译的标准,只是反映了以原文为中心的一种态度,会不会有以读者和社会需求为中心的情况呢?可以说,当今甚至更多。当以读者和社会需求为中心时,难免会发生对于原文更大程度上的偏离,比如改动原文表达而适应读者欣赏习惯的、改动原文意思而促进译语市场开拓的,前者限于语言内部、可读性的层面上,后者就有可能跳出翻译的范畴而变为新的创造了。

10. "标准"就是"标杆",而"忠实"只是理想标杆之一,评价翻译"好不好"的标准可以分出很多细节,可以分出不同的角度。

11. 译者的自身条件和素质,是接近理想标准的基本物质保障,所以才有 Translators are born, not made 之说。

阅读空间

• 翻译标准"度":打折的现实

朝着"标准"既定的目标迈进就好,达不到,不一定是努力程度不够,可能是条件所限,比如自身外语水平、汉英语言文化差异。即使名家的译作,也仍然是有商榷和提升空间的。

"标准"虽然各有不同,但对于文学作品而言,靠近作者、向原文"求真",是大家默认的选择,这是由表达型文本文学作品的性质决定的。但求真的同时,还要"务实",比如提高译文语言的可读性。译文翻译得怎样,是要经得起推敲的。

怎样才能较好地完成汉语散文的英译呢?除了上面说的"求真"和"务实"外,还要把传统上的"忠实"变为"忠实度",把传统上所说的"原文"变成"原意"。术语的改变不是为了标新立异,而是为了更好地看清问题的根本,加深对翻译的认识。

"忠实"是忠实原文,而"忠实"是"忠实度"的一部分,而在"忠实度"的量级上,"忠实"只是"忠实度"的一个表现状态。译文忠实度的变化,反映的是译者从语言性求真到社会性务实的过程,也即从永恒的译者身份到临时性社会角色的转变过程,这一切又共同构成了翻译的社会化过程。

解决佶屈聱牙、文理不通的译文的一个关键就表现在忠实原文还是忠诚作者上。作者的作品文美字顺,是艺术品,就应该以艺术的眼光审视之。若作者知道自己的作品被译成其他文字后给目的语读者留下的印象竟然是佶屈聱牙,令人难以卒读,也一定会羞于示人的。"对高标准的文学翻译来说,仅仅'译意'就不够了,需要的是'译味'——译出原文的艺术风格。在学习汉英翻译的过程中,首要的、居于第一位的,是把自己的翻译观念向'译意'转移;第二位,才可以考虑某些语言形式的直接转换,以便更好地体现语体、口气、语言色彩等,但是这样做的实质仍然是传达原文的意义,只不过这些意义有很多是体现在语言形式中的而已。在入门阶段,至少应该做到的是不生硬死板地'译字。'"①

只要能更好地传达原文、作者之意和风格的,就是好的。说法不同,但道理是一样的。用林语堂的话说就是:"翻译于用之外,还有美一方面须兼顾的,理想的翻译家应将其工作做一种艺术。以爱艺术之心爱它,以对艺术谨慎不苟之心对它,使翻译成为美术之一种。"②

翻译"对不对"和"好不好"是两个层次上的问题。"对不对"虽然也会表现在表达上,但更多的是理解上的问题。

翻译的过程不外乎理解和表达的过程,假如对原文理解有误,那就等于犯了根本性的错误;假如译文中出现用词搭配不当或由此造成了逻辑错误等,那是不通的问题;假如理解正确、表达无误而仍觉不尽如人意时,那就是"好不好"的问题。"有人提出'理解是关键',这种提法对不对? 如果指的是'理解很重要,理解错了便一切都错',这是对的,但说它是'关键'似乎不妥。因为如果说理解是关键,那就意味着只要理解对了,一切问题都迎刃而解了。实际上,有不少译文质量低劣并不是由于理解不好,而是因为表达方面的问题。"③所以,如果我们尝试区分精读、泛读等非翻译课程的"翻译"和翻译课程的"翻译"有什么不同的话,那就是:前者处在"对不对"的层面上,后者处在"好不好"的

---

①　杨晓荣:《汉英翻译基础教程》,中国对外翻译出版公司 2008 年版,第 32 页。

②　罗新璋:《翻译论集》,商务印书馆 1984 年版,第 429 页。

③　范仲英:《实用翻译教程》,外语教学与研究出版社 1997 年版,第 178 页。

层面上。

说"对不对",是说精读、泛读等非翻译课堂上的翻译主要是作为记忆单词、词组、句型等语言点的一种练习的手段,是翻译法教学法(Translation Approach)中的内容,这种手段和使用别的手段记忆语言重点并没有质的不同,达到正确和巩固所学知识就算实现了目的,而翻译课程的翻译可以不涉及任何语言难点,但表达效果怎样,就是"好不好"的问题了。

在语言层面上讲,译文"好不好"虽然是表达上的问题,但在进行翻译专业的学习时,还有很多翻译学上的问题需要应对,此时就不仅仅是译文语言的"好不好"了,还牵涉文化传播等方方面面的问题,所以在怎样有效表达前一定要认真思索一番。比如:Love me, love my dog. 当大家异口同声地译为"爱屋及乌"时,从文化传播的角度看,根本没有翻译。一个是西方独有的文化,一个是东方独有的文化,所谓二者相当,只是说二者功能相当,并不是文化相等。文化是不能转换的,原来是懂双语的人在进行的文化对接或配对,求取的是相当的功能。总之,翻译得好不好,有很多值得讨论,绝非"对不对"能一言蔽之的。

我们这里讨论的"好不好"主要是语言表达层面上的,着重于怎样让翻译出采。从翻译的交际性和读者接受的角度,出采自然就好,就具有可读性,否则就不好,不囿寻常理上的"忠实"。怎样才是"不囿寻常理"? 实际就是怎样再创造的问题。《简·爱》译后记说:

> 其实翻译,尤其是文学翻译,是一种艺术。译者虽有原文可以依恃,不必像作家那样需要"无中生有",但要用一种语言传达原作者用另一种语言所表达的思想和风格,而且要做到恰到好处,却离不开艺术创造,一种在原文的束缚下的创造。在这里,原文为创造提供了方便,但同时也是创造的桎梏。译者面对作家(原作者)用语言所能创造的广阔世界,必须用另一种语言忠实而灵活地再现这个世界。所以要达到翻译的高境界,就需要充分把握两种语言,并具有运用的娴熟技巧,需要深厚的文化底蕴,需要广博的知识。与此同时,还需要灵气,否则译者充其量不过是个出色的匠人。
>
> 所谓灵气,说到底是一种创造力,就翻译而言,是一种在不逾矩的前提下,灵活到了极致的表达能力,即在对原文透辟的理解和对原作风格的充分把握的基础上,灵活地传达原作的精、气、神,力求形神兼备,保持原有的信息。译文所表达的,不是熟练的匠人刻意求工的结果,而是从高明

的译家笔底自然地流淌出来的智慧的结晶,是生动而鲜活的。

"灵活性"和"准确性"常常是一对困扰译者的矛盾。一追求"灵活"便容易走样,离开原文;一追求"准确"便容易死板,言语不畅。我认为"准确"是前提,"灵活"是目标。"准确"是首要的,离开了对原文的准确传达就谈不上翻译,变成了自由创作。译者对某一句(段)生动灵活的译文感到得意时,尤其要警惕原文的信息在译文中是否有流失。但灵活生动又是必不可少的,因为翻译毕竟是一种艺术。在吃透了原文以后,译者不遗余力地去追求灵活的表达,那就是进入了一种高境界了。①

不被读者接受和欣赏的译文,就等于没能有效完成交际的任务。努力出采的过程就是努力求美的过程,也是译者为满足目的语读者的审美需要而不断调适的过程。出采主要表现在语言表达的层面上,是译者在忠实原意的前提下实现东西方审美层次的对接,是迎合目的语读者的审美需要而发挥主观能动性的表现,是译者在一个不悖原意的合理的范围内所做出的语言选择,是译者希望读者借欣赏译文而达到欣赏原文的目的性行为,译者务实性的需要主要体现为本能上对语言可读性的考虑。比如,将 The poem is well-known. 中的 well-known 译为"有名"、"著名"、"尽人皆知"、"家喻户晓"、"脍炙人口"、"百读不厌"等,是一个文学性逐步增强的过程,是出采的过程,是对上述诸多因素的综合体现,谁能说原意中不含上述诸多形式意义的表达呢? 这可以看作语言表达上的创造性表现。当然,在这个过程中,译者难免会在不同的语言单位内进行不同程度上的创作或再创作。强调出采,不是舍弃忠实,而是不做奴隶式的忠实:

一部译作虽然错漏多多,但富于文学性,保有原著的文学本质,广大读者乐于接受,也经住了时间的考验,这部译作应该承认属于翻译文学,因为它只是美玉有瑕,修订打磨即可臻完美,弥足珍贵矣! 反之,另一译作字句、语法几无错误,甚至标点符号也对原著亦步亦趋,经得住显微镜下的对照检验,然而可惜没有文学性,读来索然无味——如果还有人读的话——,那就只能说是一点点地照着原著拼捏成的蜡泥一堆,根本改变了原著的美玉质地,只好抛弃了。可叹的是文学翻译是一门遗憾的艺术,无瑕的美玉几乎不存在,有瑕的美玉也实在不多,多的却是在各种各样条件

---

① 夏洛蒂·勃朗特:《简·爱》,黄源深译,译林出版社 1993 年版。

下产生的蜡泥,要把美玉淹没掉、排挤掉的可恶的蜡泥!①

• 译者的背景知识:鲁迅对傅雷

鲁迅和傅雷都翻译了罗曼·罗兰《约翰·克利斯朵夫》里的一段话:

> 他用耳朵的根底听这音响。那是愤怒的叫唤,是犷野的咆哮。他觉得那送来的热情和血的骚扰,在自己的胸中汹涌了。他在脸上,感到暴风雨的狂暴的乱打。前进着,破坏着,而且以伟大的赫尔鸠拉斯底一致蓦地停顿着。那巨大的精灵,沁进他的身体里去了。似乎吹嘘着他的四体和心灵,使这些忽然张大。他踏着全世界矗立着。他正如山岳一般。愤怒和悲哀的疾风暴雨,搅动了他的心。……怎样的悲哀啊……怎么一回事啊!他强有力地这样地自己觉得……辛苦,愈加辛苦,成为强有力的人,多么好呢,人为了要强有力而含辛茹苦,多么好呢!(鲁迅译)

> 他认得这音乐,认得这愤怒的呼号,这疯狂的叫吼,他听到自己的心在胸中忐忑乱跳,血在那里沸腾,脸上给一阵阵的狂风吹着,她鞭挞一切,扫荡一切,又突然停止,好似有个雷霆万钧的意志把风势镇压了。那巨大的灵魂深深的透入了他的内心,使他肢体和灵魂尽量的膨胀,变得硕大无朋。他顶天立地的在世界上走着。他是一座山,大雷大雨在胸中吹打。狂怒的大雷雨!痛苦的大雷雨!……哦!多么痛苦!……可是怕什么!他觉得自己那么坚强好,受苦吧永远受苦吧!……奥!要能坚强可多好!坚强而能受苦多好!……(傅雷译)

鲁迅的翻译佶屈聱牙,生硬难懂;而傅雷的翻译气势恢宏,铿锵有力,真实地传达了音乐家在创作过程中强烈的心灵体验。两者都是语言大家,为什么翻译表现如此悬殊?一个重要的原因是鲁迅出身于破落的封建家庭,在日本留学之初学医,后从事白话文文艺创作,对欧洲音乐可以说一窍不通。而傅雷年轻时曾赴法国巴黎大学学习艺术理论,在那里观摩了大量世界级艺术大师的作品,培养了他超群的艺术修养。他多艺兼通,在绘画、音乐、文学等方面,具有独到的艺术鉴赏力。其子傅聪正是在他的影响下成为著名的音乐家。因此,鲁迅的翻译只能亦步亦趋,在原文文字字面沉重的锁链羁绊下,语言失去

---

① http://blog.china.com.cn/sc_literature_translation/art/5568182.html.

了自然的灵性。而傅雷凭借其在音乐艺术领域丰富的情感体验和知识储备，在翻译时做到游刃有余，从形式到内蕴都实现了理想的对等。

师生互动

【例子】　The recent water shortage in California forced changes in Californian's lifestyles. When water was rationed, Californians learned to conserve water. They didn't water their lawns or gardens or wash their automobiles. They took fewer showers and baths. Californians also learned to recycle water. For example, they used the rinse water from their washing machines to water their house plants and gardens.

【初译】　加利福尼亚地区最近水资源匮乏，迫使加州居民的生活方式发生了一些变化。定额供水使加州人学会了存水，他们不浇草坪、不浇花圃，也不用水洗车了，并且减少了淋浴和洗澡的次数。加州人还学会了循环用水，如用洗衣机里的漂洗水浇灌室内的盆栽植物和园子。

【讨论】　学生说，conserve 有"保存"的意思，但 conserve water 作保存用水讲似乎只强调了保存的方式。段落最后的 gardens 还应翻译成"花园"。

学生对 conserve water 的理解很到位，对作者并非有意隐晦的表达，我们最好在译文中体现出表面文字下更深层的意义。关于将段落最后的 gardens 翻译成"园子"是因为在对于 gardens 是不是也被 house 所修饰表示怀疑的情况下所作的模糊处理。第 3 句话中的 gardens 似乎应该是露天花园，段尾的 gardens 就只能是室内花圃或花池了，否则就发生了重复。后请教外国专家，果然如此。看来对外国的情况不十分了解，是要影响正确的翻译的。至于从句法上讲，house 是不是就一定修饰 gardens 倒不是十分明确，好在这里能够从上下文的逻辑关系上得到验证。

【再译】　加利福尼亚地区最近水资源匮乏，迫使加州居民的生活方式发生了一些变化。定额供水使加州人学会了节约用水，他们不浇草坪、不浇花圃，也不用水洗车了，并且减少了淋浴和洗澡的次数。加州人还学会了水的循环利用，如他们洗完衣服后就用洗衣机里的漂洗水浇灌室内的盆栽植物和花池。

实 践 提 升

Around 99% of the stuff taught to kids over 13 will not be applied in their lives. Schools teach theory which is perfect for those that go into academia, but useless for the 99% that don't. But unless you learn the theory you will not get a place at university. And if you don't go to university, you won't get a good job. Obey the system and the system will reward you ... It is my unpopular opinion that most schools are useless. Yesterday, I was doing the Computer Science Pre-Arrival Course of the University of Cambridge. I was reading binary numbers (e. g. 1101001). How do they transform to 16-base, 8-base or 10-base numbers. What are they? The part was several paragraphs long. No more than 30 lines. That was the time, I realized I wasted 12 years at school ... Not only my school never told me what the "1"s and "0"s are but also we weren't even told what are those transformations. For 3 months, I was doing transformations like a robot. But all I needed to hear was what they were and I probably would have figured out how to do the transformations myself! Most schools do not educate. They train students. Many people would refute my argument by saying that, if one doesn't go to school, he or she will have the same brain as a 4-year-old kid in a kindergarten. I disagree. That would only be the case if you didn't go to school and spent all your time doing nothing. What if you self-educated yourself? What if your parents taught you the school-stuff in a much more fundamental manner? The only downside might be that the kid would not have as much social interaction as his/her compatriots but that can be resolved by attending extracurricular activities or meeting people outside. Even if that doesn't work out as well as attending school for social reasons, that is a sacrifice I am willing to take, especially if the student is in high-school. Schools should not imprint information in student. They should teach how to learn.

My Life's Sentences

In college, I used to underline sentences that struck me, that made me look up from the page. They were not necessarily the same sentences the professors pointed out, which would turn up for further explication on an exam. I noted them for their clarity, their rhythm, their beauty and their enchantment. For surely it is a magical thing for a handful of words, artfully arranged, to stop time. To conjure a place, a person, a situation, in all its specificity and dimensions. To affect us and alter us, as profoundly as real people and things do.

I remember reading a sentence by Joyce, in the short story "Araby." It appears toward the beginning. "The cold air stung us and we played till our bodies glowed." I have never forgotten it. This seems to me as perfect as a sentence can be. It is measured, unguarded, direct and transcendent, all at once. It is full of movement, of imagery. It distills a precise mood. It radiates with meaning and yet its sensibility is discreet.

When I am experiencing a complex story or novel, the broader planes, and also details, tend to fall away. Rereading them, certain sentences are what greet me as familiars. You have visited before, they say when I recognize them. We encounter books at different times in life, often appreciating them, apprehending them, in different ways. But their language is constant. The best sentences orient us, like stars in the sky, like landmarks on a trail.

They remain the test, whether or not to read something. The most compelling narrative, expressed in sentences with which I have no chemical reaction, or an adverse one, leaves me cold. In fiction, plenty do the job of conveying information, rousing suspense, painting characters, enabling them to speak. But only certain sentences breathe and shift about, like live matter in soil. The first sentence of a book is a handshake, perhaps an embrace. Style and personality are irrelevant. They can be formal or casual. They can be tall or short or fat or thin. They can obey the rules or break them. But they need to contain a charge. A live current, which shocks and illuminates.

Knowing—and learning to read in—a foreign tongue heightens and complicates my relationship to sentences. For some time now, I have been reading predominantly in Italian. I experience these novels and stories differently. I take no sentence for granted. I am more conscious of them. I work harder to know them. I pause to look something up, I puzzle over syntax I am still assimilating. Each sentence yields a twin, translated version of itself. When the filter of a second language falls away, my connection to these sentences, though more basic, feels purer, at times more intimate, than when I read in English.

The urge to convert experience into a group of words that are in a grammatical relation to one another is the most basic, ongoing impulse of my life. It is a habit of antiphony: of call and response. Most days begin with sentences that are typed into a journal no one has ever seen. There is a freedom to this; freedom to write what I will not proceed to wrestle with. The entries are mostly quotidian, a warming up of the fingers and brain. On days when I am troubled, when I am grieved, when I am at a loss for words, the mechanics of formulating sentences, and of stockpiling them in a vault, is the only thing that centers me again.

Constructing a sentence is the equivalent of taking a Polaroid snapshot: pressing the button, and watching something emerge. To write one is to document and to develop at the same time. Not all sentences end up in novels or stories. But novels and stories consist of nothing but sentences. Sentences are the bricks as well as the mortar, the motor as well as the fuel. They are the cells, the individual stitches. Their nature is at once solitary and social. Sentences establish tone, and set the pace. One in front of the other marks the way.

My work accrues sentence by sentence. After an initial phase of sitting patiently, not so patiently, struggling to locate them, to pin them down, they begin arriving, fully formed in my brain. I tend to hear them as I am drifting off to sleep. They are spoken to me, I'm not sure by whom. By myself, I know, though the source feels independent, recondite, especially at the start. The light will be turned on, a sentence or two will be hastily scribbled on a scrap of paper, carried upstairs to the manuscript in the morning. I hear sentences as I'm staring out the window, or chopping vegetables, or waiting on a subway platform alone. They are pieces of a jigsaw puzzle, handed to me in no particular order, with no discernible logic. I only sense that they are part of the thing.

Over time, virtually each sentence I receive and record in this haphazard manner will be sorted, picked over, organized, changed. Most will be dispensed with. All the revision I do—and this process begins immediately, accompanying the gestation—occurs on a sentence level. It is by fussing with sentences that a character becomes clear to me, that a plot unfolds. To work on them so compulsively, perhaps prematurely, is to see the trees before the forest. And yet I am incapable of conceiving the forest any other way.

As a book or story nears completion, I grow acutely, obsessively conscious of each sentence in the text. They enter into the blood. They seem to replace it, for a while. When something is in proofs I sit in solitary confinement with them. Each is confronted, inspected, turned inside out. Each is sentenced, literally, to be part of the text, or not. Such close scrutiny can lead to blindness. At times—and these times terrify—they cease to make sense. When a book is finally out of my hands I feel bereft. It is the absence of all those sentences that had circulated through me for a period of my life. A complex root system, extracted.

Even printed, on pages that are bound, sentences remain unsettled organisms. Years later, I can always reach out to smooth a stray hair. And yet, at a certain point, I must walk away, trusting them to do their work. I am left looking over my shoulder, wondering if I might have structured one more effectively. This is why I avoid reading the books I've written. Why, when I must, I approach the book as a stranger, and pretend the sentences were written by someone else.

我生命里的美句

翻译：周领顺

上大学时，我常常划下那些让我为之震撼、为之深思的句子，但不一定是教授们指出来，或者会出现在考试中让我们进一步阐释的句子。我注意到，这些句子集简洁、韵味、美感和魅力于一体。想来真是不可思议，就有那么一些词，巧妙地摆在一起，足以令时光停滞。变出个地名、变出个人名、变出个情境，真实而细腻。它们对我们影响之深、改变之大，与现实中人和物所起的作用无异。

我记得读过乔伊斯写的一个句子，就在短篇小说《阿拉比》（"Araby"）的开头附近："寒风咬，玩兴浓，玩到身上红彤彤。"我忘不掉，句子之完美，已臻极致。拿捏仔细、顺手溜出、直白质朴、卓尔不群，一股脑，这些感觉就都来了；充满动感，富于想象，凝聚为可感可知的氛围，意义闪着异彩，感觉真实自然。

复杂的故事或小说，主体宏大，情节众多，读来感觉似难连到一起。再读时会发现，某些句子就像老熟人向我热情打着招呼。我把它们认了出来，它们说我旧地重游。在我们的一生中，不同时期，会遇到不同的书籍，欣赏、理解各不相同。但语言是永恒的，美句就像夜空里的星星、像小道上的路标，引导我们前行。

不管是不是真正进入阅读，美句都值得反复咀嚼。再怎么吸引人的故事，若用的句子不能让我产生共鸣或者令我反感，就会让我麻木。小说主要的任务是传递信息、制造悬念、刻画人物，并使他们开口讲话。但只有某些句子会呼吸、会变化，就像泥土里的生命。一本书的第一句话写好了，就是向读者伸出的友好之手、敞开的温暖怀抱，无关风格和个性，可以正式，可以随意，高矮胖瘦，无所不能；或遵从规则，或打破常规，但一定要带着电，摄人魂魄，闪光发热。

了解并学会用外语阅读，加强了我对句子的亲近度，关系也由此变得复杂起来。最近一个时期，我主要阅读的是意大利语，并以别样的方式体验意大利语写就的小说和故事。我一句也不敢瞎猜，敏感有加，为了多一份了解，我更加用功。我驻足查询，对我在吸收学习的句法结构也困惑不已，每个句子都孳生出了个翻译版孪生兄弟。当第二语言这一过滤器消失时，我和这些句子的联系虽然直接，却比我读英语时感觉更纯，有时更加亲近了。

把经历变成语法联结的一组词，是本能的冲动，是我生命中持续不竭的动力之源，是呼是应的习惯使然。多数的日子是从敲进日记里的句子开始的，外人不曾见过，因此也就多了一分自由，多了一分不想写那些绞尽脑汁东西的自由。下笔处，多无惊人之语，是练手、练脑而已。在我困苦、忧伤、语塞的日子里，我习惯性地造些句子，珍藏起来，便成了让我重新凝神聚气唯一可做之事。

造个句子，就像宝丽莱快照：按下快门，观察成像。动笔成句，则是集记录和冲洗于一体，并非所有的句子其归宿都在小说或故事里，但小说和故事除了句子，别无所有。句子是泥浆，是砖块，是燃料，是引擎，是机体的细胞，是衣服的针脚，它同时具备独居性和群体性的两面性。句子定调、定节奏，排着队，记录着行进的轨迹。

我的任务就是一句一句地积累美句。经过了第一个时期的耐心、浮躁、圈选、装订之后，句子就自然而然地涌进我的脑海里。也不知是谁将句子诵读出声，我迷迷糊糊要入睡时便学会了倾听。就是我读的，我心里有数，虽然声音的源头让人觉着清醒独立、深不可测，特别在开始那会儿。打开灯，一两个句子就会快速、潦草地画到纸片上，早上起床拿到楼上，放在本子里。凝视窗外时心里听着句子，切菜时心里听着句子，在地铁的站台上候车时心里还听着句子，这些句子就是智力拼图玩具上的零件，递到我手上，却不按什么顺序，也没有明显的逻辑。凭我直觉，它们就是整个东西的一份子。

从长远看，我以这种随意的方式收集、记录的每个句子都要分类、挑拣、组织、改变，而很多还要删掉。我做的所有修正——该过程动手快，且加进了自己的思想——发生于句子层面。对句子的精雕细琢，会让刻画的人物呼之欲出、让描绘的情节展露无遗。执迷于此，或者说急于对收集的句子加工整理，是先树木后森林之为，可也实在找不到构想森林更好的办法了。

书或故事快要完稿时，我对每个句子都有一股强烈的、着魔般的敏感力，好句子融入了血液，似乎有那么一瞬将其取而代之。到了该校对的时候，我与句子独处一室，看看这句，挑挑那句，颠来倒去。把这个句子判那儿，把那个句子判这儿。如此挑剔，难免导致盲目。有的时候，不免恐怖，句子竟不再传意。好不容易脱稿了，我却怅然若失，失去的是那些曾经在我生命中往复循环的美句，萎缩的是曾经维系枝繁叶茂的庞大根系。

即使印在纸上，装订成册，句子还是漂泊不定之物。再过多少年，我总能伸手抚平一丝乱发，而有的时候，我需要走得远远地，相信那些句子能够独自行事。我兀自回头,想着我是不是还有可能将句子造得更好一些。我不想读自己写的书,若出于必须,便以陌生客近而审视,骗自己:那些句子可是别人写下的。

评析:

当讨论散文翻译并从中鉴别汉英差异时,就不仅仅是"汉译英",也应包括"英译汉",只有通过对比,才能更清楚地看出二者的异同。这里主要通过一篇散文的英译汉,来说明散文翻译"美"与"真"的问题,并兼及汉英之间的一些表达差异。

散文属于"美文",汉英皆然。因此,"求美"是首要的选择。许渊冲在论述"求美"和"求真"的关系时说道:

> 求真是低标准,求美是高标准;真是必要条件,美是充分条件;……如果真与美能统一,那自然是再好没有;如果真与美有矛盾,那不是为了真而牺牲美,就是为了美而失真。如译的似的诗远不如原诗美,那牺牲美就是得不偿失;如果译得"失真"却可以和原诗比美,那倒可以说是以得补失;如果所得大于所失,那就是译诗胜过了原诗。①

许渊冲教授虽然讨论的是诗歌翻译的美与真,但同样适用于散文的翻译。优美的意境是借优美的语言加以表现的。或者说,"美"主要并首先表现在语言上。这里仅就散文"My Life's Sentences"的汉译,谈谈散文翻译"求美"、"求真"的原则问题。

一、"美"与"求美"

第一,再现原文之美。修辞是作者有意而为的,也是美文的主要表现。在翻译时,如果能给予再现,则应以再现为主。例如:

(1) The best sentences orient us, *like* stars in the sky, *like* landmarks on a trail.

原句用的是明喻,而且使用了两个比喻词 like,即使把第二个 like 删除而变为... like stars in the sky and landmarks on a trail,也照样能够成立。重复比喻词,即在明喻修辞格中嵌套了反复修辞。把作者的用心处尽可能翻译出

---

① 许渊冲:《新世纪的新译论》,《中国翻译》2000 年第 3 期。

来,才算是向作者尽了"忠",向读者尽了"责",故译为:

> 但语言是永恒的,美句就像夜空里的星星、像小道上的路标,引导我
> 们前行。

在组织方式上,散文"形散而神不散";从美的角度讲,"形散"说明美是全
方位的。如果能达到句句照应,当然最为理想,但如果因为语言差异或者翻译
后违拗译语的美感特质,则不妨退而求其次,即确保一段话内或一个句子前后
所营造的整体氛围不变,保持文章整体文学性不变。例如:

(2) I noted them for *their* clarity, *their* rhythm, *their* beauty and *their*
enchantment.

作者重复使用了代词 their,但在译语里重复使用代词,则不免有拖沓板
滞之感。刘宓庆根据汉英语言的差异,提出要在汉译文中适当减少人称代词
的使用①,故译为:

> 我注意到,这些句子集简洁、韵味、美感和魅力于一体。

译文以简洁取胜,在一定程度上弥补了原文的修辞损失。不过,原文反复
修辞之美,却在本段话另一个不相干的句子中得到了"再现",即:

(3) To *conjure* a place, a person, a situation, in all its specificity and
dimensions.

> 变出个地名、变出个人名、变出个情境,真实而细腻。

有研究发现,"在类型上汉语是一种动词型或者说动词优先的语言,而英
语是一种名词型或者说名词优先的语言,两者分别代表了两种在词类的语法
优先度上相对立的语言类型。"②"汉语动词的重复或重叠,以及与此相关的句
式排比或对偶,可以明显地加强汉语动态感的表现力。"③

---

① 刘宓庆:《文体与翻译》,中国对外翻译出版公司,1998 年版,第 445－476 页。

② 刘丹青:《汉语是一种动词型语言——试说动词型语言和名词型语言的类型差
异》,《世界汉语教学》2010 年第 1 期。

③ 连淑能:《英汉对比研究》,高等教育出版社 1993 年版,第 122 页。

似乎可以这样归纳:所谓"再现原文之美",实际又有狭义(如例1,一句话内)和广义(如例2,一段话内)之分呢。

第二,切换原文之美。比如切换为四字结构、流水短句和新的句式等。

(4) It is *measured*, *unguarded*, *direct and transcendent*, all at once. It is full *of movement*, *of imagery*.

拿捏仔细、顺手溜出、直白质朴、卓尔不群,一股脑,这些感觉就都来了;充满动感,富于想象⋯⋯

measured,unguarded,direct,transcendent 这四个词,两两对应,结构平稳,与英语并列结构功能相一致的是汉语的四字结构,所以"切换"为四字结构,恰如其分。

(5) *They* can be formal or casual. *They* can be tall or short or fat or thin. *They* can obey the rules or break them. But *they* need to contain a charge. A live current, which shocks and illuminates.

可以正式,可以随意,高矮胖瘦,无所不能;或遵从规则,或打破常规,但一定要带着电,摄人魂魄,闪光发热。

把几句话并合处理后,自然"切换"为汉语的流水短句,使译文的节奏感得到了增强。

(6) *I* experience these novels and stories differently. *I* take no sentence for granted. *I* am more conscious of them. *I* work harder to know them. *I* pause to look something up, *I* puzzle over syntax I am still assimilating.

我⋯⋯以别样的方式体验意大利语写就的小说和故事。我一句也不敢瞎猜,敏感有加,为了多一份了解,我更加用功。我驻足查询,对我在吸收学习的句法结构也困惑不已。

原文的排列顺序被"切换"后,代词"我"被放在了不同的位置,避免了全部放于句首而在译文语言里引起的单调感。

(7) Sentences are the bricks *as well as* the mortar, the motor *as well as* the fuel. They are the cells, the individual stitches.

句子是泥浆、是砖块,是燃料、是引擎,是机体的细胞,是衣服的针脚。

原文句子两处以 as well as 短语连接,而在紧接的两句话中,这一短语又被省掉了。译文把几句话并列起来,保持了句子的长短交错,并通过重复"是"字,增强了抑扬顿挫的效果。汉语具有音乐性强的特点,如果翻译后"读起来

'不上口'，总还是件憾事"①。

切换美的方式有很多，但总的原则是：如果原文在原语世界里有美感但在进入译语世界后有所损失，则不妨尽力寻找另类可以被译文读者接受的方式"曲线救'美'"。

第三，超越原文之美。"译文超越原文"之语常被人诟病，但"发挥译语优势"（许渊冲、E. Nida 语）之说却能被普遍接受。汉语有着怎样的优势？季羡林给予了高度的评价：

> 语言的功能在于传递思想、表达感情，哪一种语言能传递、表达最简洁而又充分，最明白而又含蓄，最丰富而又不枯燥，最生动而又不油滑，它就是最好的语言。汉语就是这样一种语言。②

具体而言，其一，汉语喜欢四字结构（如例[4]），这是因为"成语四个音节，两个音步，匀整对称……有节奏感。能体现汉语的民族风格，使汉语语音上的优势得到充分利用"③。

其二，汉语青睐流水短句（如例[5]），"流水句之所以能自由自在，如行云流水，是由现代汉语语用平面的语序的灵活性和口语化这两个因素决定的"④。

其三，汉语崇尚简洁凝练（如例[8]），这是"由于汉语韵律性特征明显和长期以来书面上运用汉字等原因，形成了汉语表达上力求简约的民族语言心理"。⑤ 季羡林说："表达同样的思想感情，汉文是付出的劳动量最少的语言，用的时间最短的语言，几千年来，从我们的老祖宗起就使用这种语言，我们节省出来的劳动力和时间，连用天文数字也是难以算得清楚的。"⑥因此，在翻译时要特别注意"言以简为贵"（宋·杨时《二程粹言·心性篇》）之理的运用。例如：

（8）After an initial phase of *sitting patiently, not so patiently,*

---

① 吕叔湘：《吕叔湘语文论集》，商务印书馆 1983 年版，第 23 页。
② 季羡林：《成语源流大辞典·序》，《中国语文》2003 年第 5 期。
③ 范开泰，张亚军：《现代汉语语法分析》，华东师范大学出版社 2000 年版，第 243 页。
④ 陈昌来：《现代汉语句子》，华东师范大学出版社 2000 年版，第 254 页。
⑤ 范开泰，张亚军：《现代汉语语法分析》，华东师范大学出版社 2000 年版，第 251 页。
⑥ 季羡林：《成语源流大辞典·序》，《中国语文》2003 年第 5 期。

struggling to locate them，to pin them down，they begin arriving，fully formed in my brain.

经过了第一个时期的耐心、浮躁、圈选、装订之后，句子就自然而然地涌进我的脑海里。

如果说，译者展现汉语的优势是以超越原文为目的，那么有的译文或可说是"水到渠成"、"歪打正着"了。比如 Over time，virtually each sentence I receive and record in this haphazard manner will be sorted，picked over，organized，changed. 一句，从美的角度讲，仍有需要改进之处。sorted，picked over，organized，changed 是并列的关系，但有三处用的是单个的词，唯独 picked over 用的是短语，不够对称，而当翻译为"从长远看，我以这种随意的方式收集、记录的每个句子都要分类、挑拣、组织、改变"时，却因汉语言简意丰的特点，无形中增强了节奏感，"超越"了原文。

二、"真"与"求真"

"真"是指原文意义而言的，建立在原文"真"意基础之上的美，才是真美。比如，同是一个 rich lady，新中国成立前译作"阔太太"算得体，今天译作"富婆"才恰当；汉译英的 police officer，面对中国封建社会的故事应还原为"衙役"，今天默认的却是"警官"。在时代性上反映为"真"，在语言表达上反映为"美"。

在理解作者畅谈创作体验的意图之后，我们就不宜再将 The cold air stung us and we played till our bodies glowed. 一句作常规翻译（网上译为"寒风刺骨，我们玩啊玩，一直玩到身上感到热烘烘的"）。原因是，句子里的 sting 和 glow 正是作者想要表达的形象化用词，不形象化译出来，就不足以表现作者意欲表达"语不惊人死不休"（杜甫语）的真意。所以，笔者才译为"寒风咬，玩兴浓，玩到身上红彤彤"这样有违常规却又无意中押了尾韵（"浓"和"彤"）的表达形式。

"真"还可以从别的角度进行一番讨论，比如作者写作经历与译者写作经历契合之真。原文所述的作者个人写作习惯与笔者（译者）的写作习惯相似，所以理解就比较有把握（如把 journal 理解为"日记"而非"杂志"），表达就比较到位（如把 The entries are mostly quotidian, a warming up of the fingers and brain. 译为"下笔处，多无惊人之语，是练手、练脑而已"）。钱锺书当年建议杨必翻译萨克雷的《名利场》，结果一举成名，说明钱锺书不仅对萨克雷的作品内容、风格特点有深刻的了解，也对杨必的个人性格等都十分了解。

散文难译，难就难在"求真"基础之上再"求美"，且要美得自然，美得出神入化。对于英译汉,尤其如此。汉民族的传统审美观总体上是以神驭形的,所谓"文曲星"、"文似看山不喜平"、"夺(脱)胎换骨"、"出神入化"、"空灵"、"神似"、"化境"、"不隔"、"羚羊挂角,无迹可求"、"超凡脱俗"、"传神之笔"、"神来之笔"、"神采飞扬"、"如椽之笔"、"言之无文,行而不远"之理或无"斧凿之痕"、不"味同嚼蜡"等之谓是也。

散文的语言,如诗如画。若要散文翻译得传神达意,更上层楼,就有必要夯实双语功底,加强双语修养。比如,如果把 It is the absence of all those sentences that had circulated through me for a period of my life. *A complex root system, extracted.*(失去的是那些曾经在我生命中往复循环的美句,萎缩的是曾经维系枝繁叶茂的庞大根系。)译为"失去的是那些曾经在我生命中往复循环的美句,复杂的根系萎缩了",其韵味则大打折扣。一是因为原文的意境再现不够充分,使上下衔接有些唐突,二是因为失却了前一译文中"句"和"系"变体韵式而产生的韵味。

第5讲　神似化境
——出神入化不拘谨　尝试仿写自由身

要点拓展

1. "神似"和"化境"字面上有个谁低谁高的问题吗？怎样理解类似的"出神入化"？

2. "神似"和"化境"的根本点是：传神。特别是文学作品，有神就有味，有味读者就愿读，也就是读者的接受度高。"神似"和"化境"归根结底是"传神"问题。我们的传统审美观总体上是以神驭形的，所谓"文曲星"、"文似看山不喜平"、"夺（脱）胎换骨"、"出神入化"、"空灵"、"神似"、"化境"、"不隔"、"羚羊挂角，无迹可求"、"超凡脱俗"、"传神之笔"、"神来之笔"、"神采飞扬"、"如椽之笔"、"言之无文，行而不远"之理或无"斧凿之痕"、不"味同嚼蜡"等之谓是也，英译汉时要引起注意，这是民族文化认同的主流，汉译英时则相反。

3. 国内外翻译者和翻译研究者对译笔的传神都发表过意见，比如严复和A. Tytler。

4. 关于传神，话好说，事难做。对于初学者，难以使翻译做到传神的关键在于拘泥于原文的语言结构。那么，怎样摆脱原文语言结构的约束呢？学会仿写、译写、综述等，可以使自己达到超脱。

5. 翻译腔不被人看好，但因为在一定程度上显露着异域文化和语言的洋气，所以也有它的接受人群，至于是不是被一个时代所接受，还有个时代性的问题，比如"文革"期间和改革开放后对异域事物的接受态度就不同。

6. 有必要分清"翻译腔"和"翻译体"。二者所指现象相同。称为"翻译腔"时，意味着翻译者使用的语言缺乏活力、不传神，令人难以卒读；称为"翻译体"时，意味着翻译研究者承认了这类中介风格现象。"翻译腔"是贬义词，"翻译体"是中性词。

7. "翻译体"被看作一种文体，多是和被人称作的"翻译文学"相同。承认有翻译体，就是承认了这一现象存在的客观事实和存在的合理性。

8. 是"翻译腔"还是"翻译体",还不可忽略包括译者身份在内的一些社会性因素所造成的偏见。如果译者本人是著名的文学家,如鲁迅、巴金、朱自清、郭沫若,因为他们笔力不凡,读者会想当然地认为译文中带一些翻译腔是译者的有意而为;若译者名不见经传,笔力平平,译品中出现不顺畅的翻译就可能被认为是不胜笔力的表现。所以,看待是不是翻译腔、是不是该貌视它,还有个译者社会地位问题。

9. 任何事物都有接受的人群,"翻译腔"也不例外,对于出版商而言,人群的大小意味着潜在消费者的多少,这才是决定性的。

10. 出现翻译腔是由多种原因造成的,比如译者认为这样能够满足特定的读者群、译者的笔力有限等。

11. 对于初涉翻译的学生而言,要尽力避免翻译腔,原因是首先译笔不被看好,再者社会地位不高,谈不上知名度。

12. 记着余光中的话,大概就能使翻译传神。余光中说:"如果说,原作者是神灵,则译者就是巫师,任务是把神的话传给别人。翻译的妙旨,就在这里:那句话虽然是神谕,要传给凡人时,多多少少毕竟还要用人的方式委婉点出,否则那神谕仍留在云里雾里,高不可攀。译者介于神人之间,既要通天意,又得说人话,真是'左右为巫难'。读者只能面对译者,透过译者的口吻,去想象原作者的意境。翻译,实在是一种信不信由你的'一面之词。'"[1]

13. 翻译即译意,不是译字。

14. "神似"、"化境"和其他译论并不冲突,比如严复的"雅"。

15. "神似"和"化境"多指的是文学翻译,但也不仅限于文学翻译,应用翻译一样要求过硬的文字功夫,在透彻理解原文意义的前提下,用传神的文字表达出来,做到清楚、有味、耐读,在这条路上,无论怎样努力,都不为过。

阅 读 空 间

- ● "神似"和"化境":文本翻译观

"神似"和"化境"是翻译观。翻译观是"是译者对翻译这一现象的看法或观点。它自觉或不自觉地指导着译者的翻译实践,不管这种观点译者有没有用文字或口头的形式表达出来。……翻译观指导译者的翻译实践,并影响其

---

[1] 余光中:《余光中谈翻译》,中国对外翻译出版公司 2002 年版,第 55 页。

译作的最终效果"①。具体的译者,可以有不同的翻译观,从译者的翻译观,可以窥视其行为,包括其社会性行为,因为"一个译者,有什么样的翻译思想,就会有什么样的翻译方法和翻译实践"②。翻译观是比较零星的,比如"神似"和"化境",本身不成体系。

傅雷说:"以效果而论,翻译应当像临画一样,所求的不在形似而在神似。"③钱锺书说:"文学翻译的最高标准是'化',把作品从一国文字转变成另一国文字,既能不因语文习惯的差异而露出生硬牵强的痕迹,又能完全保存原有的风味,那就算得入于'化境'。十七世纪有人赞美这种造诣的翻译,比为原作的'投胎转世'(the transmigration of souls),躯体换了一个,而精魂依然故我。换句话说,译本对原作应该忠实得以至于读起来不像译本,因为作品在原文里决不会读起来像经过翻译似的。"④

一般认为,"化境"比"神似"更深一层,但"化境"是否超出了"神似"而使二者可以成为中国翻译理论体系中独立的阶段性特征呢?

"化境"位列"神似"之后,但并不说明"化境"是"神似"程度上的递进。以常说的"出神入化"为例。"出神"("神似")既非第一阶段,"入化"("化境")也非第二阶段。"出神入化"是联合式,表达的是同一个意思:"出神"就是"入化","入化"也是"出神"。百度词典上解释为:"神、化:指神妙的境域。极其高超的境界。形容文学艺术达到极高的成就。"⑤

在翻译上,因傅雷提倡"神似"和钱钟书提倡"化境"的翻译观而让争论之声不绝于耳。为了形象说明"神似"、"化境"具体的语义指涉,我们不妨以图示的形式展示文本视角上二者的相同和相异之处:

出神入化、极其高超的境界 ←————→ 化境
神似——"似"(似什么?要求条件:母本 / 蓝本 / 原文)
      与"形似"相对("形似"是"神似"的潜台词)

---

① 郭建中:《翻译:理论、实践与教学——郭建中翻译研究论文选》,浙江大学出版社2010年版,第84页。

② 方梦之:《译学辞典》,上海外语教育出版社2005年版,第48页。

③ 傅雷:《巴尔扎克〈高老头〉重译本序》,《傅雷文集·文艺卷》,当代世界出版社2006年版。

④ 钱钟书:《林纾的翻译》,罗新璋编:《翻译论集》,商务印书馆1984年版,第696 - 697页。

⑤ http://dict. baidu. com/s? wd=%B3%F6%C9%F1%C8%EB%BB%AF.

第一,二者可简化为"神"和"化",相同点在于都用于指涉出神入化、极其高超的境界,意义相同或相近。

第二,"神似"侧重"神"时,除了表达出神入化的境界之外,还在于和"形"作比较,所以"神似"指的是"精神实质上相似;极相似"(《现代汉语词典》)。"神"是内在的,"形"是外在的。在古代"文质"之争中,"质"总体上高于"文",说的就是内决定外、内容决定形式的道理。此乃常识。

第三,"神似"侧重"似"时,"似"什么?就说明有像或者不像的母本存在,如傅雷所喻之"临画"。"临"即"照着字画摩仿"(《现代汉语词典》),"字画"即母本,如翻译上的原文一样。"化境"表面上未着意强调需与母本进行比较。

翻译要求拿译文和原文作比。"皮之不存毛将焉附",无原文作母本,"翻译"便不复存在。没有了原文,就是"伪译"。"神似"以原文为准,所以说傅雷是在翻译内讨论翻译问题的。"化境"着意在译作作为艺术品本身的、独立的完美状态上,是否拿原文作比并非必备的条件,所以钱锺书讨论的虽然是翻译问题,但间或超出了翻译的范围。译文总是要和原文比较的,而"化境"追求独立,难免要受到一些限制。我检索了《翻译:理论、实践与教学——郭建中翻译研究论文选》一书"神似"和"化境"的出现频次。"神似"出现 8 次,"化境"出现 1 次,且只出现于一处叙述中。在用于评价译文时,用的全是"神似"。这些使用"神似"的地方,都很难代之以"化境",原因在于在追求译文与原文的求真度时,必须拿原文比较,也即追求译文之"似",但并非说这些译文没有达到钱锺书所说的"化境"的地步:不和原文比较而单独评价时称之为达至"化境"并无不妥。比如,就有人将傅雷的翻译评之以钱锺书"化境"一语的:

> 《大公报》1985 年 3 月 11 日载子言短文《张谷若译哈代》,内称"张谷若译哈代,犹之傅雷译巴尔扎克,同属已臻'化境'的名译。如果说《还乡》中对埃格登荒原的描写,是英国小说中为数不多的散文杰作,那末中译本的文字之美,比之原著也并不逊色。"①

显然,此评并未拿译文和原文作比较。译文被看作和原作媲美而并列的极品,是平起平坐的关系。对于追求求真度的文本视角来说,似有些格格不入,但翻译界在讨论"化境"时又多从文本出发,而事实上对译文质量的评价又

---

① 孙迎春编著:《张谷若翻译艺术研究》,中国对外翻译出版公司 2004 年版,第 328 页。

取决于"神似"、"化境"词语表面的意义,既无实践佐证,又无理论支持。

- **"神似"和"化境":译者行为准则**

傅雷讨论的翻译问题,限于翻译内:旨在追求译文和原文的求真度;钱锺书讨论的翻译问题,有时超出了翻译的范围:追求译文作为独立艺术品的独立之美。文本视角上译文与原文偏离度太大从而改变翻译性质的,就说明译者社会人的身份最彰显,借"译文"服务社会的社会人意识最强,译者自我把握的行为的合理度也最大,而译者作为"译者"的身份特征也最低。如果说傅雷是译者或译者兼艺术家的话,那么钱锺书就从一开始所拥有的译者或译者兼艺术家的身份特征,转而为艺术家兼译者直至纯粹的艺术家的身份特征了。且看钱锺书是怎样从译者或译者兼艺术家实现艺术家兼译者或艺术家的转型的。

钱锺书一开始是译者或译者兼艺术家,因心中总有一个母本"原文"的存在。当初他认识到林纾的翻译有假时,就"不再也不屑再看它"①,感觉上了当。到了后来,他又转而把译文当作不需要母本比较的独立的艺术品来把玩,所以也就有了虽然上当但又情愿上当的"不但把它看完,并且连二连三,重温了大部分的林译,发现许多都值得重读,尽管翻译误译随处都是"②的事实。钱锺书的行为在某种程度上超出了一名译者所应有的基本的翻译行为。从艺术欣赏的角度,钱锺书离"翻译"渐行渐远,甚至与身为艺术家的译者郭沫若之为相比有过之而无不及。郭沫若总还要坚持"译文同样应该是一件艺术品……一杯伏特加酒不能换成一杯白开水,总要还他一杯汾酒或茅台,才算尽了责"③而时时要顾念母本原文的存在的。

"化境"的提出虽然在一定程度上表现了钱锺书离"翻译"渐行渐远所张扬的社会人(艺术家)特征的事实,但作为本身即翻译家的钱锺书又不会轻易摆脱原文引力的约束而跳出"翻译"界外,所以他还有过怎么"正确认识翻译的性质"④和批评林纾翻译喧宾夺主的话。钱锺书在"化境"定义的下文赞赏了一个 17 世纪的英国人对这种"造诣高的翻译"所作的"投胎转世"的比喻,认为虽然"躯体换了一个",但"精魂依然故我","译作对原作应该忠实得以至于读起来不像译本"。"精魂依然故我"和"神似"殊途同归,只是"化境"表面上看不出

---

① 罗新璋编:《翻译论集》,商务印书馆 1984 年版,第 700 页。

② 罗新璋:《翻译论集》,商务印书馆 1984 年版,第 700 - 701 页。

③ 郭沫若:《谈文学翻译工作》,《翻译通讯》编辑部编:《翻译研究论文集(1949—1983)》,外语教学与研究出版社 1984 年版,第 21 - 24 页。

④ 钱锺书:《林纾的翻译》,罗新璋编:《翻译论集》,商务印书馆 1984 年版,第 705 页。

原文的影子罢了。

　　以生活中的例子为例。《西游记》里的猪八戒是天蓬元帅的"投胎转世"，按"化境"的思想理解，猪八戒和天蓬元帅"精魂"相同。哪一点相同呢？最突出的一点是好色(戏嫦娥)的毛病相同，至于猪八戒更多时候表现出来的好吃懒做的形象在天蓬元帅身上未见着意的交待。猪八戒本身具有独立的形象：肥头大耳、憨态可掬、好吃懒做、好色成性。猪八戒所继承天蓬元帅的大概只有好色成性这一条，因外表形象、实际内涵和天蓬元帅差别过大，以至于人们在说到猪八戒时未必会联想到其原型或者与原型作比较(当然，如果把猪八戒和天蓬元帅的中介"猪"看作原型，自然也是神似)。按"神似"理解，好比一个演员扮演毛泽东，虽然所用语言(普通话和方言)有别，但讲话的神态、表现出来的气质、运筹帷幄的智慧、体贴入微的关怀等形象跃然银幕，不仅神似，而且神似之处颇多(但也不乏造作之处)，多数情况是需要以原型为准的。

　　翻译界有学者认为"神似"、"化境"等都隐含原语中心论的思想，确立了以原文为评判译文成败优劣的不可动摇的经典/权威地位。此论非虚。但当原文是经典而译者以经典待之时，译者之为、之思和译文都是最透明的。向原型(原文)靠拢，是翻译之为翻译最根本的特征和准则。

　　在文本视角上，"化境"未见高于"神似"，在表现译文的理想状态时实质是相同的。"神似"、"化境"本来是傅雷、钱锺书个人的翻译观，是用于指导自己翻译实践的，目的都在于追求译作文学艺术至高无上的理想状态。二人的翻译水平难辨伯仲，所谓"化境"高于"神似"，在他们二人的翻译实践上并没有根本性的体现：傅雷的翻译已入"化境"，而钱锺书的翻译与原文比较也"神似"。可能的差异既反映为译者怎样看待译文和原文的关系，也反映为译者作为社会的个体在翻译内外的审美差异与译者身份特征的差异。也就是说，"神似"和"化境"并不全在翻译内，在表现译者社会性强弱或译者社会人角色特征明显程度时是有些许出入的。

　　综上，"神似"和"化境"在翻译上的可能不同不在于"神似说"是要解决翻译什么的问题，而在于要将原文置于怎样的位置并解决怎么翻译的问题；钱锺书或超越了翻译本身，是以艺术家的眼光审视艺术品本身，不是要解决怎么翻译的问题，而是要使"译文"怎样超越翻译成为拥有独立之美的艺术品的问题，他苛求的是他所面对的是不是一件已经臻于理想境界的文学艺术作品。

• 仿写(扩写、改写)实践

Ordinary People is a movie about the problems faced by a family. Before the film opens, one of the teenage sons has drowned in a boating accident. The other son attempted suicide and was hospitalized. Unable to forget her dead son the mother has difficulty communicating with her surviving child. This lack of communication eventually leads to the break of the family.

学生初译：

《寻常人家》是一部关于一个家庭面临问题困扰的电影。在电影的开始，一个年轻的儿子在一场船只事故中溺水而亡。另外一个儿子试图自杀，结果住进了医院。因为不能忘记自己逝去的儿子，妈妈与幸存的儿子在交流方面有困难。沟通的缺乏最终导致了家庭的破裂。

学生扩写/改写：

"麦克，麦克，不要离开我，不要离开我！"一身冷汗的安妮突然从睡梦中惊醒。然后就开始睡不着。披衣坐起，燃起一支烟，等着黎明的到来。这几个月来，安妮就一直没有睡过一次安稳觉，总是被自己的梦魇吓醒，而这又一再地让她想起难过的往事，想起自己那已经在天堂的可爱的儿子——麦克。如果，只是如果，那场船祸没有发生，她们一家应该还是和以前一样过着平淡但幸福的日子的吧！

时间回到三个月前的一天。

一家人趁着周末决定到离家不远的岛屿去过个快乐的假期。直到登上幸福号，一切都很顺利。可是就在这短短几个小时的航程中，不幸还是发生了。一部疾驰的快艇突然驶入他们的视线，撞上过来幸福号。一切来的那么突然，连反应的时间都没有。麦克就是这个时候被撞到，掉入水中的。人群混乱，嘈杂了。她挣扎着想找到自己的丈夫和两个儿子，可是娇小的她被潮水般的人群带着，最终被带上了救生艇，回到了岸上。很快，她就与丈夫联系上了，接着找到了小儿子本，可是怎么也寻不到麦克的身影。她急了。一个小时过去了，两个小时过去了，时间对于她已没有意义，她快急疯了。最终等到的消息，终于让熬到现在的她倒下了：她的儿子已经溺水身亡。

一个原本幸福的家庭就这样陷入了无尽的黑暗。没有阳光，没有欢笑，没有任何生气，一个家庭就这样沉寂了。

小儿子本因为经历了那场巨大的灾难，心理上受到了很大的打击，产生了很大的心理阴影，原本开朗活泼的他也变得默默无语，整天一个人待在房间里，不愿出来见人。

她知道自己应该去做点什么来改变这个现状。可是，她实在没有那个精力和心情去管这些了。她自己也是一个受害者，她也需要人去安慰，去照顾。可是丈夫现在也变得沉默。但是值得庆幸的是，他还能很好地处理自己的工作，正常地上下班。做到这些，已经很不错了。"这个家应该还能维持下去的吧，"她这样自我安慰着。

可是，坏消息还是出现了。本自杀了。幸好，她及时发现，送往医院，才挽回了这个唯一的儿子的命。

"我该怎么办？我该怎么办？谁能帮帮我？"她痛苦，她难过，她走投无路。可是，即使这样，依然没有人给她答案，给她指引。她还是深陷在迷雾中，走不出来，整天重复着那个可怕的梦魇，整天被自己制造的困难缠绕着……

一个家庭就这样破裂了。

扩写/改写后再译：

《寻常人家》是一部关于一个家庭身处困境的电影。在电影的开始，小儿子在划船时溺水身亡，另一个儿子企图自杀，结果住进了医院。妈妈因忘不了逝去的儿子，使她难以和活下来的儿子很好地交流。沟通的缺乏，最终导致了家庭的破裂。

当然，学生在不知不觉中仍然会受到原文结构形式上的影响。但很显然，经过这样的训练后，译者在翻译时得到了自我解放，译文也更加疏放、传神了。

师 生 互 动

【例子】 I want a wife who will take care of my physical needs. I want a wife who will keep my house clean. A wife who will pick up after my children, a wife who will pick up after me. I want a wife who will keep my clothes clean, ironed, mended, replaced when need be, and who will see to it that my personal things are kept in their proper place so that I can find what I need the minute I need it. I want a wife who cooks the meals, a wife who is a good cook. I want a wife who will plan the menu, do the necessary grocery shopping, prepare the meals, serve them pleasantly, and then do the cleaning up while I do my studying.

【初译】 我想讨个老婆，要满足我具体的需求；我想讨个老婆，要使我的房屋干净整洁；我想讨个老婆，要跟在孩子屁股后面拾掇，还要在我身后忙活；我想讨个老婆，适时为我洗、为我熨、为我修、为我备好替换的衣服，还要替我料理个人用品，能让我随用随取。我想讨个老婆，为我做饭，还得是一把烧菜好手。我想讨个老婆，合理搭配食谱，采购、做饭、热情端上。饭后，我要读书学习，老婆必须打扫战场。

【讨论】 学生说，"老婆"太亲昵，还是用"妻子"好；"熨"改为"烫"；"修"应为"补"。把"还得是一把烧菜好手"改为"还要烧得一手好菜"更好。我将译文的第一句读给学生时就引起了哄堂大笑，这是因为使用了"讨"和"老婆"之故。本段文章是一位女士的抱怨，用的是讽刺和调侃的语气，以做丈夫者的口气，强烈表现了丈夫对妻子的苛刻要求。这样做是符合整段话的语气的。"讨"会让人联想到旧时代男人对女人的霸道之气。学生认为，"老婆"是亲昵的称呼，这可能是受了近年港台电视剧和大南方的影响。但不管怎样，同义词可分为高雅(elevated)、中性(neutral)、粗俗(vulgar)三等，比如说，"夫人"居上等，"妻子"居中等，"老婆"是俗词，处于下等。类似的还有"先生"、"丈夫"、"男人"。至于南方人把自己的妻子叫"夫人"，把自己的"丈夫"叫"先生"，把天气"热"(贬义)叫"暖"(褒义)等，并不符合辞书上所说的语言常规。至于说衣服是"熨"是"烫"纯粹是各地的偏好使然。有的是与北方人的概念有出入，如"修"、"补"。

为了表现这里的口语色彩，在译文中增加了"屁股"、"拾掇"、"忙活"、"打扫战场"等；为了表现丈夫的强硬态度，增加了"要"，重复了"为我"。menu 实际上是注意营养平衡的食谱，grocery 只模糊为"采购"，自然能够与下文联系起来。

学生的译文多用"我需要……的妻子"这样的结构，但有的句子过长，不符合原文的口语体色彩。

【再译】 我想讨个老婆，要满足我具体的需求；我想讨个老婆，要使我的房屋干净整洁；我想讨个老婆，要跟在孩子屁股后面拾掇，还要在我身后忙活；我想讨个老婆，适时为我洗、为我烫、为我修补、为我备好替换的衣服，还要替我料理个人用品，能让我随用随取。我想讨个老婆，为我做饭，还要烧得一手好菜。我想讨个老婆，合理搭配食谱，还得采购、做饭、热情端上。饭后，我要读书学习，老婆必须打扫战场。

实践提升

It's time to plant the bulbs. But I put it off as long as possible because planting bulbs mean making space in borders which are still flowering. Pulling out all the annuals which nature has allowed to erupt in overpowering purple, orange and pink, a final cry of joy. That would almost be murder, and so I wait until the first night frost anaesthetizes all the flowers with a cold, a creakycrust that causes them to wither; a very gentle death. Now I wander through my garden indecisively, trying to hold on to the last days of late summer.

The trees are plump with leafy splendor. The birch is softly rustling gold, which is now fluttering down like an unending stream of confetti. Soon November will be approaching with its autumn storms and leaden clouds hanging above your head like soaking wet rags. Just let it stay like this, I think, gazing at the huge mysterious shadows the trees conjure up on the shining green meadows, the cows languidly flicking their tails. Everything breathes an air of stillness, the silence rent by the exuberant color of asters, dahlias, sunflowers and roses.

The mornings begin chilly. The evenings give you shivers and cold feet in bed. But in the middle of the day the sun breaks through, evaporating the mist on the grass, butterflies and wasps appear and cobwebs glisten against windows like silver lace. The harvest of a whole year's hard work is on the trees and bushes; berries, beech mast, chestnuts, and acorns.

第6讲 中介现象

——自译译创都叫译 实际都是混血儿

要点拓展

1. 中介现象就是处于中间状态的现象,现实生活中存在,语言中也存在。比如不同的颜色之间就有说不清楚的过渡色。翻译上的"翻译性创造"、"创造性翻译"、"译写"等说法就反映了或翻译或创造互为包容的现象,这些都是翻译上的中介现象。

2. 语义重心处于尾端,所以"翻译性创造"属于创造的范畴;"创造性翻译"属于翻译的范畴。"翻译性创造"是基于一定的母本而改造原文意义的、新的创作(如林语堂用英语改写的"中山狼传");"创造性翻译"是为了提高可读性等目的而展示的"出采"的、打动人的译文。

3. 语言中的中介现象表现在方方面面,风格也不例外,常说的"夹叙夹议"(介于记叙文和议论文之间)就是风格中介现象的一种表现。当出现不同的风格解读时,也就是说出现了模糊现象或模糊地带,也就有了中介现象。

4. 各种翻译策略/方法经常混杂在一起,这是中介现象在翻译策略/方法上的一种反映。比如,坚持整体直译的,难免微观上使用意译;坚持整体意译的,难免微观上使用直译。

5. 译者也有中介译者,比如自己翻译自己作品的自译者。自译者既是作者,也是译者,兼具二者的特征。根据自译者所表现的自由度,其作为作者的身份要大于译者,因此宜将 self-translator 称为 author-translator。

6. 林纾、庞德(E. Pound)是中介译者中的典型代表,处于被称为"译者"这类人的边缘地带。

7. 中介现象是语言中的一种看客观存在,认识中介现象,可以摒弃二元对立看问题的习惯。比如,传统上看待翻译只承认"以原文为中心"和"以读者为中心",有没有处于中间状态的现象呢?

8. 一本多译,也是承认中介现象和有模糊地带的表现。

9. 鼓励译者翻译自己的作品，从中体会自己扮演的角色。

阅 读 空 间

● 中间状态的译者：自译者

"自译"是 auto-translation/self-translation。单德兴对张爱玲自译的评价是：

> 张爱玲除了译者的身份之外，还扮演了自译者的角色，将自己一些作品由中文译成英文，或由英文译成中文，甚至往返于中、英文之间。不仅如此，在于中、英文间来来去去的过程中，也为她提供修订与改写的机会，最明显的例证就是由中文的《金锁记》，转变为英文的 *Pink Tears*（《粉泪》），再演化为英文的 *The Rouge of the North*（《北方胭脂》），最后转化为中文的《怨女》。①

林克难对萧乾自译的评价是：

> 萧乾的译文开阔了人们的眼界，改变了人们对于翻译的固有认识，知道了除了忠实于原文的译文外，还可以有一种不太忠实于原文的译文。……（萧乾）一身兼两职，既是有名的作家又是有名的翻译家，这样的人才无论中国外国都是不多见的。中国不乏"译文比较自由"的译者，但是绝大多数译者是在翻译别人的作品，一旦译文与"原文有一定的距离"之后，会招来译评家种种猜测或非难。萧乾是自己翻译自己的作品，只要对自己"忠实"就行，而不需要过分顾及对原文是否"忠实"。即使真的不"忠实"自己的原文，也不会招来骂名，因为他比谁都更清楚自己的作品想表达什么以及怎样表达才能更好地传情达意……②

高健对林语堂自译的评价是：

---

① 单德兴：《翻译与脉络》，清华大学出版社 2007 年版，第 164 页。

② 林克难：《增亦翻译，减亦翻译——萧乾自译文作品启示录》，《中国翻译》2005 年第 5 期。

翻译自己的作品呢（这个我们恐怕很少想过）？那就完全是另外一回事了。那时还会有人动不动就向你挥起忠信的大棒来吗？肯定是不会的。那时宽容就会取代了严格。宽容，还有灵活，这些幅度都会大大增加。译别人的最怕最忌的便是不忠；译自己的，还怕什么？即使不忠了，又有谁去追究？这就从最根本上保证了所译文章的质量，它的忠信度是可以免予追究的。这也就是自译与他译大不相同的一点。自译实际上是一种极特殊的翻译，性质与写作接近。①

自译者本身是作者，就注定了其作品是创作和翻译的"混血儿"，也注定任何企图分清二者界限的努力都可能是徒劳的。在对待这种"混血儿"的态度上，社会上的反应也充满了矛盾。如果认定为翻译，翻译界往往要比照原文，拿原文说事，若发现较大程度上偏离原文，将视为创作或再创作；如果认定为"创作"，比如社会上评定职称时判定是不是创作，也会拿原文说事，因为一旦发现译文中原文的"影子"（比如主要情节），译文就被视为翻译。"自译"作品成了难以找到归属的"蝙蝠"（非鸟非兽），或"混血儿"，"自译者"既是译者，也是作者，当然也可以说，既不是译者，也不是作者。这是翻译上的中介现象、模糊现象、中间状态，不仅存在于认知上，也存在于现实中。自译是在忠实原文的基础上对自己的忠诚，而忠诚则起着决定性的作用。自己希望自己的作品在异域具有更好的传播效果，而作为自译者，懂得双语文化，所以对原文做出的任何调整都是可以理解的。自译作品是"混血儿"虽然有时自译者并不声明自己翻译的性质，但不能否认这样的事实。有的即使声明了，我们也可以做出不同的理解。比如，张爱玲在自译的《五四遗事》中声明道："故事是同一个，表现手法略有出入，因为要迁就读者的口味，绝不能说是翻译。"②作此声明，第一说明别人有看作翻译的，难以完全抹掉翻译的痕迹，第二说明自译者的作家特征在有些情况下会大于其译者特征，正好证明了这类"蝙蝠"类译者（自译者）的存在。

如何确保萧乾是在翻译自己的作品而不是在用另一种语言二度创作呢？萧乾是译者，但更是作者，而且是通晓英汉两种语言的作者。我就曾有过同时

---

① 高健：《近年来林语堂作品重刊本中的编选、文本及其它问题》，《山西大学学报》1994 年第 4 期。

② 张爱玲：《张爱玲散文（卷四）：1952 年以后作品》，哈尔滨出版社 2003 年版，第 3 页。

用英汉两种语言就同一主题进行创作并分别向中外报刊投稿和发表的经历，正因为知晓两种语言的表达习惯和读者的阅读习惯，所以总要进行一些必要的甚至面目全非的调整：看似翻译，可能更大意义上属于"反复写作"，断不能简单地称为"汉译英"或"英译汉"。以增译为例，张爱玲（Eileen Chang）的 *Demons and fairies* 一书"本是写给外国人看的……把事情弄明白些"[①]，增补了原文中并不存在的"中国人的'坏'"和"外教在中国"两个小标题及其以下的19 个段落。这是"伪译"，也是"创作"。无原文为母本怎么可以称为把一种语言文字转换为另一种语言文字的翻译呢？也就是说，身兼作者的自译者注定了"译中写、写中译"的又写又译的翻译行为。

有一个很有趣的例子。林语堂用英语创作的《啼笑皆非》，竟包括了自译和他译。林语堂本人翻译了前 11 章，徐诚斌翻译了后 12 章。他们的翻译标准一脉相承，都会做到林语堂所倡导的"通顺、忠实、美"，但因为心理指向不同，所以在内容上会有差异。

心理指向是译者在进行翻译活动时的意识性朝向，不管该心理活动是有意识的，还是潜意识的。林语堂因为是自己的作品，为了传播久远（务实），所以他的翻译心理指向要面对社会（市场），自己作主，增减自如，而徐诚斌要对作者负责，所以他的翻译心理指向要面对作者林语堂，要首先做到对作者林语堂负责，所以显得比较拘谨是情有可原的。分析译者的心理指向，能较好地说明自译和他译的差异，特别是同一文本下自译者与他译者的行为差异。

林语堂作为一个自译者，没有谁比他更清楚原文的灵魂所在了。在《啼笑皆非》译本的前言中，他提到"本书原著，系为西方人士而作，所谓对症下药也"，即为了实现务实读者/社会的效果而进行了必要的灵活变通。他关心读者的知识背景和理解力，"世人有可与言者，有不可与言者。吾不欲失人，故以此书译出，公之吾国读者。惟求得关心治道之有心人，读到一二道得衷曲之处，领首称善，吾愿足矣。"林语堂把读者放在心中，努力用恰当的方式表现原文的意义，甚至为了读者而超越翻译进行二度创作，超越了译者身份，成为用译语进行创作的新的创作者，其目的在于求得更大程度上务实的效果。

• 中间状态文本的翻译

一般说来，一段文字的风格应该是明白无误的，但也的确有"中介风格"的存在，这是承认世界万物具有渐变状态的表现。"自然界和人类社会中都存在

---

① 张爱玲：《张爱玲散文全集》，中原农民出版社 1996 年版，第 353 页。

着大量的中间状态，这是人所共知的。人类的语言也是如此……这种中间状态称为中介现象。"①

　　一段孤立的英语文字，在没有任何关于作者背景、写作动机等信息和充分上下文的情况下，而且从文体上看，并没有典型的用词或特定的句法结构以表明它是政论语体、科技语体的前提下，既可以将其判定为类似应用/科学文体/科学语体等非文学类型的直白型表述，也可以将其判定为同于文学文体/文艺语体（"文体"、"语体"不作着意区分）的抒情型描写，具有一定的任意性，一定程度上归于英语文风的简朴。作品风格处在一个连续统一体中，在纯文学语体和纯科学语体、在纯书面语体和纯口语体或在纯直白型和纯抒情型之间，总有一些中介现象：是口头语的、书面语的，是直白的、抒情的，是文学语体的抑或非文学语体的？风格当然有不乏融合的现象。但孤立文本的风格并非总是清楚地处于连续统一体的两端。例如：

　　（1）The sky is a clear blue. Sparrows chirp in the early mornings. The fruit trees in the backyard are beginning to bloom. The hills are turning green, and purple and yellow wildflowers are appearing in the fields. The snow on top of Camel Mountain has all melted. It must finally be spring.（描景状物：纯文学语体）

　　（2）We had a short spring this year. The weather was cold through March and into April due to storms moving down from Canada. There was still snow on the mountains in late April while it is usually gone by the end of March. We had only two nice weeks in May with the temperatures in the low 70s. But by mid May temperatures were in the 90s, and it was hot from then on.（应用信息较少：偏于文学语体）

　　（3）The sidewalks in our neighborhood are filthy. The melting snow has left a muddy film on the concrete. Garbage is piled up because of the collectors' strike. Packs of dogs have left their waste everywhere. Old newspapers carpet the sidewalks, and neighborhood drunks have left their bottles piled against the buildings. You can't walk anywhere without stepping on something.（应用信息较多：偏于科学语体）

　　（4）... On the other hand, you should make full use of bits of your spare time to memorize the new words. In this way, you will never feel tired or

---

　　① 于根元主编：《应用语言学概论》，商务印书馆 2003 年版，第 103 页。

frustrated. You can pick up the new words any time and repeat them in a lively and vivid manner. Thus, the new words can be kept fresh and alive all the time. In short, if you do as you are told to, you will overcome the major problem in learning English in a short term. (或直白:应用语体;或抒情:文学语体;文学、科学参半)

(5) All plants and animals exhibit the tendency to vary, the causes of which have yet to be ascertained; it is the tendency of the conditions of life, at any given time, while favouring the existence of the variations best adapted to them, to oppose that of the rest and thus to exercise selection. (纯科学信息:纯科学/应用语体)

从求真的角度讲,第(1)段属纯文学,文学文体;第(5)段属纯科学,应用语体。二者能够从用词和内容上迅速做出认定。第(2)、(3)段或可归入文学语体或可归入应用语体。但由于人称代词的使用,增加了人性化、感情化的色彩,常偏于将其解读为文学语体。不过,这种情况并不是绝对的,应用语体现在有使用人称代词以增加吁请色彩的趋势。但不管解读为何种语体,从务实的角度讲,都要采取一致的翻译策略,具体表现在用词的语气和句法结构的复杂程度上。第(4)段是含有大量人称代词 you 的段落,一般将其理解为泛指,译文类似应用语体的直白型,用词严肃。根据东西方语文习惯,在译文中要相应减少人称代词的使用,但即使如此,译者仍然可以有不同的解读和定位,比如可以将其判定为同为文学语体的抒情型,在译文中为体现情感的交流而不避人称代词和口语化的用词。

对翻译来讲,因译者对原文风格解读的不同,就会造成彼此迥异的翻译风格。对于这些中介现象的处理,译者所应做到的是从用词和表达方法上保持译文风格的一致性。比如,或口语体用词或书面语体用词;或严肃语体用词或随便语体用词;或文学语体用词或非文学语体用词;或接近应用语体的直白用词或接近文学语体的抒情用词等。虽不乏风格的交融,但主流风格总能起到统领全局的作用。并且,当把原文解读为文学语体时,切忌在"忠实"的口号下,一味将其译为直白型且文学性不足的应用语体,结果可能是忠实有余,可读性不足。译者既可以从求真的角度实现层次的对接,保持译文风格和原文风格的一致性,也可以从务实的角度保持译文内部风格的一致性甚至是译文的多样性。求真是译者的本能,在无力或无须求真的情况下,只有偏向于务实或者以务实为主,但要做到自圆其说,达到译文内部各要素的协调统一。

译文有层次,中介现象就不可避免,因此才会出现风格上一文多译的现

象。译文的层次性是客观存在的,如学生对例段(2)的翻译:

译文1:今年的春天是**来也匆匆,去也匆匆**。由加拿大**一路南下**的暴风雪让整个三月和四月都**寒气逼人**。都是四月的**尾巴**了,山上的积雪还**赖着**不走,而通常到月底的时候,它们就**全无踪影**了。五月**里边儿**,只有两个星期天气是**笑哈哈的**,气温徘徊在 70 度左右。不过,到了五月**中间儿**,气温**不干了**,一下就升到了 90 度。至此,炎夏**姗姗**来临。

译文2:这个春天**一眨眼**就过去了,加拿大**直驱南下**的冷空气让整个三月都寒冷**异常**,四月里还是**春意料峭的**,往年三月底山上的积雪就化了,今年到四月底却还有。到五月,有两周气温在 70 度左右**徘徊**,我们才享受到了**盎然的春意**。到了五月中旬,气温就**一跃**到了 90 度,并一直**高居不下**。

译文3:今年的春天是短暂的,由于加拿大来的雪,天气从三月到四月一直都很冷,直到四月下旬山上还是有雪,而过去三月底就没有了,五月份有两周比较舒服,温度低于 70 华氏度,但是五月中旬就到了 90 华氏度,从那时候就开始热起来了。

译文 1 和译文 2 属抒情型,增添了文学性用词,加强了文学性,增强了可读性。但译文 1 的用词稍显张扬,如使用原文所没有的积极修辞("赖着"、"不干"等)而在程度上有些过了头。译文 2 在"度"上把握得较好。译文中增添了文学性的用词,但原意是潜在的。谁能说 short 一词不具有"一眨眼"(译文 1 的"来也匆匆,去也匆匆")之意呢?并非一定要翻译成"短"才算"忠实"。这实际上就是译者将原文解读为文学文本并增强其文学性罢了。

译文 3 偏于直白型,传统上认为是忠实的翻译。译文似等同于应用语体,似将其定位于信息型。译文产生了始料不及的效果:原文于原文读者属上品(只从文学文本上论),但译文对于目的语读者却成了缺少文学性的大白话,变成了中品或下品。虽说忠实原作的因素很多,但造成原作美的等次的下降无疑算不上是很成功的。英语专业八级考试的翻译实际主要主张的就是译文"美"的原则,强调"构建学生的审美意识"和"出采"①,比如把例段 1 的 chirp 译为"叫"、"叽叽喳喳地叫"、"叽叽喳喳地叫个不停"、"欢快地歌唱",就是一个出采的过程。翻译努力出采的过程是努力求美的过程,也是译者为满足目的语读者的审美需要而不断调适的过程。"出采"主要表现在语言表达的层面上,是译者在忠实"原意"的前提下实现东西方审美层次的对接,是迎合目的语

---

① 范武邱、张琦:《本固方能枝荣:评阅 2003 年 TEM8 英译汉试卷有感》,《中国翻译》2004 年第 1 期。

读者的审美需要而发挥主观能动性的表现,是译者在一个不背离原意的合理的范围内所做出的语言选择,是译者希望读者借欣赏译文而达到欣赏原文的目的性行为,译者务实性的需要主要体现为本能上对语言可读性的考虑。

文学性并不等于一定都要辞藻美,也并非说直白型的翻译就不美,要看译者是不是善于表达原作的抒情效果,做到心物相契、情景交融。比如例段(1),因情境相合,自然也可以用简朴之笔抒抒情之气:

> 天空一片湛蓝,一大早麻雀就叽叽喳喳叫个不停,后院的果树开始开花了,地变绿了,田野里冒出了紫花、黄花,骆驼山顶的雪化了,一定是春天来了。

师 生 互 动

【例子】

Who Said English Is Easy?

We'll begin with a **box**; the plural is **boxes**,
But the plural of ox is **oxen**, not **oxes**.
One fowl is a **goose**, but two are called **geese**,
Yet the plural of **mouse** should never be **meese**.
You'll find a lone **mouse**, or a nest full of **mice**,
But the plural of house is **houses**, not **hice**.

If I speak of a **foot**, you show me your **feet**,
And I give you a **boot**, would a pair be called **beet**?
If one is **tooth**, and a set is called **teeth**,
Why wouldn't the plural of **both** be called **beeth**?
If the singular's **this**, and the plural is **these**,
Should the plural of **kiss** be written as **keese**?

One may be **that**, and two would be **those**,
Yet **hat** in the plural would never be **hose**,

And the plural of **cat** would never be **cose**.

We speak of a **brother**，and also of **brethren**，
But though we say **mother**，we never say **methren**.
The masculine pronouns are **he**，**his**，and **him**，
But imagine the feminine，**she**，**shis**，and **shim**！
English is funny；on that we agree，
But alphabet soup makes no sense to me.

【初译】 我们从一只盒子开始，复数是盒子们。
　　　　牛的复数是牛们，而不是 oxes。

　　　　……（略）

【讨论】 学生们的初译大多是仅翻译出了内容的部分。从形式上讲，这是儿歌，是通过儿歌让读者了解英语词汇单复数变化的无规律性。因此，不仅内容对读者重要，形式上甚至更重要，原文有尾韵，就是明证，要尽可能做到朗朗上口，能做到形神兼备最佳。诗歌翻译同此理。

【再译】
一只"盒子"box，多只"盒子"boxes，
"牛"的复数 oxen，别忙断言 oxes。
有种家禽叫 goose，两只 goose 叫 geese，
一只"老鼠"是 mouse，多只"老鼠"不 meese。
老鼠窝里有 mouse，一窝 mouse 叫 mice，
多所"房子"houses，哪能推理为 hice？

一只"脚"叫 foot，伸出两只是 feet，
一只"靴子"叫 boot，难道一双是 beet？
一颗牙齿叫 tooth，一排牙齿才 teeth，
both 是"二"就是二，怎能因二写 beeth？
一个"这个"是 this，多个"这个"是 these，
一个"吻"— kiss，kiss 多了成 keese？

"一个"可以用 that，"两个"可以说 those，
"帽子"一顶是 hat，多顶帽子不 hose，
"小猫"也是一个样，再多 cat 难 cose。

我的"同胞"brother，或可写作 brethren，
我的"妈妈"是 mother，不可写作 methren。
阳性代词有三个：he，his，和 him，
梦想阴性变 she，shis 和 shim？
都说英语很稀奇，
字母组合是个谜。

实 践 提 升

The world is a blazing brilliance of colors, a dazzling flourish of flowers vying for charm. While renowned flowers win sycophantic admiration, wild ones simply grow humbly unnoticed. Pomegranate flowers, neither a prized species anymore, nor a wild type, evoked in me an unexpected sentiment of emotion after I, quite by accident, caught sight of a pomegranate tree glowing red with flowers. Ever since my childhood, I have had different encounters with pomegranate flowers, and perhaps because they are much too ordinary I should have failed to be touched, not even once, by their charm. It is not until recently that I began to generate an affectionate fondness towards them.

As the old Chinese saying goes, "Since I am here, let me stay and enjoy it". I started to observe the flowers intently. Some flowers, in their full blossoms, were silky "pomegranate skirts" as it were, going tight and slender in the waist. And the "slender waists" were normally accompanied to the side by a couple of flower buds, which looked just like "red hawthorn fruits" embellishing the hairstyle of a little girl. Why, are you shy little girls, blooming flowers? You were hiding your pretty faces among rustling leaves, but you were not able to conceal all the "pomegranate red" bursting for this "pomegranate month" (an elegant name in the ancient times for the fifth month of the Chinese lunar calendar). Then in a blinking moment, it was as if the flower buds turned into the pegs of urheens, the "pomegranate skirts" into the suona trumpets, and even the yellow stamens or pistils into the indistinct decorations of some hidden horns. With all these "musical instruments" in the tree, what a loud celebration it was for the arrival of the spring!

My passion for pomegranate flowers can well be described as true and genuine. Aware as other people are of their beauty, they tend to turn a blind eye to it, probably because pomegranate flowers are not so scented, or because pomegranate trees are fruit producers and can only prove their principal value when fruits are born. No matter whether for the scent or for the fruit, basically it is utilitarianism that cloaks people's appreciative eye for the beauty of the flowers.

第7讲　风格类型
——原文风格作者定　译者解读不尽同

要点拓展

1. 风格属于形式的东西,按照 E. Nida 等人给"翻译"的定义,形式是第二位的。从信息交际的角度或者应用类文体而言,把内容信息再现了,就算是完成了交际或者达到了应用的目的,但对于文学家而言,风格是属于个人的东西,是文学家的生命所在。

2. 风格是作者在原文中的预设,本来有定,但由于风格本身的多样性,潜藏着不确定性的一面。所以,不同的译者在解读时,难免出现不一致的情况。如同莎士比亚所说的"一千个观众眼中有一千个哈姆雷特"(There are a thousand Hamlets in a thousand people's eyes.)一样,不同译者的译文也是如此。

3. 既然译者解读不尽相同,是不是意味着就可以随便翻译呢? 译者需要做的是保持自己译文风格的一致性。

4. 风格有民族语言风格、有作者平时的风格等,但也有所谓的译者风格。有人不承认译者风格的存在,但译者有意、无意或潜意识里对译文施加的影响却是不言而喻的。傅雷翻译不同人的作品,但始终贯穿着傅雷风格。

5. 对原文意义的求真多数情况下是选择性的,所以译者改变原文的风格,甚至彻底代换为译者想要表达的风格,也是可以理解的,毕竟译者在进行翻译活动时,可以是译者的物质世界和自己精神世界的一场交流,以达到自我满意为目的。

6. 再现风格时,必须区分一种语言的总体风格和译者个人的风格,再现作者个人的风格,才是译者需要努力的方向。

7. 再现作者个人的风格需要确保在译语中是传意的,如果不能传意,也就无所谓再现作者个人的风格;如果再现了作者个人的风格却使译语读者难以理解和接受,那么所谓作者个人的风格,也就荡然无存了。

8. 对于以突出传递实用信息为主的应用类文体而言,原文的风格降到次要的位置,因一切要以实用为目的,功利之心压倒了一切。

阅 读 空 间

● 风格的再现

风格也是原文语言携带的一种信息形式,风格的传译是翻译界一个老生常谈的话题,不管认为风格可译抑或不可译者,其译文的理想境界都是力求保留原文风貌,"翻译必须随文体而异,随原文风格之异而调整译文,必须保证译文和原文的文体与风格相适应"①。也就是说,译文的风格应信于原文的风格,不管能否最终或完全实现,皆为译者所要尽力达到的目标。

译者把甲事物原封不动地转到乙处或转换为乙物,颇合"翻译"的本意,即把"从一地带至另一地",暗示一个人可以将某个东西从一种语言带到另一种语言,就像一个人将某样东西从河的一边搬运到河的另一边一样。将一种语言的风格准确地搬运到另一种语言之中,虽然理想,却非易事。译者在翻译之前有必要知晓作者的写作背景、写作意图、写作时代,尤其是作者个人的写作风格,这样对于准确理解作者的用意并进而把握作者的写作风格都有着积极的意义。每一个作者都具有不同于其他作者的个人风格,比如鲁迅善用比喻、巧于双关、好用反语、爱用仿词、常用引用;赵树理惯用富有地方色彩的词语、爱用短句、常用绰号、善用比喻;毛泽东爱用群众语言、常用成语、善用比喻、巧用排比、妙用语气,等等。秦牧在《花城》后记中说:"我在这些文章中从来不回避流露自己的个性,总是酣畅淋漓地保持自己在生活中形成的语言习惯。"因此,作者个人的语言风格即语言的个性,是一个人爱用的、惯用的、独特的遣词方式和表达手段,对译者而言,是译者给原文定位可以依赖的显性标记。

但事实上,在不少情况下,我们在着手翻译一段文字前,对上述信息并不知晓,比如从英语原文中人称代词的使用来看,在有助于理解原文信息的材料缺失的情况下,译者的作用就从原来静态地"准确"移植原文风格到对风格的动态阐释了,通过大量的翻译实践发现,大体说来,译者完全可以把含有代词的英语原文的风格动态地解读为直白型和抒情型两类,但不排除中介风格,译文可以多解,甚至也不排除原文风格并非"中介"的情况下译者可以自圆其说

---

① 陈新:《英汉文体翻译教程》,北京大学出版社 1999 年版,第 16 页。

地使译文多解。例段：

Your sweaters are quite colorful. I like the bright red one you wear to football games. I also like the purple turtleneck sweater you wear every Friday. My favorite is the red, white, and blue striped one you wear on holidays. But the wildest one has to be the fluorescent orange pullover with the pink and black polka dots. I couldn't believe that you wore it to church last Sunday.

第一句话既可以译成直白型，也可以译成抒情型。直白型偏重于陈述，较多使用书面语、书卷语体，如译为"你的毛衣色彩斑斓"。可选择的表达有："你的毛衣（五彩缤纷、多姿多彩、琳琅满目、花色繁多）"等。这是译者站在句子的角度考虑问题的，是静态环境（语言语境、文本语境）下的译者对语言的忠实或求真反应。从交际语境上看，译者应该很容易把它确定为讲话者与听话人面对面的交流形式，口语化的色彩和活跃的讲话气氛会轻易呈现在眼前，这是译者在动态环境中随机的、务实性的应变。这里已不再是对对方毛衣花色的简单陈述，而应该充分表现讲话者赞叹与羡慕的口吻。所以，从整个篇章上考虑，该句话可译为"你毛衣的花色可真多呀"等充分体现讲话者张扬感情的用词，甚至也可采用更口语化的表达如"炫"。当然，如果知道一段话的背景语境（包括交际的社会、历史文化背景），就更容易把握一段话的口气了。

- **风格的多样性**

风格的传译讨论最多的主要集中于文学作品的翻译，而对于文学作品风格的传译，又大都集中在译文应适应原文文体风貌、译文应适应作家个人风格的传译上，即忠于原文与作者。但问题是，不同的译者在对同一作家的作品进行翻译时，都认为传达了原作的风格却表现出很大的不同，比如对 *Of Studies*（《谈读书》/《说学》/《论读书》）的翻译：

Studies serve for delight, for ornament and, for ability. Their chief use for delight is in privateness and retiring; for ornament, is in discourse; and for ability, is in the judgement and disposition of business.

廖运范：读书能给人乐趣，文雅和能力。人们独居或退隐的时候，最能体会到读书的乐趣；谈话的时候，最能表现出读书的文雅；判断和处理事物的时候，最能发挥由读书而获得的能力。

王楫：读书可以怡情养性，可以摭拾文采，可以增长才干。在幽居独处时，最能体现其怡情养性的作用；在与朋友交谈中，最能体现其摭拾文采的作用；在处世论事之际，最能体现其增长才干的作用。

高健：学之为用有三：充娱乐、供装饰、长才干也。充娱乐主要见之于退居独处之时，供装饰于谈吐之倾，而长才干则于事务之判断处理。

何新：读书可以作为消遣，可以作为装饰，也可以增长才干。孤独寂寞时，阅读可以消遣。高谈阔论时，知识可供装饰。处事行事时，正确运用知识意味着才干。

王佐良：读书足以怡情，足以傅采，足以长才。其怡情也，最见于独处幽居之时；其傅采也，最见于高谈阔论之中；其长才也，最见于处世判事之际。

从多位译评者对译文的比较和对读者的反应调查看，众人普遍垂青于王佐良的译笔，认为"译文用了较为浅近的古汉语，十分得体，是译中精品"。①而译者使用的骈文形式，也是汉语读者乐于接受的，主动迎合了母语读者的审美情趣，既彰显修辞的民族性，也是译者社会性增强后对原文风格改写造成的，比如将 Their chief use for delight 改为古色古香、结构对称的"其怡情也……最见于"，更不用说程度上的一些变化了：比如，"最见于"的"最"，高于原文的 chief，"足以"增加了原文中凸显不明的程度。

有人认为培根的原文比较古雅，而王佐良忠实地传达了原文的古风古韵，所以才被叫好。这是唯一的原因吗？且看钱锺书翻译的一段话：

> Just as we see the bee settling on all the flowers, and sipping the best from each, so also those who aspire to culture ought not to leave anything untasted, but should gather useful knowledge from every source.

> 独不见蜜蜂乎，无花不采，吮英咀华，博雅之士亦然，滋味遍尝，取精而用弘。

"钱译语言精美，不枝不蔓，言简意赅，自然工丽。"②原文未必古雅，至少缺乏显性的标记。钱先生的译文受到青睐，古风自然是一个重要的因素。从某种意义上说，当我们说欣赏钱锺书的翻译时，倒不如说欣赏钱锺书的文笔更恰当。再如：

> 令人"倾倒至矣"的究竟是严译的内容呢还是严复的译笔呢？当我们

---

① 吕俊、侯向群：《英汉翻译教程》，上海外语教育出版社 2001 年版，第 156 页。
② 方梦之：《译学辞典》，上海外语教育出版社 2005 年版，第 292 页。

读着"怒生之草,交加之藤,势如争长之雄,各据一抔壤土。……"读这样古朴典雅、气势恢宏的桐城派古文式的译文时,答案是不言而喻的。

Virtue is like a rich stone, best plain set; and surely virtue is best in a body that is comely, though not of delicate features; and that hath rather dignity of presence than beauty of aspect. (F. Bacon: *Of Beauty*)

王佐良:德行犹如宝石,朴素最美;其于人也:则有德者但须形体悦目,不必面貌俊秀,与其貌美,不若气度恢宏。

曹明伦:善犹如宝石,以镶嵌自然为美;而善附于美者无疑最美,不过这美者倒不必相貌俊秀,只须气度端庄,仪态宜人。

何新:美德好比宝石,它在朴素背景的衬托下反而更美丽。同样,一个打扮并不华贵却端庄严肃而有美德的人是令人肃然起敬的。

水天同:才德有如宝石,最好是用素净的东西镶嵌。无疑地,才德是在一个容貌虽不姣丽,然而形体闲雅,气概庄严的身体内,那是最好的。

东旭:美德犹如一块瑰丽的宝石,最好将它镶嵌在素朴的东西上。当然美德如果是在一个容貌虽不姣好,但却形体清秀,气质高贵的身体里,那是再好不过了。

周领顺:德之如玉,素净为上;德之于人,气质为上。乖巧或可不足,然轩昂之气,实非貌美所能比。

通过调查,学生对何新、水天同、东旭的译文的追捧度偏低。这三位译者的译文采用的都是白话文体,韵味稍显不足,可看作一个突出的致因吧。一般来说,修辞的民族性或语言的民族风格是目的语读者更乐于接受的语言表现方式,是译文读者审美要求的突出体现,甚至从某种意义上说,是文化层次上语言归化的一种体现,所以从务实的角度进行某种程度上的归化会受到目的语读者的青睐。这是译者在务实目标驱使下采取的具体务实的措施,不是靠忠实原文的语言形式所能轻易达到的效果。

风格问题是一个老生常谈的问题,涉及很多方面,既涉及一个人、一个民族的思维和文化背景,也涉及一个人的个性等。有人认为风格是可译的,有人认为风格是不可译的;有人认为要再现作者风格的,有人认为有译者风格的存在。在学术界,这些问题讨论了很久,但还没有明确的答案。我们怎样将问题简单化而做出对翻译实践有用的判断呢?一是将风格分为宏观风格和微观宏观。宏观风格是可译的,比如再现一个作者诙谐的语言风格。但微观风格又是不可译的,或者说难以传译的,比如鲁迅用的"这书"和我们平时说的"这本书",都译为 this book,没有量词。英语族人常说的 this book 反而和我们常说的"这本书"相当,而鲁迅的"这书"却难以特别再现了。再现作者风格是努力的方向,但译者既然是意志体的人,就难免在译文中留下自己的印记,所以努力归努力,译者风格也是难以抹掉的。有译者风格,就有"译者的译者"(translators' translators)这样的人。①

风格还可以分为一种语言的总风格和个人风格。翻译家杨宪益在翻译中怎么应对螺旋形的汉语呢?看 *Translation Review* 杂志 2001 年第 62 期上有关对他的采访。

问:When people talk about discourse analysis, English seems to be more linear while Chinese seems to be more spiral. How do you solve this difference in discourse?

答:It depends. If the original discourse structure is spiral intentionally, then we have to keep it that way. But if the original is circuitous because of the author's poor command of language, then we have to do away with those redundant parts.

提问者问的是汉语的总风格,而他回答的却是对于个人风格的处理,甚至包括了个人的语言能力。应该是:对于总风格,在翻译时处理为目的语的总风格,但对个人风格,应单独处理。

• 汉语唯美风格和英语简朴文风

汉语是世界上最丰富、最发达、最成熟的语言之一,风格手段独特,具有鲜明的民族格调。汉语与印欧语相比,在语音、词汇、语法等方面都有一系列的特点。在音节结构中,元音占绝对优势,声调必不可少;在词汇中分单音节词、双音节词、三音节词、多音节词,双音节词占明显优势;在语法中,语序和虚词是最主要的表达手段,独有的量词丰富多彩。汉语中利用语音的特点生成的同韵相协、平仄交错,利用单音词、双音词的特点构成的常式句和变式句等,都是富有民族风格色彩的常用手段,离开语言民族特点的语言民族风格是不存在的。汉诗中省掉主语显得简洁、凝炼,而根据英语的句法要求,失去主语的句子是不能成立的,除非是祈使句和省略句。从跨文化交际的角度并以接受美学的思想加以思考时,以译语读者乐于接受的语言表达形式翻译作品是吸引读者、赢得读者的一种有效方法。作为译语的读者,文学翻译还是"愈雅愈

---

① http://translation. utdallas. edu/Interviews/HelenLaneTR_5. html.

好"(郭沫若语)。当然,很大程度上指的应是英译汉,而不是汉译英。翻译时接受语言的民族风格影响或修辞的民族性影响,对于目的语的读者是负责任的表现。

汉民族更推崇文学作品之"文",不管从许慎对"文"的解释("文,错画也")到孔子的"言之无文,行而不远"或者刘勰的"圣贤书辞,总称文章,非采尔何?"(《文心雕龙·情采》)以及柳宗元的"言而不文则泥"(《答吴武陵论〈非国语书〉》),莫不崇尚汉民族之"文"。纵观汉语修辞的历史,以文为美者占上风,从汉语积极修辞的丰富可见一斑。"正因为汉语的辞格丰富多彩,又是语言艺术化的重要手段,辞格的教学和研究在现代汉语修辞学中占有重要地位。"①《易·系辞下》给予《易经》这样的赞词:"其旨远,其辞文。"刘勰《文心雕龙·情采》的首句就是:"圣贤书辞,总称文章,非采而何?"清代学者阮元是典型的审美主义的倡导者,他甚至主张只有押韵对偶之文才配得上称为"文"。尽管有白居易、韩愈那样倡导简明的文风(如白居易说的"首句标其目,卒章显其志",明代屠龙认为韩愈所提倡的散文"淡乎无采"、"索乎无味"、沈得潜主张的"宁朴毋巧"),但在我国一直没能形成大的气候。汉民族的"文贵曲"、"文似看山不喜平"等,或许就可以说是高环境文化中的产物吧。

古文足以显示文之为"文","文白夹杂"更为汉语言的读者所垂青,古汉语中的很多表达以其简洁义丰的特点始终与汉民族审美观中的得体表达或用笔高雅水乳交融,像古汉语中的"落英缤纷",在现代汉语中就很难寻觅到类似简洁、形象的表述。汉民族和汉语将文章称为"文章",正是突出"文"的表现。而英语中的"文章"并不凸显雕饰之义。article 的本义只是"一件(东西)",essay 的本义只是"尝试",composition 的本义只是"组织",papers 的本义只是表示纸多,thesis 也无非表示写作的论题。"在 17 世纪以前的英国文坛上,藻丽的语言风格颇为流行。"②但在 17 世纪之后就趋向衰微,"这一世纪结束前,传统的修辞学成为新科学拥护者们抨击的对象,他们认为,修辞学由于提倡使用华丽的而不是清晰直接的语言使得真理变得模糊不清。"③

简洁于英语为美,忠实地译成汉语后,于汉民族读者有可能淡而无味,如 Target *priorities* were established there. 一句中的 priorities,张培基等将其译成两个词 8 个汉字,两个词("轻重缓急,孰先孰后"),也主要是出于对目的

① 张涤华等:《汉语语法修辞词典》,安徽教育出版社 1988 年版,第 447 页。
② 秦秀白:《文体学概论》,湖南教育出版社 1997 年版,第 280 页。
③ 胡曙中:《英汉修辞比较研究》,上海外语教育出版社 1997 年版,第 48 页。

语读者审美需要的考虑。① 事实上，"满城风雨"和"人人皆知"是一个意思；"轻重缓急"和"孰先孰后"所指相同。译文语言发挥了汉语的优势，能够讨得汉语读者的欢心；原文中的 publicity 和 priorities 也同样会受到英语读者的青睐。若将汉译文回译成英语，啰唆、繁复也是不言自明的。我们站在汉语的角度，从汉语读者的审美情趣上看，汉译文处处体现了汉语的优势，比如常见的四字结构，读之上口，颇有金属之音，但不能因此说英语淡而无味。每种语言都有各自的优势，译文发挥了目的语的优势就会受到目的语读者的欢迎，就具有了务实的效果。再如张培基等《英汉翻译教程》的几个例子：

（1）Those who do not remember the past are condemned to **relive** it. （凡是忘掉过去的人注定要**重蹈覆辙**。）（四字结构）

（2）"Coming!" **Away** she skimmed **over** the lawn，**up** the path，**up** the steps，**across** the veranda，and **into** the porch. （"来啦！"她**转身**蹦着跳着地跑了，**越过**草地，**跑上**小径，**跨上**台阶，**穿过**凉台，**进了**门廊。）（汉语动词优势）

（3）**Flowers** bloom all over the yard. （**朵朵**鲜花开满了庭院。）（叠字）

（4）I **had** known two great social systems. （**那时以前**，我经历过两大社会制度。）（以汉语之时切换英语之体）

（5）Don't take it seriously. I'm just making fun of you. （不要认真**嘛**！我不过开开玩笑**罢了**。）（语气助词）

（6）**Some** have entered college **and others** have gone to the countryside. （上大学**的**，上大学了，下乡**的**，下乡了。）（"的"字结构）

就文章的总体语言表现形式而言，汉民族尚古、唯美，英语民族平淡、质朴，是逻辑性特强的语言，而汉语是描写性特强的语言。很多中国读者都有这样的感受，汉诗译成英语成了白开水，淡而无味，但英诗译成汉语，我们却认为有美感，便是修辞民族性的明证。

师 生 互 动

【例子】 Surely，favorable opportunities are one of the indispensable conditions for success. But opportunities seldom come spontaneously. They are up to you to creat. What's more, the condition isn't the only condition for success. The most basic point is that you must have strong internal

---

① 张培基等：《英汉翻译教程》，上海外语教育出版社 2001 年版，第 85 页。

skills, abilities and instincts.

【初译】 诚然,机会是成功的必备条件之一,但机会却很少会自发而来,全凭自己去创造。而且,它并非是成功的唯一条件,最根本的是要内功厚、能力强、悟性高。

【讨论】 这是一段说明文,在译文中注意用直白型的行文方式。比如把泛指的人称代词 you 译成"自己"。但也完全可以用较为抒情的方式来行文,此时,可以把原文解读为你面对面对某人讲的一番话,这样的讲话内容在对话中也是经常可以听到的。比如把 surely 译为"说实在的";把 spontaneously 译为"送上门来"、"从天而降";把 They are up to you to create 译为"就有赖于你自己去创造了";把 strong internal skills, abilities and instincts 译为"功底厚实呀、有能力呀,还要有很好的悟性"。也就是要把严肃的说教变为漫谈式的讲话,这并不意味着原文的行文有两个完全不同的面孔,当然可以是两种面孔同时共存,根本的问题是要看译者对原作者目的的解读和对听话人的定位,甚至还有讲话方式的把握。这里同样没有正确与错误的问题。也许只有自写、自译才能够比较准确地反映自己的真实思想,但即使这样,自己的译文被别人阅读时,甚至会听到不同于自己原意的理解。对于诗歌,有"诗无达诂"之说,实际上对任何行世的文本都会存在这样的情况。

对 strong internal skills, abilities and instincts 的翻译采用的是对称结构,显得更有力。学生未表示反对。这里主要应该注意的是,strong 修饰其后的三个词,不能一味按照辞典上的释义生硬地译成"强大的"等,应该根据译文语言的搭配习惯作灵活处理,只要忠实了原意,且更为译文读者所喜爱,就可以将该译文看作好的翻译。这样,还能够避免因用词的单调重复而降低阅读兴趣。

实 践 提 升

Moths that fly by day are not properly to be called moths; they do not excite that pleasant sense of dark autumn nights and ivy-blossom which the commonest yellow-underwing asleep in the shadow of the curtain never fails to rouse in us. They are hybrid creatures, neither gay like butterflies nor sombre like their own species. Nevertheless the present specimen, with his narrow hay-coloured wings, fringed with a tassel of the same colour, seemed to be content with life. It was a pleasant morning, mid-September, mild, benignant, yet with a keener breath than that of the summer months. The plough was already scoring the field opposite the window, and where the share had been, the earth was pressed flat and gleamed with moisture. Such vigour came rolling in from the fields and the down beyond that it was difficult to keep the eyes strictly turned upon the book. The rooks too were keeping one of their annual festivities; soaring round the tree tops until it looked as if a vast net with thousands of black knots in it had been cast up into the air; which, after a few moments sank slowly down upon the trees until every twig seemed to have a knot at the end of it. Then, suddenly, the net would be thrown into the air again in a wider circle this time, with the utmost clamour and vociferation, as though to be thrown into the air and settle slowly down upon the tree tops were a tremendously exciting experience.

第8讲　个性文化
——文化可译不可译　保持个性文化立

要点拓展

1. 翻译是两片文化之间的交流。

2. "文化"分为大文化和小文化,小文化是两片文化,属于真正意义上的文化,如说英民族文化和汉民族文化,而大文化指的是广义上的文化,或者说是背景,如翻译的生存、在传播过程中所受到的影响、出版等赞助人机构的要求等。翻译研究上说的"文化转向"指的是翻译生存的大文化背景。

3. 文化的概念很多,大家意见不一。但可以肯定的是,只要成为个性、潮流的物质文化和精神文化,都可以称为文化,如服饰文化、饮食文化等。

4. 翻译本来就是两片文化之间交流的桥梁,尽管在翻译的过程中有很多不可译的因素。翻译促进了民族之间的交流,使民族文化得以传播、得以跨越障碍。

5. 经常说的"文化翻译",英语对应的是 cultural translation,即"文化(上)的翻译",不是 culture translation,因为文化是不可以翻译的,英民族文化不因翻译为汉语就成了汉民族文化。所以,一定要弄清楚什么是语言问题,什么是文化问题。但不可否认,语言的翻译是不同文化间交流的一种手段,甚至也是文化上的输出或输入。翻译是交际工具,但不是文化本身。可以类推,Kill two birds with one stone. 转换为"一石二鸟"是语言转换上的翻译;作为汉民族文化熟语的"一箭双雕"是其对应之物。此时的译者只是既懂源语,又懂译语的桥梁和巧做搭配的媒介,其作用不在于"译",而在于文化配置或对应。所以,我们常谓的"文化翻译"行为,不如说"文化对应"行为更恰如其分。

6. 翻译要保持文化个性,就要在文化层面上以异化为主,异化的某民族文化还是某民族文化,而在语言上采取归化,可以使阅读更容易接受。

7. 文化翻译有个功能凸显问题,比如幽默语言的功能是为了产生幽默的氛围,如果照直翻译达不到这样的效果,不妨凸显译语的特点,造出希望达到的氛围,称为翻译不够准确,称为文化对接尚可,包括了半创作和再创作。

8. 文化翻译好坏涉及评价问题,你说"一石二鸟"和"一箭双雕"、"爱屋及乌"和 Love me, love my dog. 谁优谁劣? 要分清是专门的文化传播还是交际应用场合,前者保持个性才好,后者凸显功能就可。

阅 读 空 间

● 跨文化翻译

"文化"信息从使用的程度和使用的语境上看,大约可分为浓、淡两大类。浓的文化信息包括作者有意使用的典故、谚语等,这些都是各个民族所特有的。当然,已完成习语化过程的一些典故、谚语等,因它们已变成了大众语的一部分,所以应另当别论,即把它们看作较淡的文化信息,翻译时可相应做虚化处理。说文化信息稍淡,是指那些已经完成习语化过程的表达法,如中国人与客人分手时说的"慢走",早已成了套话。

汉语里的"雨后春笋",英语里相对应的是 be like mushrooms after a rain,二者彼此互换并无大的妨碍,地理上造成的一些差异,是人们常识中的事。况且,像"雨后春笋"或"雨后蘑菇"都已经完成了习语化过程,即经过了淡化、虚化或语法化,如当人们使用"云鬓"、"朗星"、"瀑布"、take the heed 等时,再也无法体现原初的修辞魅力,虽然我们还能隐约看到潜在的修辞意识,此时用浅译法译之即可。因为它们早已成了大众语的一部分,这和作者有意使用的典故并不相同。典故是一个民族所独有的,不翻译就等于未充分体现翻译的价值。

就译诗中涉及的文化因素而论,诗人翻译家不愿加注,因诗人翻译家普遍认为,加注是无可奈何而为之事,加注会破坏人们欣赏诗歌的雅兴,担心注释过多,人们不断去翻看注释而影响了对诗歌整体美的欣赏。为证明此说之虚,我们可以站在中国人的角度,设身体验。当我们阅读古诗时,因古诗距现在的年代久远,时间跨度较大,若不去浏览注释,得到的只是一般表面的和肤浅的感受,只有参考了注释,再去阅读原作时才能有更深刻的体会。例如对张继的《枫桥夜泊》:

月落乌啼霜满天,江枫渔火对愁眠。
姑苏城外寒山寺,夜半钟声到客船。

初读此诗时,只获得了诗歌的表面印象,把"寒山"理解为一座山的名字,把"江枫"理解为江边的枫树,有人竟还这样译成英语。当然导致这样的误解,一方面是由于中国语法的模糊性造成的(如把"江"理解为"枫"的定语),另一方面是由中国文字的特点决定的(地名、人名没有大小写等显性标志)。当在参照注释获悉"江枫"是两座桥的名字、"寒山"是建寺的和尚之名后,就会更多一层了解。我们认为,加注不会降低对原作的欣赏兴趣。孙大雨在翻译 Hamlet 的名句 To be or not to be that is the question. 后就加了 170 多字的注释,深刻之至。加注虽然很难再现原文的韵味,却尽力保留了除韵以外的原汁原味,读者不仅理解了原作的意义,更重要的是理解了原作所传递的文化信息。就个人感受看,我希望原作能够形神兼备地得以传递,即便看不到原作的形式美,但也要看到原作的意美,其中就包括了对浓厚文化信息的翻译。对文化信息的翻译,可采取下列的处理办法:

(1)已经变成大众语一部分的文化因素的表达,我们可相应地采取浅化的处理方式或应用归化法。如把中国人见面问候的"吃饭了吗?"译为英语中通用的招呼语。

(2)采用行内注。如"嫦娥"可译为:Chang' O, the Chinese goddess in the moon;"龙"译为:the Chinese dragon。但如果再增加一些脚注,比如将嫦娥偷食丈夫后裔不死之药飞上月宫的事讲述得更详细一些,读者一定会有更多的兴趣和更深层的理解。翻译家 E. Nida 在他的《翻译科学论》中单辟一章"调整的技巧",其中之一就是使用脚注。

(3)暂时找不到合适的对应词语时,可采用异化法,译文要受到时间的检验。例如,"闯进瓷器店的公牛"(a bull in china's shop)就被接受了下来,但"得律风"(telephone)、"赛因斯"(science)却遭到了淘汰。

但无论原文所承载的文化信息何等之淡,如果在译意的基础之上,尽可能地传递文字表面的文化信息,可能更符合翻译的宗旨。本着以上原则,我们可以对该教程里的一些句子进一步完善。

But I hated Sakamoto, and I had a feeling he'd surely lead us both *to our ancestors*.
但是我恨坂本,并预感到他肯定会领着咱们去见祖先。

该教程认为,这样翻译,"既表达了原文的内容,又保存了原文的比喻,译文也通顺。如意译为'他肯定会领着咱们去送死',虽反映了原文的内容,译文也算通顺,但失去了原文的形式,较为逊色"。但我们可以采用行内加注的办法,再现字词的表面义和暗含义,如译为:"……到阴间回归先人。"

> Don't cross the bridge till you get to it.
> 不必担心太早;不必自寻烦恼。

这样的句子,文化因素相当浅淡,可依照上述第一种办法以归化处理:"车到山前必有路"或"船到桥头自然直",以切中国既有的表达。对于格言的翻译,在缺乏共有的文化背景的情况下,甚至可以加字译出暗含的意义以达到意的传达。例如该教程第 17 页的:There's no pot so ugly it can't find a lid.(含义是:姑娘无论多么丑也能配个汉子)。该教程认为,译成"罐儿再丑,配个盖子不发愁","意韵合拍,风趣隽永,顿成妙笔佳句"。但因缺乏共有的文化背景,我们不可能将这样的格言与姑娘联系起来,不妨加些字词来体现暗含义,再将它们尽量译得风趣隽永,比如译为:"罐儿再丑,配盖不愁;姑娘再丑,觅汉无忧。"毕竟在汉文化中,我们也有一些格言,结构相同,即将一个普遍认可的事实放在前面,以衬托后者言之确凿。例如:"瓦罐难免井台破,大将难免阵前亡"、"雁过留声,人过留名"、"好马出在腿上,好汉出在嘴上"等。翻译过程就是修辞的过程,是不断自我完善的过程。

- **双关语翻译**

关于双关语的翻译和评价,已然汗牛充栋。但对它的认识,基本上仍停留在"怎么译"上。且看下列例子和评论:
译文 A:

> —What flower does everybody have?
> —Tulips. (Tulips = two lips)
> ——人人都有的花是什么花?
> ——郁金香。(郁金香的英文与双唇的英文发音相似)

该译是在解释,而非翻译。退一步说,读者能完全理解这一"加括号"译文,可这一问一答若出现在电影对白中又当如何呢?难道也得给听众"加括号"解释?不知下面的译文读者是否满意:

译文 B：

> 问：人人都有的花是什么花？
> 答：泪花。①

但还存在三个方面的问题：

(1) 所谓"该译是在解释，而非翻译"，那么，什么是"解释"？什么是"翻译"？用"泪花"代换原文中的"郁金香"就是"翻译"吗？这是概念问题。

(2) "这一问一答若出现在电影对白中又当如何呢？难道也得给听众'加括号'解释？"涉及的是语用环境、翻译形式、交际效果和翻译目的问题。

(3) 用"泪花"代换原文中的"郁金香"凸显的是幽默，即涉及实现对话的主要功能问题。

关于评价。这里批评的非翻译的译文恰恰是高度求真的译文，只是务实（交际）效果不足。解释就是广义上翻译的存在形式。反过来说，翻译就是用另一种语言或符号所作的解释。加括号或脚注是学术型译者或求真型翻译的常见做法，而复译的"泪花"严格地说是非译：既无原文之形，也无原文之意，是以原文为蓝本并利用目的语个性化文化（谐音）的特点而进行的再创作，属于创意，是为了寻求与原文功能（幽默效果）上的相等或相似而在另一种语言中进行的形象切换，这种务实型译文的务实效果是以全部或部分牺牲原文形式和内容之真而获得的，是借体创作而得，也即钱锺书所说的"借体寄生"。因此，更换答语（"泪花"代换原文的"郁金香"）可获得幽默的效果，实现幽默的功能，但更换问话，比如把"人人"换成"姑娘"、"你"等，保留"郁金香"指代嘴唇的深层意义以及"香"和"芬芳"的协调一致，也可同样获得幽默的效果，如改写为：

> 问：为什么姑娘的嘴唇好芬芳？
> 答：因为就像那郁金香。

更不用说完全改头换面所能达到的幽默效果了。但是，这样翻译造成的随意性却不是原文本身固有的。求真型译文讲究的是与原文的求真度，向原文靠得越近就越理想；务实型译文讲究的是译文的功用和效果。比如，幽默的

---

① 马红军：《翻译批评散论》，中国对外翻译出版公司 2000 年版，第 35－36 页。

功用,就一定要实现理想的幽默效果。当然,幽默的效果,特别是改动原文后实现的现场互动效果到底怎样,一定程度上超出了"翻译"的范围,效果需要有具体的数据作支撑。这类对话文本的典型功能是其幽默效果,讲究的是现场的互动,从务实高于求真的事实看,首先实现其典型功能一般来讲是比较理想的选择。

关于翻译。"译文 A"和"译文 B"显示的是两种不同的翻译形式。翻译形式无所谓优劣,不同的形式存在于不同的环境中。比如,译文 A 为便于读者了解原文的真谛特意增加了注释,译者的求真努力转化为求真型译文;译文 B 将原文的"郁金香"切换为"泪花",使"泪花"既和上一行的"花"协调一致,且再现了"泪花"和"花"的双关效果,译者的务实努力转化为务实型译文。求真型译文旨在求取原文之真,务实型译文旨在求取译文之用。译文 A 适合作英语学习者学习词汇时参考,译文 B 适合现场交际和互动。

每一种译文都有各自存在的环境。如果将出现于求真型环境的求真型译文 A 置于务实型环境,务实效果(交际效果)不足,因为的确没有办法给听众"加括号"解释,且不说现在电影字幕中经常出现加括号的情况(当然,假如不允许出现字幕,自然不能加括号)。同理,如果将出现于务实型环境的务实型译文 B 置于求真型环境,求真效果不足,因为对英语学习者学习词汇而言,原文的 tulips 荡然无存,学习者不可能通过译文中的"泪花"而相应获得 tulips "郁金香"的词汇意义和发音为"双唇"(Tulips＝two lips)的形式意义。所以,若通过回译寻求译文和原文的求真度从而判定译文的正确或错误,似乎就只有"错误"这唯一的答案了。

译者在文学翻译和应用翻译上的做法是有区别的。文学翻译属于求真型翻译,以忠实原作为依归,应用翻译属于务实型翻译,以实现市场利益最大化为依归。比如,文学翻译和应用翻译都有表达型＋呼吁型文本,前者因无真而不美,后者因不实用而无用。在应用翻译实践中,因为突出应用性、实用性、追求利益(主要指所翻译内容,如商品本身)的最大化,所以即使对于传统翻译标准"忠实"的贯彻也与其在文学翻译上的做法不同。

师 生 互 动

【例子】 Many TV commercials imply that a woman's self-esteem depends on her cleaning ability. In one commercial, we see a woman terribly upset because her guests find spots on her glassware. Countless other commercials blur out the message that a woman will pass muster as a person if her kitchen floor gleams and her toilet bowl is blue. This idiocy must work, because the images of women scrubbing, mopping, waxing and smiling keep on coming over the air.

【初译】　许多电视广告都暗示了这样一种信息：妇女的自重表现在她的保洁能力上。有这样一则广告，一个妇女因客人在她的玻璃器皿上发现污点而表现得很不安。无数的广告都暗示了这一点，一个妇女只有把厨房地板打扫得闪闪发光，把抽水马桶擦拭得莹蓝如初，才能成为完整意义上的人。这种极端愚蠢的讲话一定起到了宣传作用，妇女擦抹地板、为地板打蜡，还笑容可掬的形象在电视上频传不断。

【讨论】　学生的意见是，blue 指的是便池里的水是蓝色的，是用于清洁的液体。后请教外国专家得知，可能便池里的水蓝和抽水马桶本身蓝这两种情况都可能存在。遇到几种因素都可能有的情况或词义，我们在译文中也尽量以模糊的方式处理，免得把自己的思想强加给原文。比如在译文中，我所用的"擦拭得"，就是把自己的思想加给了原文，限制了原本模糊的情况，如果译成"把抽水马桶保持得蓝可鉴人"，就不失为一种较好的处理方法。有些词如cry，storm 等都有多面性和多义性，在不能完全把握作者原意的前提下都可相应作模糊处理。

另外，学生对我使用的"讲话"（idiocy）有意见，应在"谬论"、"观念"、"思想"、"言行"、"蠢行"间选择，我同意，但最终未达成一致的意见。一个班的学生赞成"言行"，另一个班的学生赞成"观念"，我更愿意接受后者。我认为对妇女存在偏见，是旧的"观念"在作祟。

【再译】　许多电视广告都暗示了这样一种信息：女性的自重取决于她的保洁能力。有这样一则广告，一个女性因客人在她的玻璃器皿上发现污点而表现得很不安。无数的广告都暗示了这一点，一个女性只有把厨房地板打扫得闪闪发光，把抽水马桶保持得蓝可鉴人，才能符合要求。这种极端愚蠢的观念一定起到了宣传作用，女性擦抹地板、为地板打蜡，还笑容可掬的形象在电视上频传不断。

实践提升

　　曲曲折折的荷塘上面，弥望的是田田的叶子。叶子出水很高，像亭亭的舞女的裙。层层的叶子中间，零星地点缀着些白花，有袅娜地开着的，有羞涩地打着朵儿的；正如一粒粒的明珠，又如碧天里的星星，又如刚出浴的美人。微风过处，送来缕缕清香，仿佛远处高楼上渺茫的歌声似的。这时候叶子与花也有一丝的颤动，像闪电般，霎时传过荷塘的那边去了。叶子本是肩并肩密密地挨着，这便宛然有了一道凝碧的波痕。叶子底下是脉脉的流水，遮住了，不能见一些颜色；而叶子却更见风致了。

月光如流水一般，静静地泻在这一片叶子和花上。薄薄的青雾浮起在荷塘里。叶子和花仿佛在牛乳中洗过一样；又像笼着轻纱的梦。虽然是满月，天上却有一层淡淡的云，所以不能朗照；但我以为这恰是到了好处——酣眠固不可少，小睡也别有风味的。月光是隔了树照过来的，高处丛生的灌木，落下参差的斑驳的黑影，峭楞楞如鬼一般；弯弯的杨柳的稀疏的倩影，却又像是画在荷叶上。塘中的月色并不均匀；但光与影有着和谐的旋律，如梵婀玲上奏着的名曲。

外二篇

The Road to Knowledge

My pipe being indubitably smoked out to the last grain, I put it in my pocket and went slowly up to the nursery, trying to feel as much like that impersonation of a bear which would inevitably be demanded of me as is possible to a man of mild temperament. But I had alarmed myself unnecessarily. There was no demand for bears. Each child lay on its front, engrossed in a volume of *The Children's Encyclopaedia*. Nobody looked up as I came in. Greatly relieved, I also took a volume of the great work and lay down on my front. I came away from my week-end a different man. For the first time in my life I was well informed. If you had only met me on the Monday and asked me the right questions, I could have surprised you. Perhaps, even now ... but alas! my knowledge is slipping away from me, and probably the last of it will be gone before I have finished this article.

For this *Encyclopaedia* makes a feature of answering all those difficult questions which children ask grown-ups, and which grown-ups really want to ask somebody else. Well, perhaps not all those questions. There are two to which there were no answers in my volume, nor, I suspect, in any of the other volumes, and yet these are the two questions more often asked than any others. "How did God begin?" and "Where do babies come from?" Perhaps they were omitted because the answers to them are so easy. "That, my child, is something which you had better ask your mother," one replies; or if one is the mother, "You must wait till you are grown-up, dear." Nor did I see any mention of the most difficult question of all, the question of the little girl who had just been assured that God could do anything. "Then, if He can do anything, can He make a stone so heavy that He can't lift it?"

Perhaps the editor is waiting for his second edition before he answers that one. But upon such matters as "Why does a stone sink?" or "Where does the wind come from?" or "What makes thunder?" he is delightfully informing.

But I felt all the time that in this part of his book he really had his eye on me and my generation rather than on the children. No child wants to know why a stone sinks; it knows the answer already—"What else could it do?" Even Sir Isaac Newton was a grown-up before he asked why an apple fell, and there had been men in the world fifty thousand years before that (yes I have been reading *The Outline of History*, too), none of whom bothered his head about gravitation. Yes, the editor was thinking all the time that you and I ought to know more about these things. Of course, we should be too shy to order the book for ourselves, but we could borrow it from our young friends occasionally on the plea of seeing if it was suitable for them, and so pick up a little of that general knowledge which we lack so sadly. Where does the wind come from? Well, really, I don't think I know now.

The drawback of all *Guides to Knowledge* is that one cannot have the editor at hand in order to cross-examine him. This is particularly so in the case of a *Children's Encyclopaedia*, for the child's first question, "Why does this do that?" is meant to have no more finality than tossing-up at cricket or dealing the cards at bridge. The child does not really want to know, but it does want to keep up a friendly conversation, or, if humourously inclined, to see how long you can go on without getting annoyed. Not always, of course; sometimes it really is interested; but in most cases, I suspect, the question, "What makes thunder?" is inspired by politeness or mischief. The grown-up is bursting to explain, and ought to be humoured; or else he obviously doesn't know, and ought to be shown up.

But these would not be my motives if the editor of *The Children's Encyclopaedia* took me for a walk and allowed me to ask him questions. The fact that light travels at so many hundred thousand miles an hour does not interest me; I should accept the information and then ask him my next question, "How did they find out?" That is always the intriguing part of the business. Who first realized that light was not instantaneous? What put him up to it? How did he measure its velocity? The fact (to take another case) that a cricket chirps by rubbing his knees together does not interest me; I want to know why he chirps. Is it involuntary, or is it done with the idea of pleasing? Why does a bird sing? The editor is prepared to tell me why a parrot is able to talk, but that is a much less intriguing matter. Why does a bird sing? I do not want an explanation of a thrush's song or a nightingale's, but why does a silly bird go on saying "chiff-chaff" all day long? Is it, for instance, happiness or hiccups?

Possibly these things are explained in some other volume than the one which fell to me. Possibly they are inexplicable. We can dogmatize about a star a billion miles away, but we cannot say with certainty how an idea came to a man or a song to a bird. Indeed, I think, perhaps, it would have been wiser of me to have left the chiff-chaff out of it altogether. I have an uneasy feeling that all last year the chiff-chaff was asking himself why I wrote every day. Was it involuntary, he wondered, or was it done with the idea of pleasing?

求知历程

翻译:周领顺　唐红英

　　待最后一根烟丝燃尽,我收好烟斗,慢步向幼儿园走去。我边走边想,孩子们很可能会让我扮只狗熊吧,他们看我性情温顺,提出这样的要求,也是合乎情理的。可我显然是多虑了,孩子们并没这样,而是全神贯注地卧着翻看一卷《儿童百科全书》。我进门时并没谁抬头看我,这让我长长地松了一口气。我顺手抄起一卷,摊在面前翻看起来。我周末回来后,感觉自己像换了一个人似的,有生以来第一次觉得自己无所不知。要是你下周一遇到我,并刚好问对了问题,我说不定就能给你个惊喜。或许现在……唉! 我这点可怜的知识正在悄悄溜走,可能不等这篇文章写完,就全都溜之大吉了呢。

　　这套《百科全书》的特色,就在于解答孩子们经常询问大人而大人又需要再询问别人的那类问题。不过,也不是无所不包,有两个问题在我翻看的那卷里就没有找到,我敢说,在其他几卷里也找不到。"上帝是怎样来的?""小孩儿是从哪里来的?"孩子们经常问起,之所以未收在百科全书里,可能是因为答案太过简单吧。有人会说,"那个嘛,孩子,你得问妈妈。"妈妈会说,"宝贝,等你长大就懂啦。"百科全书也未提及那个最难回答的问题,也就是那个深信上帝万能的小姑娘所提的问题:"如果上帝无所不能,他能造出一块连他自己都拿不动的石头吗?"也许编辑打算等到再版时回答吧,但编辑更愿意回答"石头为什么会下沉?""风是从哪里来的?""雷是怎么形成的?"等诸如此类的问题。

我向来认为,百科全书的编辑是把目标读者定位为我和我的同代人的,并非事实上定位于孩子,因为孩子不会疑惑石头为什么会下沉,而实际上,百科全书在编纂之前就已经有了答案——"百科全书又能做什么呢?"即便是艾萨克·牛顿爵士对苹果为什么会掉落感到纳闷时,他也已经是成年人了,而在他之前,人类已经存在了五万年(对,我也在读《世界史纲》),只是从来没有人劳神去思考地心引力的事。编辑一直认为,你我应该知道得多一些。当然啦,我们是不好意思为自己订阅《儿童百科全书》的,但我们可以请求孩子以帮其把关为由,偶尔借来翻一翻,以弥补我们那点可怜的常识,就像"风是从哪里来的?"这类问题,说实话,我现在依然答不上来。

所有"知识指南"类书籍的缺点就在于读者无法随时咨询编辑,这套《儿童百科全书》就是个典型。孩子本能的问题是:"这个为什么要那个?",可这就像板球赛投币赌输赢或者打桥牌时发牌一样,是不可能有个定论的。孩子并不是真的想要知道什么,他要的是交流营造的开心气氛,如果再有些幽默细胞,还要看看大人到底有多大的耐心。当然,也不都这样。很多情况下,我怀疑孩子问"雷电是怎样产生的"这样的问题,是出于礼貌抑或因为淘气吧。对于这类问题,大人急于作答,也高兴作答,否则就表明他不懂,那可要让自己难堪了。

如果《儿童百科全书》的编辑邀我散步并允许我提问,那么以上这些问题可不是我的真正兴趣,我对光以每小时数十万英里的速度传播这一事实并不感兴趣,这样的知识我应该接受,然后会问出下面的问题:光是"怎样发现的?"这才是问题的核心所在。是谁第一个发现光不是瞬时产生的?是什么促使他有了这样的想法?他是如何测量光速的?再比如,对于蟋蟀是通过摩擦膝盖发出声响这一事实,我也不感兴趣,我想知道它为什么要叫:是无意识的呢还是有意取悦于同类?鸟为什么要叫?编辑倒是愿意告诉我鹦鹉为什么能够讲话,不过这没多大意思。小鸟为什么会唱歌呢?我并不想知道画眉和夜莺唱歌是怎么一回事,我想知道的是一只呆头小鸟为什么整天"叽叽喳喳",是出于兴奋还是连续打嗝?

也许这些问题在百科全书的某卷中解释了,只是不在我偶尔翻看的那卷里,但也许这些问题根本无法解答。我们可以断定万亿英里之外有颗星星,却无法肯定人类是怎样就有了思想,也无法解释小鸟怎样就有了歌唱。算了,我最好把"叽叽喳喳"都抛到脑后吧,我竟然有些不安,"叽叽喳喳"是不是整整一年都在叽叽喳喳地问自己:我这个人为什么要天天写作呢? 它可能也会想,写作是无意识的还是有意取悦于同类呢?

评析:

一

《求知历程》("The Road to Knowledge")的作者艾伦·亚历山大·米尔恩(1882—1956),生于伦敦,毕业于剑桥大学,是英国著名剧作家、小说家、童话作家和儿童诗人。1906 年起就在英国老牌幽默杂志《笨拙》(Punch)工作,写了大量幽默诗文。一生主要童话有《小熊维尼》(Winnie-the-Pooh)(1926)、《菩角小屋》(The House at Pooh Corner)(1928)等;儿童诗集有《当我们还很小的时候》(When We Were Very Young)(1924)和《我们已经 6 岁了》(Now We Are Six)(1927)等;轻喜剧主要是《皮姆先生过去了》(Mr. Pim Passes by),此外还有侦探小说《红房子的秘密》(The Red House Mystery)等。其中儿童文学作品《小熊维尼》(Winnie-the-Pooh)一书被译成 22 种语言,在多个国家出版,并被迪斯尼买下版权,改编成卡通影片,风靡世界。

《求知之路》("The Road to Knowledge")是米尔恩阅读《儿童百科全书》(The Children's Encyclopaedia)后写的随笔。米尔恩看到幼儿园的孩子饶有兴致地阅读《儿童百科全书》,促使他对此书产生了兴趣。《儿童百科全书》由英国作家阿瑟·米(Arthur Mee)主编,以通俗的语言,解答孩子们可能提出的各种问题,旨在为儿童普及百科性和权威性的知识。然而,米尔恩读完此书后发现,该书偏离了目标读者——儿童,并用具体实例说明其不恰当性,从侧面间接传递了追求知识的正确途径:不仅要知其然,更要知其所以然,且要具有批判性的思维。

文中提及的另一本百科类巨著《世界史纲》(The Outline of History),由英国著名小说家赫伯特·乔治·韦尔斯(Herbert George Wells, 1888—1946)所著,是畅销全球的世界史名著,叙述了从地球的形成到生命的起源再到第一次世界大战结束的历史,使历史的真实与文学的想象得到了完美的结合。韦尔斯并不受历史教科书程式之类的约束,对历史上一些繁复的王朝盛衰、将相荣辱,有时只用寥寥几笔就勾画出来了,有时则一笔带过,存而不论,而有时则对某些情节着力渲染,详细描绘。威尔斯以文学家的手笔,娓娓道来,引人入胜。

背景知识和世界知识对于理解原文具有重要的意义。比如,当我们知道作者是英国作家,而且在文章中看到英国方式拼写的 humour 时,那么我们就可以肯定,We can dogmatize about a star a billion miles away, but we cannot say with certainty how an idea came to a man or a song to a bird. 一句中的 billion 所指的只能是英国英语中的"万亿",而不会是美国英语中的"十亿"。再比如,文中有一处提及 the little girl 提出的问题:Then, if He can do anything, can He make a stone so heavy that He can't lift it?,似乎有些让人摸不着头脑。事实上,这一问题即著名的"上帝悖论"或"全能悖论"(Omnipotence Paradox)。几个世纪前,罗马天主教宣称上帝全知全能,无神论者和基督教徒就用这个悖论予以反击。如果上帝能造出这样一块石头,却连他自己都搬不动,就说明上帝不可能是全知全能的;如果上帝造不出这样一块石头,也说明上帝不可能是全知全能的,因此可得出上帝并非万能的结论。

背景知识和世界知识甚至能使我们发现文中出现的生活常识错误。比如,文章中有这么一句:

> The fact (to take another case) that a cricket chirps by rubbing his knees together does not interest me; I want to know why he chirps.

句子中的 knees 指"膝盖";cricket 再次出现,与之前的"板球"义不同,此处指"蟋蟀";chirp 指蟋蟀发出的尖锐而短促的声响;rubbing 是蟋蟀发出声音的动作,但作者用 rubbing his knees 表现蟋蟀发声是不符合事实的。经查,蟋蟀各足跗节 3 对,前足和中足相似并同长;后足发达,擅长跳跃;前足胫节上的听器,外侧大于内侧。雄虫前翅上有发音器,由翅脉上的刮片、摩擦脉和发音镜组成。前翅举起,左右摩擦,从而震动发音镜,发出音调。因此,该句话应译为:

> 再比如,对于蟋蟀是通过摩擦翅膀发出声响这一事实,我也不感兴趣,我想知道它为什么要叫。

当然,这样做违背了"忠实"于原文的一般指导原则,但当我们把"忠实"于原文调整为对作者的"忠诚"时,这样做又情有可原,"译者虽未对语言内原文'忠实',却做到了对语言外讲话者的'忠诚'"①。而将"忠实"和"忠诚"融为一体时,只需在译文后增添注释对事实加以说明足矣,这样不仅是对作者负责,也是对读者负责;不仅是"忠实"于原文,也是"忠诚"于作者。

二

翻译界常把翻译称为"二度创作",翻译就是翻译,怎么就变成了"创作"呢? 这显然是个悖论。就像在生活中,当相声演员仿自拿破仑所说的"不想当将军的士兵不是好士兵"而创造出"不想当裁缝的厨师不是个好司机"时,我们就会体会到把裁缝、厨师、司机这几个相互之间几乎没有什么联系的人物身份硬拉在一起所造成的逻辑混乱和由此形成的滑稽感。把翻译称为"二度创作",又何尝不是如此呢?

翻译界之所以不这样看问题,是因为我们早已习惯于这种说法,所以不但不觉是悖论,甚至认为是译者创造性的表现,是译者的主观能动性使然。归根结底的原因是,只要翻译面对读者,就肯定要顾忌读者的需要,而提高可读性就是首要的目标之一。而只要有了提高可读性这一目标的存在,就一定会对原文的结构有所调整。调整,就意味着对原文有所偏离,忠实程度要打些折扣;调整,就意味着译者把自己当作了一定程度上新的作者。此时,翻译的"二度创作"和译者的"二度作者"的身份是一致的。也就是说,当翻译可以称为"二度创作"时,译者就可以称为"二度作者",因此译者主动地调整原文结构并进行增删,便不可避免。这是翻译的现实,也是兼具作者身份的译者的现实。比如,为了提高可读性,从句子结构看,就可以有各种重新组合的方式。例如:

1. 为了适应汉语读者的阅读习惯,将长句拆分为流水短句:

原文:My pipe being indubitably smoked out to the last grain, I put it in my pocket and went slowly up to the nursery, trying to feel as much like that impersonation of a bear which would inevitably be demanded of me as is possible to a man of mild temperament.

译文:待最后一根烟丝燃尽,我收好烟斗,慢步向幼儿园走去。我边走边想,孩子们很可能会让我扮只狗熊吧,他们看我性情温顺,提出这样的要求,也是合乎情理的。

2. 为了维持动作的连续性而将短句合并为由逗号相连的长句:

---

① 周领顺:《译者行为批评:理论框架》,商务印书馆 2014 年版,第 99 页。

原文：But I had alarmed myself unnecessarily. There was no demand for bears. Each child lay on its front, engrossed in a volume of *The Children's Encyclopaedia*.

译文：可我显然是多虑了，孩子们并没这样，而是全神贯注地趴着翻看一卷《儿童百科全书》。

原文：I came away from my week-end a different man. For the first time in my life I was well informed. If you had only met me on the Monday and asked me the right questions, I could have surprised you.

译文：我周末回来后，就感觉自己像换了一个人似的，有生以来第一次觉得自己无所不知，要是你下周一遇到我，并刚好问对了问题，我说不定就能给你个惊喜。

3. 为了语气的需要而将短句合并为长句：

原文：Where does the wind come from? Well, really, I don't think I know now.

译文：就像"风是从哪里来的"这类问题，说实话，我现在依然答不上来。

4. 当表示状态的分词结构句意上引领前后两个句子时，甚至可以部分拆分后再合并：

原文：Nobody looked up as I came in. *Greatly relieved*, I also took a volume of the great work and lay down on my front.

译文：我进门时并没谁抬头看我，**这让我长长地松了一口气**。我顺手抄起一卷，摊在面前翻看起来。

5. 当需要明示逻辑关系（转折等）时将短句合并为长句：

原文：Possibly these things are explained in some other volume than the one which fell to me. Possibly they are inexplicable.

译文：也许这些问题在百科全书的某卷中解释了，只是不在我偶尔翻看的那卷里，但也许这些问题根本无法解答。

原文：Indeed, I think, perhaps, it would have been wiser of me to have left the chiff-chaff out of it altogether. I have an uneasy feeling that all last year the chiff-chaff was asking himself why I wrote every day.

译文：算了，我最好把"叽叽喳喳"都抛到脑后吧，我竟然有些不安，"叽叽喳喳"是不是整整一年都在叽叽喳喳地问自己：这个人为什么要天天写作呢？

三

在说理类的文字里，总免不了要动之以情。要做到动之以情，从词汇选择到句子构造再到篇章布局,都各有表现,在以往的翻译讨论中,已经见之非鲜了。语气词的使用,也是实现动之以情的一种做法,但专题的讨论却比较少见。

语气词是表示语气的虚词,常用在句尾或句中停顿处表示种种语气。英语里常见的语气词有:Alas,Well,Oh 等,汉语里常见的语气词有:的、了、么、呢、吧、啊,等等。对于翻译而言,忠实于原文是一种本能的表现。当原文里有语气词时,一般会在译文中照译出来;原文里没有语气词时,也要根据语境而增添应有的语气词,以营造恰当的氛围。特别是后者,说明译者悟透了原文的意义才因此做出的理性选择。例如:

> We like to fish and to take nature hikes when we camp there. For us, we always fish in the creek planted with trout in the summer when we camp there. More often than not, my husband, two sons and I catch enough fish for a delicious barbecue trout dinner that night. Besides fishing, we also like to take nature hikes along the paths winding through the woods. We can always see some wildlife, whether *deer*, *squirrels*, or an occasional *fox*. We always enjoy some beautiful views of canyons and wooded mountains, and on the clearest days, we could see the valley floor where we live some fifty miles below.

> 我们全家宿营时喜欢垂钓和漫步,我和丈夫经常带两个儿子钓到不少的鱼,晚上就能开个美味可口的烧烤鳟鱼宴了。我们不光钓鱼,还喜欢沿着林中小路漫步。我们经常会碰到一些野生动物,小鹿呀、松鼠呀、有时还有狐狸呢! 我们喜欢看峡谷美景和葱郁的大山,在晴空万里的日子里,我们还能看到距我们住处约莫有 50 英里深的谷底。

很显然,通过添加语气词"呀",增添了感情色彩,使语气得到了舒缓;通过添加语气词"呢",让人感觉事实的不容置疑。译文里抒情的意义得到加强后,与原文的语境意义保持了和谐统一,使原文的抒情气氛得到了淋漓尽致的体现。例如:

1. 增添表示猜度或商量口气的"吧":

原文:My pipe being indubitably smoked out to the last grain, I put it in my pocket and went slowly up to the nursery, trying to feel as much like that impersonation of a bear which would inevitably be demanded of me as is possible to a man of mild temperament.

译文:待最后一根烟丝燃尽,我收好烟斗,慢步向幼儿园走去。我边走边想,孩子们很可能会让我扮只狗熊**吧**,他们看我性情温顺,提出这样的要求,也是合乎情理的。

原文:Perhaps they were omitted because the answers to them are so easy.

译文:之所以未收在百科全书里,可能是因为答案太过简单**吧**。

2. 增添表示事实不容置疑并略带夸张的"呢":

Perhaps, even now ... but alas! my knowledge is slipping away from me, and probably the last of it will be gone before I have finished this article.

或许现在……唉!我这点可怜的知识正在悄悄溜走,可能不等这篇文章写完,就全都溜之大吉了**呢**。

3. 增添表示道理上显而易见的"嘛":

原文:"That, my child, is something which you had better ask your mother," one replies.

译文:有人会说,"那个**嘛**,孩子,你得问妈妈。"

4. 增添表示强调和加重感情作用的"啦":

原文:Of course, we should be too shy to order the book for ourselves.

译文:当然**啦**,我们是不好意思为自己订阅《儿童百科全书》的。

5. 增添表示变化已经实现的"了":

原文:or else he obviously doesn't know, and ought to be shown up.

译文:否则就表明他不懂,那可要让自己难堪了。

6. 增添某些状语后面表示强调的"价":

原文:but why does a silly bird go on saying "chiff-chaff" all day long? Is it, for instance, happiness or hiccups?

译文:小鸟为什么会唱歌呢?我并不想知道画眉和夜莺唱歌是怎么一回事,我想知道的是一只呆头小鸟为什么整天**价**"叽叽喳喳"是出于兴奋还是连续打嗝?

翻译要讲究灵活,虽然说原文的语气词一般会在译文中照译出来,但也有个灵活把握的问题,要根据语境的意义和气氛而决定。例如:

原文:Where does the wind come from? *Well*, really, I don't think I know now.

　　译文：就像"风是从哪里来的"这类问题，**说实话**，我现在依然答不上来。

　　如果将原文中的 well 翻译为"哦"，给人的感觉有点像对话，未必有 well 和 really 合并翻译成"说实话"来得自然。

　　翻译时要培养创作意识，再现原文的语气，就是要译者根据语境的需要，在译文中实现原文传神效果。翻译不是要奴隶般地对应原文，不必斤斤计较于一字一词之得失。因此，在进行文学翻译时，要特别引起实践者的重视。

第9讲 文本译者
——文本三分左右倾 动态译者视情定

要点拓展

1. P. Newmark 根据语言功能理论,将文本分成表达型(expressive)、信息型(informative)和诱导型(vocative)。[①] 以介绍源语文化为目的的表达型的文本(如诗歌、小说),应采取语义翻译,即力求传达原文的语义内容,保持作家个人的感情色彩、文学方法、结构形式等;对于以目的语文化为归宿的信息型和诱导型的文本(如技术资料、年报、广告、通知、旅游手册),则应采取交际译法,既注重读者的理解和反应,在格式、方式、措辞等方面力求符合该文体在译入语中的惯例。

2. 掌握直译和意译:(1) 要求严格的直译:条约、法典、政府公文及文献;(2) 基本直译:一般学术理论、科技情报及著述;(3) 一般要求直译,但必须考虑可读性:新闻报道和分析、报刊特写;(4) 直译与意译兼顾:传记、游记、札记等文艺小说;(5) 基本意译,力求获得最佳可读性:舞台或电影剧本、抒情散文;(6) 必须完全意译方能达意,力求获得最佳可读性与艺术性:诗歌、歌词。[②]

3. 以上既是策略,也是具体的方法,在处理文本时都是可行的。

4. 在翻译过程中,"文本"有两个,一个是源语文本,一个是译语文本。源语文本的风格是不是需要再现在译语文本中,要看具体情况而定。比如,如果一位教师交给译者一篇散文,译者自然将其按照表达型、文学文本来处理;如果一位不懂外语的经理交给译者一篇散文,译者要根据自己对于经理的了解,或将其处理为应用类文本,只需抽取文中主要的应用信息即可。

---

① Peter Newmark: *Approaches to Translation*, London: Prentice Hall, 1988: 50 - 51.

② 刘宓庆:《文体与翻译》,中国对外翻译出版公司 1998 年版,第 28 页。

5. "文本"是文本,"译者"可不一定都是译者,他可能只是懂得老板心理、了解应用需要的秘书,所以译者的意志性不可忽视。译者不是机械的人,会随环境变化、语用变化而作出动态调整。

6. 正如文化翻译的虚实互化一样,"班门弄斧"在鲁班家门前是真,在李白家门前就成了假的。

阅 读 空 间

• 对于译文风格的二分

我们以英汉代词的使用频率和转换为例。

"由于语用传统和语言结构上的原因,英语倾向于多用代词,汉语倾向于尽量少用代词。因此,在汉语译文中适当省略代词,将大大有助于提高译文的可读性,减少'翻译味'"①。比如,He put on his gloves. 应译为"他戴上手套"。这是英汉语言表达的不同常规。人称代词的使用总会在不知不觉间增添语言的主观性和感情化的成分。译者要根据具体情况做出合理的判断,这是保持求真和务实平衡性的必要考虑。

(1) 对于条条框框的内容,因显得比较机械,大多应译成直白型的说明文体。

To get most out of **your** textbooks, **you** should follow several steps very carefully. First, **you** should make a preliminary survey of each book to get a general idea of what the book contains. Second, **you** should read for deeper understanding and formulate questions as **you** read. Next, make notes of the major points of each chapter. Then, test **yourself** to be sure that **you** can answer questions likely to be raised in class and in examinations. Finally, review **your** notes and reread any parts of the book that are unclear to **you**.

试译:为了能够从教科书中学到更多的东西,以下几步应有条不紊地认真执行:一要粗略地了解书本中所涵盖的内容;二要深入研读,边读边思考;三要记录每章要点;四要确信自己能够回答课堂和考试中最可能出现的问题。最后,复习笔记,反复阅读书中自己还不十分明了之处。

在译文中,人称代词没有作硬性移植,符合汉语文的行文习惯。根据内容

① 刘宓庆:《文体与翻译》,中国对外翻译出版公司 1998 年版,第 445 - 476 页。

看,若将代词照搬到译文中,其结果无非有两种:一是听起来咄咄逼人,似上级命令下级;一是听起来亲密无间,似朋友间坦诚相待。对于条条框框的内容,有些情况下抒情性文体的婉转之气较难得到淋漓尽致地传译。

(2) 即使有时是一些条条框框的内容,如果以 I,we 等第一人称为叙述主体时,也可以处理成抒情型。多数情况下,使用人称代词就等于增添了感情的因素和主观的成分,有时泛指的 you 尚不例外(但用于警句、格言或谚语中的 you 作为典型的泛指现象除外),何况以自己为例的 I 和 we 呢!

I hate the three rules in discipline in **my** class. One is that a person who is late for class will be fined two *yuan*. The other is that a person who doesn't hand in **his** homework in time will be fined three *yuan*. The third is that one who is absent for class will be fined ten *yuan*. For one thing, I am not so diligent, so I often get up late and am late for class. For the other, it seems that I have a bad memory as I often forget when to hand in my homework. For the third rule, I am afraid that I can't afford it any more. I am a poor student; I have lost much money. **I**'ll try my best to obey the three rules even though I hate **them**.

试译:**我**讨厌班上订的 3 条制度,一是上课迟到者罚款 2 元,二是不及时交作业者罚款 3 元,三是旷课者罚款 10 元。**我**一是不大勤奋,晚起迟到是常有的事,另外**我**的记性好像也很差,啥时候交作业经常忘得一干二净。说起第三条嘛,**我**恐怕再也无力承受了,**我**是个穷学生,已经罚了很多了。不过,恨归恨,还是得尽力遵守。

即便如此,汉语译文中也减少了代词的出现频率,以在语言层面上实现归化。

(3) 在结合自己(I, we, my 或 our)的体验并以自己为叙述的主体时,若文学气息较浓,就很难将抒情型转变为直白型。

Being the only child in **my** family, **I** was cold and alone. **I** do not remember doing any of the things that other children did. There were no parties or picnics with other children. **I** lived in an adult world. **My** family and **my** teachers were **my** only friends. Sometimes **I** felt as if I were not a child at all; I was simply living in a child's body trying to find some sense of identity in a world which **I** probably never would feel totally a part of. In order to survive, to remain sane, **I** encased **myself** in an invisible shell through which nothing could penetrate. The usual childhood tears could never escape from **my** eyes.　**I** could not cry or show **my** feelings in any way，for that would reveal **my** weaknesses.　So，**I** existed without any warmth and joy.

试译：在家里，就**我**一个小孩，**我**总是感到寒冷、寂寞，我不曾记得有过别的孩子所曾经有过的经历，也不曾与别的孩子开过派对或一起野炊，**我**完全生活在成年人的世界里。我的家人和(**我**的)老师是**我**仅有的朋友，有时**我**觉得**我**已不再是个孩子，只是空具孩子的躯壳，在一个**我**也许永远不会彻底认同的世界里努力获得别人的认可。要生存，要保持清醒，**我**就得把自己封闭在一个免受纷扰的无形贝壳里，童年的泪水始终挥之不去，**我**不能哭出声来，也不能以任何方式流露情感，否则，**我**的弱点便会暴露无遗。**我**就这样生活着，没有温暖，没有欢乐。

这里虽说是抒情型译文，但因原文用词的文学气息较浓，译文处理成了书面气息较浓、文学性十足的文学作品。在这种情况下，英汉文本之间转换时，汉语译文中代词的使用未必见少，也未必要少。

(4) 泛指与具体所指兼而有之。

If **you** live fairly close to the mountains，**you** can't beat taking **your** family to camp there for a couple of days for a reasonable priced vacation. Basically，all **you** pay for is the gas to get up there and the food，which **you**'d be eating at home anyway.　You do need to invest in tent，sleeping bags，and a kerosene lamp，but those will last **you** for many years of camping.　And，what's more，there are free camping areas for families in most national parks.　There are usually restrooms，barbecue pits，and picnic tables close to a creek，river，or lake，where **you** can fish easily.　**We** like to fish and to take nature hikes when **we** camp there.　For us，**we** always fish in the creek planted with trout in the summer when **we** camp there.　More often than not，**my** husband，two sons and I catch enough fish for a delicious barbecue trout dinner that night.　Besides fishing，**we** also like to take nature hikes along the paths winding through the woods.　**We** can always see some wildlife，whether deer，squirrels，or an occasional fox.　**We** always enjoy some beautiful views of canyons and wooded mountains，and on the clearest days，**we** could see the valley floor where **we** live some fifty miles below.

试译：【直白型译文】傍山而居，必忍不住与家人到山上宿营几日，度过一个并不算破费的假期。要花费的差不多只是汽油和食物，至于食物，反正在家也要消费。但真正需要投资的是帐篷、睡袋以及一盏煤油灯,不过这些东西能反复使用多年,可作多次外出宿营之用。另外,很多国家公园都为家庭提供免费的宿营场所,通常有厕所、烧烤坑和野餐桌,靠近小溪、河流或湖泊,垂钓十分便利。【抒情型译文】**我们**全家宿营时喜欢垂钓和漫步,我和丈夫经常带两个儿子钓到不少的鱼,晚上就能开个美味可口的烧烤鳟鱼宴了。**我们**不光钓鱼,还喜欢沿着林中小路漫步。**我们**经常会碰到一些野生动物,小鹿**呀**、松鼠**呀**,有时还有狐狸**呢**!**我们**喜欢看峡谷美景和葱郁的大山,在晴空万里的日子里,**我们**还能看到距**我们**住处**约莫**有 50 英里深的谷底。

可以看出,本段的前半部分陈述的事实适合于多数人,因此把 you 看成泛指的情况,处理成直白型较妥。后半段结合了自身的体验,将自身的情感融进叙述之中,所以宜处理成抒情型。但也可以把前半段看成与某人面对面的交流,从而处理成抒情型,如译为:"要是你挨着大山住,你肯定会……"

• 对待熟语的翻译

熟语有浓有淡,这是静态地就熟语本身意义而论的。熟语文化信息色彩的浓、淡是不言而喻的。一般来讲,有典故的必然会浓一些(如"此地无银三百两"),但虽然含有典故表面意义却比较透明的一些熟语文化信息,色彩就会稍淡一些(如"莫须有")。有些熟语早已完成了习语化过程,成了大众语的一部分,其中的文化信息所营造的文化氛围更淡,在翻译时常作虚化处理,比如"刻骨铭心"、"拂袖而去"、"罄竹难书"。还有一些熟语连典故也谈不上,只是出现在古代某一作品中罢了,比如出自《左传·僖公二十八年》的"险阻艰难"(艰难险阻)、出自《左传·昭公十二年》的"惟命是从",其他如"三三两两"、"事半功倍"、"分秒必争"等。

熟语意义有实有虚。实的,是文本本身的意义;虚的,一般是语境意义,因为熟语既然为熟语,就是无数次出现在比喻的语境中而成熟的。比如,不少学者主张把"班门弄斧"译作 Showing off one's proficiency with the axe before Lu Ban the master carpenter。译文虽然含有 Lu Ban 这样的文化信息,但有限的行内化解又能传递多少汉民族的文化信息呢?许渊冲称赞钱锺书将"三个臭皮匠,合成一个诸葛亮"译成:Three cobblers with their wits combined equal Zhuge Liang the master mind 是无可争议地登上了中国译坛的顶峰。兼顾了文化信息倒不错,但到底能传出多少文化的积淀,尚值得怀疑,不成为交际的障碍已属奢望。这显然是犯了只考虑熟语本身的意义而忽略其实际语境中实用功能的错误,译评者做起了泛文化论者。"不要在李白面前班门弄斧"一句中的"班门弄斧"是虚的,只有在"鲁班"门前"弄斧"才是实的,即在典故本身才是实义。如果译者把虚语境中有关鲁班的信息译出,不知该浪费译者多少口舌和笔墨,需要向听众和读者作多少的解释了。

在翻译时译者应尽量保存原文中的文化内涵,但由于汉英两种语言的社会、历史及文化背景相差很远,二者之间文化的空缺和冲突多余重叠和互通,有时词语的文化内涵在翻译时难以得到保全。出于以下几种考虑,译者往往选择舍弃原文的文化信息:一、词语的文化内涵在原文环境中不属于重要信息,没有翻译的必要,且译出后反而使译文芜杂生涩,影响词语主要意义的传达;二、由于篇幅或是体裁的局限性导致译文中难以增补出词语的文化内涵;三、词语的文化内涵与其植根的社会文化环境密切相关,即使勉强译出也难以为读者所理解接受,译犹不译。请看以下例子:

你别狗咬吕洞宾——不识好人心。我是好心好意劝你,倒粘到我身上来了。(周而复《上海的早晨》)

Don't snap and snarl at me when I'm trying to do my best for you. I give you my advice with the best will in the world and you turn round and lay the blame on me.

此例中的歇后语"狗咬吕洞宾——不识好人心"涉及一个中国神话传说中特有的人物。如果出于保留原文文化信息的目的将其直译,则不仅要加注说明吕洞宾是谁,还得向西方读者解释吕洞宾如果对狗好心,狗又为何要咬吕洞宾。其实这句歇后语的故事缘由在此语境中并不重要。与其煞费苦心将之译出,弄得读者似懂非懂、糊里糊涂,还不如舍弃这一文化背景知识,直接译出"不识好人心",既确保了关键信息的有效传递,又使译文读来简洁流畅。尽管"狗咬吕洞宾"这一文化典故未能在此句的译文中得到体现,但译者运用 snap 和 snarl 这两个动词形象地描绘出狗狂咬乱叫的样子,在一定程度上再现了原文中运用歇后语所达到的生动、形象的修辞效果。[①]

我的散文《竹》有句:"因情所致,爱屋及乌,吃粽子就爱吃那竹筒粽子。""爱屋及乌"直接译成 just out of love(出于喜爱),这样一来,可以顺理成章地连接上下文。如果译成 love me, love my dog,就要闹笑话了。[②] 为什么呢?原因不在于 love me, love my dog. 和"爱屋及乌"之间的转换出了什么问题,似乎在语言上异化、归化的译文都能够接受。但是在这里,颠倒而为,却感到

---

① 陈宏薇、李亚丹:《新编汉英翻译教程》,上海外语教育出版社 2011 年版,第 70 - 71 页。

② 周领顺:《散文英译过程》,国防工业出版社 2012 年版,第 195 页。

很别扭,根本的原因是文化上实指和虚指的问题。叙述中的"吃粽子就爱吃那竹筒粽子"是事实,而平时用于虚指的 love me, love my dog. 如果出现"粽子"和"竹筒粽子"之间,和事实混用,就有可能也会被理解为事实。这样,"粽子"、"竹筒粽子"、me 和 dog 就有了四个事实,容易让人误入歧途。再如,汉语中过去见面常说"吃过饭了吗?",是虚指;英语中见面常说:How are you? 也是虚指,你可以把"吃过饭了吗?"代之以 How are you? 觉着很正常,因为 How are you? 一句中本来就没有很实在的、实指的信息,和我们用法上的"吃过饭了吗?"并没有本质的不同。但你如果把 How are you? 转换为"吃过饭了吗?",就会感觉不正常。从人们具备的跨文化交际背景知识上讲,明知西方人见面并不这样打招呼,如果他们说出这样的话,百分之百是实指,正如现在"吃过饭了吗?"在中国城市人之间使用的情况一样。所以,Love me, love my dog. 一句中因为有实指的信息,在一定环境中可以理解为实指,所以可能会闹笑话。熟语在实际使用中是实是虚,要针对不同语境作出具体的分析和评价。在翻译时,只要达到应有交际效果,虚的完全可以化实。

不知多少人在歌颂《魂断蓝桥》的译名时,潜意识中欣赏的实际是"译文"在译语语言里有着独立之美的美学特征,欣赏的并不是译文和原文的照应程度。岂不知,"蓝桥"是出自《西安府志》的词汇。人们把相爱的男女一方失约而另一方殉情叫作"魂断蓝桥"。用"魂断蓝桥"对 Waterloo Bridge 是文化配对,不是翻译。如果说,"蓝桥"约等于常被译作"滑铁卢桥"的 Waterloo Bridge,那么这部电影对话中的 Waterloo Bridge 汉语字幕显示的却都是"滑铁卢桥",而不是"蓝桥"。翻译界普遍认为,译语的文化信息如果过于浓重(如"三顾茅庐"、"情人眼里出西施"、"得陇望蜀")就应该摒弃,而"魂断蓝桥"便属于这一类,只是因为人们对该典故的熟知程度不够高,所以该"译名"才会不断受到称道。

师 生 互 动

【例子】 There are two ways to increase **your** English vocabulary. On the one hand, you must find an English textbook that suits **you**. The book should be at **your** level. There are neither too many new words nor too few. **You** should try to memorize the new words with the text because the details in the text can help **you** remember the new words longer. On the other hand, **you** should make full use of bits of **your** spare time to memorize the new words. In this way, **you** will never feel tired or frustrated. **You** can pick up the new words any time and repeat **them** in a lively and vivid manner. Thus, the new words can be kept fresh and alive all the time. In short, if **you** do as you are told to, **you** will overcome the major problem in learning English in a short term.

【初译】 扩大英语词汇的办法有两条：**首先**要找一本适合自己的教材，难度适中，生词既不要太多，也不能太少。学课文时一起记生词，课文内容就可以有效保持单词的记忆。其次，要利用零碎时间记生词，这样就不会感到**厌倦**，也不会感到**萎靡不振**了。要随时随地拣起生词，**声情并茂，反复诵读**，这样，生词就能够一直保持新鲜，充满活力。简而言之，只要依法而行，在短时期内，英语学习中的一大难题便会**迎刃而解**。

【讨论】 译文中的黑体部分比较书面化，符合应用语体的要求。在直白型译文中，原文中很多人称代词都被省去了，代词中只出现了反身代词"自己的"，符合英汉语文转换时对代词使用多寡的掌握。因在汉语译文中减少了代词的使用并使用了较书面化的用词，所以就显得严肃了许多。

但是，是否可以翻译成抒情型的呢？就看是把 you 看成泛指现象还是具体的受话对象。前者是静态的文本传递，书面色彩必然较浓，后者动态的交际环境比较明显，口语化的色彩较浓。语用环境和译者的务实目标是译者确定译文风格的前提，面对讲话者使用的人称代词，作为阐释者的译者，我们对作者用意的把握和对潜在读者的定位，是使原作和译作风格具有两面性的根本。

【再译】 要扩大你的词汇量有两个方法，**头一个**就是找一本适合**你自己**的课本，难度要适中，生词不能太多，**可也**不要太少。你可以试着结合课文记单词，课文内容能帮**你**把生词记得更牢**一点**。**再说了**，你也可以充分利用零碎时间来记单词，**你也就**不会觉得**累呀、烦呀**的。你可以随时随地捡起生词来**有声有色**地反复记。这样，生词就能够长久**保鲜**了。**简单说吧**，你只要照**我**说的去做，**你肯定**能在短期内**突破词汇关**的。

实 践 提 升

1. The Chinese way of eating with chopsticks is unique in the world. The recorded history of chopsticks started more than three thousand years ago. Chopsticks were named zhu in ancient Chinese. They look deceptively simple to use, but possess multi-various functions, such as clamping,

turning over, lifting up, raking, stirring, scooping, poking, tearing, and so on. Chopsticks were taken as an auspicious mascot by ordinary people in ancient China. For example, the partial tone of chopsticks is often used by people as a metaphor at weddings to indicate a blessing or benediction for the couple to have a baby soon. Unlike using a knife and fork or one's own hands, a pair of chopsticks also implies the meaning of—Harmony is what matters. Chopsticks are highly praised by Westerners as a hallmark of ancient oriental civilization.

2. 我怀想着故乡的雷声和雨声。那隆隆的有力的搏击,从山谷反响到山谷,仿佛春之芽就从冻土里震动,惊醒,而怒苗出来。细草样柔的雨丝又以温存之手抚摸它,使它簇生油绿的枝叶而开出红色的花。这些怀想如乡愁一样萦绕得使我忧郁了。我心里的气候也和这北方大陆一样缺少雨量,一滴温柔的泪在我枯涩的眼里,如迟疑在这阴沉的天空里的雨点,久不落下。

3. 狗虽那么摸不着吃,那么随便就被人踢两脚,打两棍,可是它们还照旧替人们服务。尽管它们饿成皮包着骨,尽管它们刚被主人踹了两脚,它们还是极忠诚的去尽看门守夜的责任,狗永远不嫌主人穷。这样的动物理应得到人们的赞美,而忠诚、义气、安贫、勇敢,等等好字眼都该归之于狗。可是,我不晓得为什么中国人不分黑白的把汉奸与小人叫作走狗,倒仿佛狗是不忠诚不义气的动物。我为狗喊冤叫屈!猫才是好吃懒作,有肉即来,无食即去的东西。洋奴与小人理应被叫作"走猫"。

第 10 讲　翻译鉴赏
——别人翻译自己译　好与不好有理据

要点拓展

1. 鉴赏翻译，既要有理论指导，又要有实践支持。

2. 实践当然可以是别人的实践。不过，如果自己能亲自翻译，再作鉴赏，如此既可了解别人的不足，也可了解自己的进步，甚至弥补理论方面的缺失。

3. 鉴赏翻译，可以有多个角度，比如从语言对比、美学、交际效果、应用效果、译者对原文忠实的角度、某个策略和方法贯彻情况、风格切合与否入手的，等等。

4. 鉴赏翻译，要将译内效果和译外效果区别对待，不能因应用效果好，就认为一定是翻译得好。同理，不能因食品的口感好，就认定为食品的营养丰富。翻译认识问题和实践问题是相互牵连的两个范畴的东西。

5. 鉴赏翻译，要用对理论，并用对对象。也就是说，该理论一定和原文的定位以及译者的定位一致才算恰如其分。比如，旨在完成交际的翻译定位，就不是旨在传播民族文化的定位，如果根据文化因素的流失而判断前者翻译得不好，就是用错了批评的对象。

6. 既然翻译难以做到全面对原文的求真，那么在进行鉴赏时，就要认定译文的务实效果和选择性求真之点一致。

7. 鉴赏翻译，要了解自己的身份，比如译评者是学者，还是普通大众的一分子。

8. 鉴赏翻译，对现行翻译实践的提升有促进作用，但不可高估它的作用。学者声音只是评价的一种声音。

9. 市场上的翻译有多种存在类型，有的是为文学而文学，有的为抢占市场甚至将文学名著作简写处理，所以翻译行为在一定程度上演变为占有原文和利益的分割行为。分割行为也是处置行为，而处置行为并不都是翻译行为。

阅读空间

- **翻译和鉴赏**

角度之一：还原作者风格

按照翻译理论家 P. Newmark 的归类，文学翻译是表达型文本，即要忠实再现原文的风格。例如：

Life, then, is really a dream, and we human beings are like travelers floating down the eternal river of time, embarking at a certain point and disembarking again at another point in order to make room for others waiting below the river to come aboard. (Lin Yutang：*The Art of Living*)

原译：人生真是一场梦，人类活像一个旅客，乘在船上，沿着永恒的时间之河驶去。在某一地方上船，在另一个地方上岸，好让其他河边等候上船的旅客。

原译存在一些问题，比如"人类"和"一个"搭配在逻辑上有问题。"人类"是集合名词，"集合名词前头不能加个体量词……这类名词前头只能用表示群体的量词（集合量词或不定量词）"；"驶去"和"好让"的目的性太强，似去迎接其他旅客；"某一地方"与"另一个地方"不对称。"上船"、"上岸"不言而喻。汉语言简意赅，不一定要表现出出发地和终点等。

"好让其他河边等候上船的旅客"语法不通，句子是不完整的，应改为"好让其他河边等候上船的旅客上船"。"让"表示的是"指使、容许或听任"（《现代汉语词典》）义，构成兼语句。前一个动宾结构中的宾语兼作后一个主谓结构中的主语，而主谓结构中的动词是不能省略的，比如在这一结构中可以说"让子弹飞"，不能仅说"让子弹"；可以说"让他来"，不能仅说"让他"。

原译没能很好地再现原文的文风。何以见得？最有力的证据是寻找作者类似风格的文字。且看林语堂在《中国人之聪明》一文中写的：

> 惟中国人之聪明有西方所绝不可及而最足称异者，即以聪明抹杀聪明之聪明。聪明糊涂合一之论，极聪明之论也。仅见之吾国，而未见之西方。

原译少了古色古香的味道，不合林语堂之风。而且，原文是人生感悟，不宜翻译得太直白。本着文学翻译的基本原理和对英汉语差异以及对作者文风

的认识,我试译为:

> 人生就是一场梦,而人若行旅,漂泊于亘古的时间长河:上船终有下船时,河边还有后来客。

作者是华裔、写的是中国事,也就无所谓"异国情调"。从向作者靠拢的角度,应归入异化,而从向作者母语背景的角度靠拢,却应归入归化。

角度之二:定位原文风格

上文提到要忠实再现原文的风格,但当原文没有明显的标记确认为书面语风格还是口头语风格时,为什么不可做多种阐释呢? 因此,其中就有个译者对原文风格的定位问题,有时甚至可以对风格做到截然两分。例如:

Mary Louise is not as naive as she acts. Actually, she's been dating boys since she was in the seventh grade. When she was in eighth grade, she went to a high school dance with a junior. She loves to flirt in a quiet, shy way, and she knows how to blink those big, dark eyes to attract attention. She's the kind of girl that can steal a boyfriend before you realize what's happened.

我试译如下:

书面语:马莉·路易貌似单纯,实则不然:初一学约会,初二邀人舞。最喜卖弄风骚,悄然而羞涩;深谙传情之道,顾盼而生姿。生性若此,俘获男友于未知。

口头语:马莉看着傻乎乎的,她呀,才上七年级就跟人搞拍拖,八年级就和高三男生跳上了。她可会勾人了,不声不响,羞羞答答,大眼睛,贼亮贼亮的,猛放电。她就这号人儿,都把男友抢走了你竟然还蒙在鼓里。

译者的主观能动性时有流露,比如口头语译文中把姓舍去而只保留名的部分("马莉"),符合口语场合中亲切、随意的一般做法。再如,两个译文都没有着意翻译 a high school dance,原因是在一定意义上,译者是讲话者的转述者,转述者要转述的是讲话者的深意,而这里无非要表现该女生行为程度上的加深,并不在地点的具体化。所以,不管是书面语译文的"邀人舞",还是口头语译文的"跳上了",都足以表现这一点。这是透彻理解讲话者深意后的取舍。

角度之三:审视翻译方法

翻译要涉及方法,而翻译方法在翻译教科书上看起来是规定性的,实际是描写性的,是对既有翻译实践方法的归纳。从这个角度上看,翻译方法不需要教,具体采取什么样的方法,完全凭译者的审时度势。教的好处在于向读者展示曾经有过诸如此类的做法,是认可的、合法的做法。在别人翻译基础上,进行比较、试译和评价,无疑是自我翻译实践和翻译评价实践的有效渠道之一。比如,Longfellow 的散文"The First Snow"有多个翻译的版本,试举两例,主要说说我自己的实践体会。

The first snow came. How beautiful it was, falling so silently, all day long, all night long, on the mountains, on the meadows, on the roofs of the living, on the graves of the dead! All white save the river, that marked its course by a winding black line across the landscape, and the leafless trees, that against the leaden sky now revealed more fully the wonderful beauty and intricacy of their branches! What silence, too, came with the snow, and what seclusion! Every sound was muffled; every noise changed to something soft and musical. No more trampling hoofs, no more rattling wheels! Only the chiming of sleigh-bells, beating as swift and merrily as the hearts of children.

译文 1:第一场雪飘落,多么美呀!昼夜不停地下着,落在山岗,落在草场,落在世人的房顶,落在死人的墓地。遍地皆白,只有河流像一条黑色的曲线穿过大地;叶子落光的大树映衬在铅灰色的天幕下,越发显得奇伟壮观,还有那错落有序的树枝。下雪是多么寂寥,多么幽静!所有的声音都显得沉浊了,所有的噪音都变得轻柔而富有乐感。没有得得的马蹄声,没有辚辚的车轮声,只能听到雪橇那欢快的铃声如童心在跳动。

译文 2:初雪飘然而至,真是美极了! 它整日整夜静静地飘着,落在山岭上,落在草地上,落在生者的屋顶上,落在逝者的坟茔上。天地皆白,唯有河流蜿蜒而去,在雪景上画出一道弯弯曲曲的墨线。叶儿落静的大树在银灰色天幕的映衬下,枝丫盘错,更加显得奇伟壮观。雪落、无声、幽寂、安宁! 一切声响都趋于沉寂,一切喧嚣都化作了轻柔的乐曲。得得的马蹄声听不到了,辚辚的车轮声也消逝了,唯有雪橇的铃声在空中回荡,那明快的节奏犹如童心在欢跳。

译文 1、2 有一些不能苟同之处,比如不说"错落有序",因为树枝可以错落,但不会有序;铃声不会如童心在"跳动";"喧嚣"不会化作"乐曲"。我结合自己对雪景的体验试译为:

初雪飘然而至:飘到突兀山岗,飘到低洼草场;飘到生者屋顶,飘到逝者坟冢。白天连着黑夜,纷纷扬扬,悄无声息,至美而无比! 到处是白茫茫的一片,唯有小河划出的墨线,在雪景上蜿蜒。光秃秃的树木在灰蒙蒙的天空下更显伟岸,枝枝丫丫,交错相连。雪至大地寂,尘嚣远去! 声音模糊了,往日的喧闹也变得柔和悦耳。不闻马蹄得得,难觅车轮隆隆,唯有雪橇铃儿叮当,欢快地把孩子们的心声奏响。

比较和评价留给读者。这样翻译,道理在于什么? 要译意而不是译字。比如,谁能说不能用动态感来表现原文的 trampling hoofs, rattling wheels 和 the chiming of sleigh-bells 呢? 谁能说原文不含有动态的意义呢? 从某种意义上讲,译文优于原文并非天方夜谭。

对于翻译的得体性而言,并非辞藻越典雅越好,特别对于典雅辞藻储备不多的初译者更是如此。得体即是真,有真便有美,把真情实感用常见词语表达出来即可。比如,并非把 all white 译作"银装素裹"就好,译作"到处是白茫茫的一片"也好,而 silence 也不一定都要译成那么典雅的"万籁俱寂"。

- **名家翻译赏析**

努力接近原文,但表达不够到位:

南国之秋,当然是也有它的特异的地方的,比如廿四桥的明月,钱塘江的秋潮,普陀山的凉雾,荔枝湾的残荷等等,可是色彩不浓,回味不永。(郁达夫:《故都的秋》)

张培基:Autumn in the South also has its unique features, such as the moon-lit Ershisi Bridge in Yangzhou, the flowing sea tide at the Qiantangjiang River, the mist-shrouded Putuo Mountain and lotuses at the Lizhiwan Bay. But they all lack strong colour and lingering flavour.

张培基译笔优美,但从译评的角度,仍有微瑕浮出。这段话的翻译暴露出三个方面的问题,一是英汉文风的差异;二是汉语读者的感受和英语读者感受的差异;三是语义重心的不同和表述得不够精致。我试对张译进行一番回译,然后再作分析。和原文对照后的回译文是:

南国之秋,是也有它的特异的地方的,比如在扬州明月映照的廿四桥,钱塘江的潮,雾罩的普陀山,荔枝湾的莲花等等,可是色彩不浓,回味不永。

通过回译发现,一是英汉文风的差异。汉语之绮丽和英语之简洁是显而易见的,英译文比较平淡,不及汉语原文工丽典雅。回译的译文基本上保持了原文的文风,若在未见到原文的前提下回译,其平淡更会暴露无遗。这不是张教授之过,反而是他在熟谙东西方文明总体差异的背景下做出的理性选择,是译者主观能动性的体现,若照直翻译,增添蛇足或令西方读者不解也未可知。二是汉语读者的感受和英语读者感受的差异。比如,中国读者读到其中的地名,自然会有一番联想,但对于英语读者无非是一些符号,这些并非张教授之过。增加一些注释或许会有助于读者的进一步理解,不过也属无奈之举。三是语义重心的不同和表达的不够精致。原文是"廿四桥的明月"和"普陀山的凉雾",语义焦点是"明月"和"凉雾",但英译文却落在了"廿四桥"和"普陀山"上。英译文有些地方表述得不够精致,比如"凉雾"的"凉"、"秋潮"的"秋"、"残荷"的"残"已无踪可觅:"雾"未必要"凉","潮"未必皆发生于"秋","残荷"未必是"莲花"的自然联想物,"南国"这样充满诗意的表达也不是一个 South 所能够取而代之的。这些都是原文文学性的体现,不加上就会使原文受损,至于怎样表述才算地道并能在译语读者中唤起同样美好的联想,则是另外的问题,这和第一点所述的英汉文风的总体差异不完全是一码事。这些表述意蕴深厚,比如"残荷"常入于国画,岂止单单一个"莲花"可比! 所以,文学类文本无"真"而不美。

含有译者创造的痕迹,主要表现在语言表达上:

"文学类文本无'真'而不美",并非不具有别样的美,但终非原文之美。这就牵涉翻译的"再创造"/"创造性"问题。"翻译中的创造性,主要表现在语言层面。"①换句话说,这种"美"更多地体现为译者个人的文采美。比如:

Who can say of a particular sea that is old? Distilled by the sun, kneaded by the moon, it is renewed in a year, in a day, or in an hour. The sea changed, the fields changed, the rivers, the villages, and the people changed, yet Egdon remained. (Hardy: *The Return of the Native*)

张谷若:谁能指出一片海洋来,说它古远长久? 日光把它蒸腾,月华把它荡漾,它的面貌一年一样,一天一样,一时一刻一样。沧海改易,桑田变迁,江河湖泽、村落人物,全有消长,但是爱敦荒原,却一直没有变化。

张谷若为避免用词的重复而把一个 changed 译作了"改易、变迁、消长"等不同的字眼,可谓用心良苦,使"意"与"境"合,受到了译评者的广泛好评。但事实上,即使用笔简朴,即仍将 changed 译作"(改)变",也并非平淡无奇,皆因

---

①　孙致礼编著:《新编英汉翻译教程》,上海外语教育出版社 2008 年版,第 28 页。

作品本身的文学性所致。我试译为：

> 谁能说出哪一片海亘古未变？日来了，月去了，年年新，天天变，时时刻刻不曾间断。海变了，地变了，河流、村落、人物全变了，就是爱敦荒原不曾有过改变。

张谷若的用词非常讲究，使我们受益良多。若从译评的角度，仍有商榷的余地。按照《现代汉语词典》的解释，"海洋"是"地球表面连成一体的海和洋的统称"，不宜和量词"一片"连用；"一样"意为"同样；没有差别"，和"一个样"使用上有些不同，"一个样"反映的是一种类别关系；"消长"意为"减少和增长"，比原意具体；the rivers 不包括"湖泽"，"江河湖泽"不是不可拆分的固定短语；把 the villages, and the people 并合处理为"村落人物"不妥，原文是并列关系，译文也可理解为偏正关系。另外，是否一定需要更换字眼？若作者认为有此必要，相比会在原文中有所反映，毕竟，英语中并不缺乏"改易、变迁、消长"一类的词汇。

译者展露自己的文采，或可看作译者夹杂私念的一种务实的表现，其中译者的心理动因、译者对社会的主动适应和被动选择，都是另外需要专门研究的课题，可作为翻译家研究的一项内容。

改变原文的意义，增加译者务实的目的：

Although schoolmistresses' letters are to be trusted no more nor less than churchyard epitaphs；yet，as it sometimes happens that a person departs this life who is really deserving of all the praises the stonecutter carves over his bones；who is a good Christian, a good parent, child, wife, or husband；who actually does leave a disconsolate family to mourn his loss；... (Thackeray：*Vanity Fair*)

杨必：一般说来，校长的信和墓志铭一样靠不住。不过，偶然也有几个死人当得起石匠刻在他们朽骨上的好话，真的是虔诚的教徒，慈爱的父母，孝顺的儿女，尽职的丈夫，贤良的妻子，他们家里的人也真的哀思绵绵的追悼他们。

因译者把原文中的 good 译作"虔诚的"、"慈爱的"、"孝顺的"、"尽职的"、"贤良的"等不同的字眼而被译评者大加称道，认为这样既避免了千篇一律，也能给读者提供美的享受。译者用东方人审美观中的"好"对译了英语文化中的 good，是把自己或自己民族对"好"的见解强加给了作者，是用精确的语言表述了原文的模糊。且以文中的 good husband 为例。

英语文化中的"好丈夫"就只是"尽职的丈夫"？且看 G. Lakoff 对西方理想丈夫的描摹："能够保障全家人较好的生活，并且忠诚、强健、受人尊敬且富于魅力"，而丈夫的固有模式是"说话结结巴巴、呆板乏味、大腹便便"。① 杨必"尽职的丈夫"只能涵盖"能够保障全家人较好的生活"和"忠诚"的内容，却无法涵盖"强健、受人尊敬而富于魅力"的内容。原文模糊的，译者若能予以还原并实现预定的目标，当然是最理想的。我们来看桑德尔·斯托达德·沃伯格所使用的 good 一词并看译者是怎样处理的：

I like you because

You are a good person

To like

我喜欢你　因为

你是个好人

讨人喜欢②

说一个人"好"，可以没有理由；明确细化理由的"好"未必真好。鉴于此，我尝试以模糊译模糊，译为"……或是基督徒，或是父母、儿女、妻子、丈夫，惟其好，才不断被哀思绵绵的家人所缅怀"。让"好"给读者留下想象的空间吧，这未必不是务实之举，也未必收不到预期的效果。求真是译者行为之本，而译者增加务实的目的后对原文施变的情形并非鲜见，所不同的只是程度之别罢了。

师生互动

【例子】 I like to have a competition with my brother in two subjects: English and Chinese. My brother is better than I am in the two subjects. It is obvious that my brother is more diligent than I. He gets up early to read books and has learned many new words by heart. He often tries his writing,

① Lakoff, G. *Women, Fire, and Dangerous Things*: *What Categories Reveal About the Mind* (I), Chicago/London: The University of Chicago Press, 1987: 87.

② 桑德尔·斯托达德·沃伯格:《我喜欢你》，周晶译，南海出版公司 2004 年版，第 5/50 页。

and even he has got one article published in a newspaper. I'll compete with him. I'll excel him in the two subjects. So far, the competition has given me much pleasure. I am sure that I will make much progress both in English and in Chinese, and even do better than my brother.

【初译】　我喜欢在英语和汉语这两门功课上与我哥哥展开竞赛。我哥哥这两门课程都比我强,他显然也比我勤奋。他经常早早起床,读书学习,用心记会了很多生词。他经常试笔,还在报纸上发表过一篇文章呢! 我一定要和他竞赛,一定要在这两门课上超过他。开展竞赛,其乐无穷。我肯定能取得很大进步,甚至还会比我哥哥做得更好。

【讨论】　这段话属抒情型记叙文,可以在译文中使用一些感情化用词。学生正处于浪漫的年龄段,在感情的形象性表达方面做得更好。只是要提醒自己在整篇文章的口气上做到大体一致。

把 brother 译为"哥哥"或"弟弟"就看各自对原文的理解,我译为"哥哥",认为哥哥比"我"强属正常现象,但"我"要努力赶超他。多数学生译为"弟弟",认为弟弟竟比"我"强,心中更觉不甘,因此决心竞赛。英语是法制型语言,少重血缘关系,因此,对这样的词的翻译是不存在对与错的问题的,像 cousin 是男是女都难以判定的。

我把 Chinese 译为"汉语",原因是在学问圈里经常说英汉比较,把英汉作为两种语言来对待。学生译为"语文",认为这样更符合中国"语文"这门课的实际称呼。学生这样讲是有一定道理的,但这是一篇外国人写的文章,要站在原作者的角度考虑问题,外国人或留学生学习的汉语可不是叫"语文"而都是叫"汉语"的。

【再译】　我喜欢在英语和汉语这两门功课上与我弟弟一较高下,我弟弟这两门课程都比我强,他显然也比我勤奋。他经常早早起床,读书学习,用心记会了很多单词。他经常练习写作,还在报纸上发表过一篇作品呢! 我一定要和他比个高低,一定要在这两门课上超过他。到目前,我已经从竞赛中得到了不少乐趣。我肯定能取得很大进步,说不定还会比我弟弟做得更好呢。

实 践 提 升

1. Youth means a tempera-mental predominance of courage over timidity, of the appetite for adventure over the love of ease. This often exists in a man of 60 more than a boy of 20. Nobody grows old merely by a

number of years. We grow old by deserting our ideals. Years may wrinkle the skin, but to give up enthusiasm wrinkles the soul. Worry, fear, self-distrust bows the heart and turns the spring back to dust.

2. We had the sky up there, all speckled with stars, and we used to lay on our backs and look up at them, and discuss about whether they were made or only just happened. Jim allowed they were made, but I allowed they happened. I judged it would have taken too long to make so many. Jim said the moon couldn't laid them; well, that looked kind of reasonable, so I didn't say nothing against it, because I've seen a frog lay most as many, so of course it could be done. We used to watch the stars that fell, too, and see them streak down. Jim allowed they'd got spoiled and was hove out of the nest.

3. 果然过了一会儿,在那个地方出现了太阳的小半边脸,红是真红,却没有亮光。这个太阳好像负着重荷似的一步一步、慢慢地努力上升,到了最后,终于冲破了云霞,完全跳出了海面,颜色红得非常可爱。一刹那间,这个深红的圆东西,忽然发出了夺目的亮光,射得人眼睛发痛,它旁边的云片也突然有了光彩。

第 11 讲　角色身份
——译者该做译者事　常逞本事常逾矩

要点拓展

1. 除了翻译机器外,一般所说的译者都是指人。人有自己的思想,也就是说人是意志体。人做任何事情都会顾念自己的意志面,所谓"水至清则无鱼"是也。翻译活动中的人也是这样。

2. 文本类型不同,译者意志的参与度只是或显或隐罢了。比如,文学文本属于表达型文本,应该朝原文和译者靠拢,忠实再现原文是译者的基本道德规范。但实际情况是,译者总含有创作的冲动,所以就有了"胜过原文"的译文和"创造性叛逆"、"创造性翻译"、"再创造"、"译者风格"等表现超越译者道德规范的不同表述。

3. 在翻译的范畴内,译者在进行翻译时,也总在不知不觉间扮演着某种角色,比如与原文内容相关的角色(如文学翻译时的作者角色、广告翻译时的广告者、旅游翻译时的旅游管理方)、作品中的角色。

4. 译者扮演的角色超出译者的身份也是常有的事,比如口语场合译者为了避免双方冲突而扮演的调停人的角色,电影《叶问》中的译者就是这样。

5. 在应用翻译场合,译者超越其身份之举更是常见,比如在翻译电影片名时所考虑的超越电影片名之外的利益因素。在这样的场合里,为文本的应用者创造更多的利益,也是译者超越其身份、常逞本事之举。译者本是语言人、翻译人,按理说管好自己分内的工作就行,但实际情况往往不是这样。

6. 承认译者的意志、承认译者扮演的角色、认定译者的真实身份,不仅让我们认识了翻译活动的性质,也明白了我们在进行翻译实践时的实际权限和可以拓展的空间。作为社会人意义上的译者,常在翻译活动中借翻译活动展现自己的才能。

7. 适度创造是允许的,为此受到上司的赞扬也是可能的。毕竟,选择翻译,就是为了利用翻译,借助翻译而使有关方的利益最大化。

阅读空间

• "身份"和"角色"

翻译界一般将"身份"(identity)和"角色"(role)混为一体。二者虽有交叉之处,但区别也是显而易见的。《现代汉语词典》定义的"身份"是"(人)在社会上或法律上的地位",定义的"角色"是"戏剧或电影中,演员扮演的剧中人物"。在翻译上,"身份"是译者以"译者身份"所呈现的语言性语码转换行为特征;"角色"主要表现为译者的社会性表演特征。比较而言,"身份"是显性的,"角色"是隐性的;"身份"是稳定的,"角色"是可变的;"身份"是有限的,"角色"是无限的。比如,在电视连续剧《火烧阿房宫》里,演员刘晓庆一人扮演两个角色,一个是妓女任姜,一个是燕国公主夷佶。换言之,演员是刘晓庆的"身份",妓女任姜和公主夷佶是刘晓庆扮演的"角色"。

"主身份"和"次身份"可平行地出现于固定场所,比如萧乾的"翻译家"和"作家"身份,差异主要表现在什么情况下哪个身份特征更明显罢了,身份之间的相互影响是不言而喻的,比如有人对萧乾评论道:"恰恰是他不重视的翻译,在他晚年为他创下了一次享誉世界的辉煌亮相。当然他的译文之流丽,是与他的作家素质分不开的,这正如赵萝蕤教授受我的采访时一语中的指出的那样:萧乾翻译的成功,应归功于他'首先是一个作家'。但我们都在为萧乾的'其次'身份忙碌着。"[1]英若诚有三种身份:译者、导演和演员,所以他的戏剧译作是三种身份下相互作用的结晶。译者的"主身份"是"译者身份",当是毋庸置疑的。

"角色"是隐性的、可变的,所以多用比喻性的语言。在 300 多条中外翻译比喻中,有 1/3 是以译者为比喻对象的,或者说是就译者在译者身份下所扮演的不同角色而言的,比如把译者比作"先知"、"启明星"、"筑桥师"、"把关人"、"画家"、"奴仆、奴隶"、"媒婆"、"摄影师"、"竞争者"、"叛逆者"、"商人"、"旅行者"等。在翻译上,或许不能马上识别一个译者所扮演的临时角色是什么,但如果怀疑他作为译者的译者身份,就等于从根本上否定了成果的翻译性。

在泛称意义上,译者的角色主要表现为务实性,所以才会有类似市场运作的编译、摘译等处置行为,而当面对社会这一市场时,即使作为表达型的文学

---

① 黑马:《文学第一线》,中央编译出版社 2010 年版,第 133 页。

翻译文本,也和突出实用的应用翻译文本命运一样,变成被"处置"的对象(如"简译本"),而译者进行的"'改译'、'写译'、'拟译'、'编译'、'节译'、'选译'、'摘译'等各种类别的译文和译法,其实就是译者以各种角色身份开展工作的产物"①。译者成了利益的分割者和利益的一方,可以为了设想的某些读者的需要而擅自摘编或者为了自己翻译省时省力而略译等。如果外部条件不允许译者把自己作为利益的一方来看待,那么翻译就只有忠实本分的份儿,理性的译者行为是综合译者身份和多种角色行为的结果。

对译者的种种比喻,不妨说是译者在翻译过程中实实在在地进入了这些角色。"译者由于不同的主客观条件、目标、策略以及涉入程度的深浅,扮演了中介者、沟通者、传达者、介入者、操控者、转换者、背叛者、颠覆者、揭露者/掩盖者、能动者/反间(agent/double agent)、重置者/取代者、脉络化者、甚至双重脉络化者的角色。"②

译者的身份和他扮演的角色决定着译文的走向,所以研究译者的身份类型,是开展翻译批评的一个有效途径。比如,《圣经》翻译的译者有宗教人士和非宗教人士。二者的翻译策略有差异。宗教人士译者对原文的敬畏源自对神的敬畏,对原文的意义不敢越雷池半步。比如,西方传教士最初是带着明确的传教目的从事《圣经》翻译的。对于传教士译者而言,翻译《圣经》就意味着传教,逐字逐句才能有效传达上帝的旨意,不能为了可读性等自己希望达到的效果而揣测"圣意";非宗教人士译者,比如偏于知识介绍和文学欣赏定位的译者,会在某种程度上淡化宗教的严肃性和神秘性。非宗教人士译者把《圣经》译为不同的风格,如古文言、古诗体和骚体等,风格的变化,凸显的是文学的创造性,表面游戏于文字之间,实际展露的是文字背后的鉴赏性,和林纾"抢过作者的笔代他去写"以展露文采,没有本质的不同。中国翻译家多不是宗教人士,所以多从文学上考虑。

译者的行为可以是潜意识的,也可以是有意识的。Bassnett 专题讨论了译者角色的凸显。她说,"绕了一大圈,我们才认识到译者有改变原文并因此改变世界的能量。我们不能把译者绑在木桩上烧死,但我们现在却被迫认识

---

① 谭载喜:《译者比喻与译者身份》,《暨南学报》2011 年第 3 期。

② 单德兴:《翻译、经典、文学》,罗选民主编:《语言认知与翻译研究》,外文出版社 2005 年版,第 28 页。

到他们在重塑原文时所扮演的角色,这一角色远非无意,而是非常地显性化了。"①Zwischenberger 等研究者曾以翻译质量和译者的角色关系为题做了一项网上调查。他们调查了 AIIC 会员对口译质量、译者的角色认知和口译时的介入方式,共收到 628 名译者对自己角色的描述。调查结果显示,大多数受试者承认自己在口译过程中扮演了各种各样的角色,发挥了各种各样的作用:有 21.2% 的人认为自己是"交际活动的促发者"(facilitator/enabler of communication),8.9% 的人认为自己是"帮助交际者"(aid/helper for communication),13.7% 的人认为自己是"中间人"(mediator/intermediary),10.7% 的人认为自己是"桥梁/纽带"(bridge/link),11.5% 的人认为自己是"交际者"(communicator),2.1% 的人认为自己是交际"专家/供给者"[expert/(communication-)service provider]。而 Anderson 经过调查得出的结论是,在面对面的互动中,口译者的角色有三个:双语者(a bilingual)、中间调停人(a man in the middle)和施加影响者(a power figure)。②

当作为施加影响者时,必然要掺入译者个人的意志,毕竟译者垄断了交际信道。让译者自己现身(self-perception),述说自己在翻译活动中扮演的角色,可以更清晰地展现译者的意志性和翻译作为一项社会活动的复杂性。作为实践者的专业译员周蕴仪,坦诚了自己在翻译过程中扮演的角色:"翻译作为中介,你知道双方说的是什么,捕捉到大家的逻辑,放在一起你可以清楚看到问题,看到能够磨合的地方。全程投入的翻译,大家把你视为一分子,你甚至可以做出建议,把分歧弥合。在那种情况下,你就不光是翻译了。"③

平心而论,当我们热捧一名口译的译者时,实际追捧的是他促使交际双方顺利实现交际的能力,把他看成了"帮助交际者"、交际"专家"等角色。比如,网络热捧的翻译张璐,能将温家宝顺手拈来的经典译成英语,使双方交际畅通无阻,她无疑是成功的译者。但是,汉语背景的听众佩服的还有理工科背景出身的温家宝厚实的国学储备,但张璐采取的归化方法除了使交际畅通无阻外,总理留给汉语听众的国学储备印象却随英译而使之在国外听众中消失得无影

---

① Bassnett, S. "The meek or the mighty: reappraising the role of the translator", In: Álvarez, Román, et al (eds). *Translation, Power, Subversion*, Clevedon/Philadelphia/Adelaide: Multilingual Matters Ltd., 1996: 23.

② Anderson, R. B. W. Perspectives on the role of interpreter. In: Brislin, Richard W. (ed). *Translation: applications and research*. New York: Gardner Press, Inc., 1976: 221.

③ http://woman.zaobao.com.sg/pages8/living121120.shtml.

无踪，比如她将"华山再高，顶有过路"归化处理为：No matter how high the mountain is，one can always ascend to its top；将"行百里者半九十"归化处理为：Half of the people who have embarked on a one hundred mile journey may fall by the way side. 等。事实上，归化就是家常化，就是为了拉近双方距离的常见做法，利于沟通是毋庸置疑的，其目的并不是为了凸显讲话者的个性文化。也就是说，讨论热烈的异化和归化翻译策略，实用性迥然有别：异化旨在输出文化，归化旨在方便交际。总体而言，张璐的身份还是译者，是在译者身份下临时扮演了其他社会性角色。

• 译者身份和他扮演的角色

"译"和"非译"角色行为的界限似乎是一个不太容易说清楚的问题，但似乎又很简单。"译"和"非译"的角色行为界限一定表现在社会性角色的搭界："译者"和"非译者"身份下都会有社会性务实的角色。假设都有一个共核的"商人"角色。译者身份下的商人角色（如广告翻译者）和非译者身份（如农民）下的商人角色（如农闲时以商人的角色经商）有搭界情况。译者身份下的商人角色总要顾及原文意义的存在，多大程度上再现原文的意义，又多大程度上实现务实社会的目标，其行为都在翻译的范畴内，但非译者身份下的商人角色无所谓顾及"原文"的意义，其行为是纯粹的社会人意义上的非译者行为。也就是说，译者身份下的"商人"角色在文本上表现为顾及原文的存在，以表现翻译性质上译文和原文之间如影随形的关系。无非是译者为照顾社会的需求可能在更大程度上偏离原文而迎合社会罢了。然而非译者身份下的"商人"角色无所谓顾及原文的存在，或者对原文熟视无睹，或者彻底改写原文，或者根本就不存在原文，其行为倾向在面向社会时旨在求商品之用，使利益最大化。

"译者集诸项不同的任务于一身，也可以在非严格的意义上称之为翻译，但在理论描述中，特别是过程描述上必须划清彼此的界线，惟此才能避免对翻译行为包罗万象的泛化及由此带来的理论复杂化。"[①]电影《叶问》中的译者李钊，为避免叶问和日本人之间的正面冲突，一直在进行着"译者身份"之外的"中间人"角色的努力。在这种情况下，"译者"实际承担的是"非译"之事。无原文可依的"翻译"，译者扮演的角色不是"译者角色"，甚至也不是译者身份下的社会人角色。这种意义上的社会人角色，是不受译者身份制约的。此时的

①　王克友：《翻译过程与译文的衍生——翻译的认识、语言、交际和意义观》，中国社会科学出版社 2008 年版，第 270-271 页。

译者角色跨过了"译者角色"而走到了"非译者角色"。译者作为社会人的一分子,扮演的角色是各色各样的,所以决定了译者的行为不会纯粹是译者身份和译者角色所应有的翻译行为。译者身份下的译者角色履行的职责是语言上意义转换的执行者,其他角色上的行为均非严格意义上的翻译行为。这是译者社会性的表露,但终究是在译者身份的名义下,如果从根本上动摇了这一身份,"译"将不译,译者势必沦为"非译者"。以下我们仅以电影《我的老婆是大佬》(*My Wife Is a Gangster*)中的译者行为片段(并合处理)为例,将译者行为大约分为依赖原文、改造原文和完全摆脱原文三种状态,以便有效区分译者"译"和"非译"的角色行为界限。

依赖原文、再现原文意义的语码转换是翻译,译者(口译者)是"译者"。译者主要是语言人,凸显的是语言性。(在对话分析时注以"译")

改造原文、部分再现原文意义的语码转换并加入译者自己私念的翻译是"半翻译"(或者说是"翻译"成色不等之物或之为),译者是"半译者"(或者说是"翻译"成色不等之执行者)。译者既是语言人,也是社会人,既凸显语言性,也凸显社会性。(在对话分析时注以"半译")

完全摆脱原文意义的"翻译"是"非译",译者是"非译者"。译者演变为纯粹的社会人,凸显的是纯粹的社会性。(在对话分析时注以"非译")

韩基哲:If you are a guest, act like a guest. Translate.

译者:你刚刚好像受伤了,还好吗?(非译)

林雅玲:没什么。

译者:She said it is because Korea is unfamiliar to her.(非译者;非译)

韩基哲:Why did you come to Korea? Translate.

译者:你来这里有什么事情?(译者;译。Korea 没有直接译出,但并不错,因为有交际背景。)

林雅玲:关他屁事。

译者:She came here to eat new food, make new friends, and go around places to gain many new experiences.(非译者;非译)

韩基哲:What do you think we are?

译者:你看他们是做什么的?(译。直接引语变间接引语,在口译中是通常的做法,不算不求真。)

林雅玲:关我屁事。

译者:She said you look like businessmen.(非译者;非译)

韩基哲:There's nothing we can't solve.

译者:他们说有什么困难尽管跟他们说,他们会帮你的。(译者;译)

林雅玲:把照片里的女人给我找出来。

译者:She wants you to find a woman. (译者;译。没有提及"照片里",是因为有画面背景,不会产生误解。)

林雅玲:如果找不到的话,饶不了你们。

译者:She kindly asks for your help, and will reward you plenty. (半译者;半译。寻找照片里的女人这个主要的事情没变,但译者的口气变了。译者一定程度上是以调停人的身份出现的,为避免双方争斗不仅淡化了原文中的火药味,而且私自增加了 reward you plenty 的内容,因此对原文只是实现了部分求真。)

韩基哲:Be nice to us, and you'll be fine, okay?

译者:他说会尽全力帮你找,希望和你好好相处。(非译者;非译)

林雅玲:如果你想活的话,就赶快把那女的给我找出来。

译者:She said you are very handsome. (非译者;非译)

林雅玲:战争到此为止。

译者:If you get on my nerves again, I'll kill you. (非译者;非译。译者私自增加了有可能引起进一步争斗的话语 I'll kill you. 译者一定程度上是以挑战者或复仇者的身份出现的。)

区分译者参与翻译社会化而在译文中留下的"译"和"非译"的痕迹,可增强翻译批评的公正性。

师生互动

【例子】 Karl wrote number of suggestions to the newspaper about low-cost housing. Although they were not all practical suggestions, they were original enough to be published, leading to a surprising response from the public. Hundreds of letters were written to the editor. Some of them favoured Karl's plans; others criticized them. The editor chose five letters in favor of Karl's plans and five letters opposed to them. These were all published in the newspaper the following week.

【初译】 卡尔就低价房子的问题给报社写信提了几条建议,虽然这些建议并不都切实可行,但也有一定的新意,发表后,读者反映十分热烈,读者来信接踵而至。赞成者有之,反对者也有之。编辑从中选出 5 封赞成的,5 封反对的,均刊登在随后一周的报纸上。

【讨论】 学生认为没把 surprising 译出来我同意。我没像学生那样把 enough 译为"足够的",原因是,这里的 enough 只表示这些信有发表的价值,并非很好的意思,否则就与上文有抵牾了。"接踵而至"是暗喻,已变成惯用法,但不宜译成"像雪片般飞来"这样的明喻。在原文无形象性用词的情况下,也不宜在译文中使用,不然与原文相比,在口气上就过头了。

我将 the following week 译为"随后一周",学生译为"下一周",这在时间的表达上不能完全体现过去。切记,不能完全照搬字面。

另外,学生怀疑 wrote number of suggestions 是不是就一定是用写信的形式,后请教外国专家,得到的答复是肯定的。

【再译】 卡尔就低价房子的问题给报社写信提了几条建议,虽然这些建议并不都切实可行,但也有一定的新意,没料到,发表后读者反映十分热烈,数以百计的来信纷至沓来。赞成者有之,反对者也有之。编辑各取了 5 封发表在随后一周的报纸上。

实 践 提 升

I remember the first time I went to the United States and I was competing in a competition, the World Championships in Bodybuilding. I lost. I came in second, and I was devastated. I was crushed. I felt like a loser, a major loser, let me tell you. I cried, as a matter of fact, because I felt like I disappointed my friends and I disappointed myself. But the next day I got my act together, I shifted gears, and I said, "I'm going to learn from that lesson. I'm going to stay here in America. I'm not going to go back to Europe. I'm going to stay in America and I'm going to train with the American champions, I'm going to train the American way. I'm going to eat the American food; I'm going to train with the American machines and the principles. And a year later, in America, I became the World Champion in Bodybuilding. "

2. When I visited here in 1997—10 years ago—I was very impressed by the talent, the enthusiasm and the creativity of the students that I met at Tsinghua. And that inspired me to support Microsoft in creating a research lab here in Beijing. That research lab has gone on to incredible success. It's

made huge contributions to Microsoft. In fact if you look at various conferences getting together to discuss state-of-the-art issues, the researchers from this lab are making huge contributions. This is an incredible time to be a student at this University. The frontiers of science including computer science, have never been nearer. The opportunity to improve people's lives in every way has never been stronger.

3. Do not dictate to your author; try to become him. Be his fellow-worker and accomplice. If you hang back, and reserve and criticize at first, you are preventing yourself from getting the fullest possible value from what you read. But if you open your mind as widely as possible, then signs and hints of almost imperceptible fineness, from the twist and turn of the first sentences, will bring you into the presence of a human being unlike any other. Steep yourself in this, acquaint yourself with this, and soon you will find that your author is giving you, or attempting to give you, something far more definite.

第 12 讲　正译偏译

——正译求全全人美　偏译求变变给谁

要点拓展

1. "正译"，即严复所说的"正法翻译"，是翻译的传统和主流，"偏译"并无贬义，只是与"正译"相对而言的。"偏译"只是我在这里自命的一个临时性的称呼。

2. 正译和偏译也有个时代性和相互转换的问题，如同说"三十年河东，三十年河西"一样。比如，在当今经济飞速发展的时代，翻译传统上的、主流的正译（主要是体裁上的文学翻译、经文翻译和方法上的以原文为中心的全译）在事实上转化为偏译，而传统上非主流的偏译（主要是体裁上的信息型的翻译和方法上的编译、摘译等），在事实上转化为正译。不过，称呼并不因为时代更迭而作实质性的变更，正如"主食"和"副食"一样，现在餐桌上的副食实际成了主食，从头至尾不碰传统上认可的主食（米饭、面食）则成了主流。

3. 正译和偏译都有各自适用的范围，没有谁优谁劣之分。现在翻译界多把边缘化的翻译叫"变译"。若以文学翻译论，变译之于全译的优越之处甚至是"无"，因"变"而激怒文学家的例子时有所闻，至于市场上流行那么多文学作品的简写本，若非首先得到作者的认可，自然是违法的。正如盗版软件一样，用户因得到实惠而满足，但软件开发商会因版权得不到有效保护而诉诸法律。

4. 偏译之所以在传统上不占主流，主要源于对翻译上的认识，正如古代普遍认可皇帝的子嗣才能继承皇位并且长子优先是一样的道理，只有如此，才能求得较长时期的社会稳定，而发出"王侯将相宁有种乎"、"天下是人人之天下并非一人一姓之天下"者，都是被边缘化的人。

5. 正译求全是为了全人之美，归根结底是为了全作者之美，作者如果认可翻译，就希望自己的作品毫发无损地转变成另一种语言。从另一个角度说，也是全读者之美，满足那些希望阅读原汁原味原作的读者。

6. 偏译求变，但要变给谁？变给那些特定的群体，比如儿童、商品使用者等。所以,为了特定群体的需求,改动原文组织结构和行文方式,甚至主要情节的屡见不鲜。比如,把成人文学作品改为适合儿童阅读的文学形式,不变化而仍然坚持忠实原文是做不到的。

7. 偏译要变给那些特定的群体,但有时难免纸上谈兵:真的是那些特定群体之所需吗? 所以基本的调查研究和客户沟通等,都显得很有必要。比如,广告翻译,不妨先在小范围内变(译)几次试试。

8. 现在的商品社会里,正译未必就少,比如小说翻译(网络文学),只是对待正译的态度未必严谨,毕竟翻译小说也成了商品社会交流的一种商品,也要符合商品社会追求功利的特点。

9. 采取正译或偏译,原文的经典化程度总能影响译者对于翻译策略的选择。如果是特别知名作家的、首次引进来的经典作品,严肃的译者谁忍心对其随意更改呢? 莎士比亚等名家的作品,常有简写本、删节本问世,说明是商业化的运作,是为了某些特定群体(如青少年读者)的特殊需要而特别制作的。

阅 读 空 间

• 正法翻译和偏法翻译

"正法"翻译是由严复提出的,偏离正法翻译可总称为"非正法"翻译,具体可称为"变译"、"偏译"、"变法翻译"、"变体翻译"、"变态翻译"等,讨论和引用时依既定称呼。通常所谓的"变译"实际是三个层次的东西,即文本类型层次(翻译变体)、翻译方法层次(非正法的偏法翻译方法)和译者层次(译者身份和角色,即译者是不是译者)。

"正法"意味着正统,"非正法"意味着偏离正统、偏离传统。简单地说:正法翻译方法是故意追求忠实原文的、传统的、主流的翻译方法;非正法翻译方法是故意偏离原文、偏离忠实的非传统、非主流的翻译方法。

变译分为增、减、编、述、缩、并、改、仿等几种。① 以下这段话在解释"全译"时有一些内容是针对变译的,该解释也正好可以说明全译、变译的适用范围和之间的差异:

　　整段整句地将全文译完。许多文艺小说和其他有重要价值的图书一

---

① 　黄忠廉、李亚舒:《科学翻译学》,中国对外翻译出版公司 2004 年版。

般采取全译。据有关部门统计,全译不是应用性文体(如商务、新闻、科技等)翻译的主要形式。随着信息时代的到来,信息量倍增,人们工作节奏加快,需要提高获取信息的效率,对原文中那些可有可无、意义不大的信息并不需要翻译,这样节译、选译、编译、摘译、综译等形式已十分普遍。值得注意的是,以往翻译论家提出的等值论、等效论等理论,都是从语篇的全译出发的。①

变与不变是辩证的。全译之中包含变译的成分(比如为提高可读性而适当进行的一些形式上的变化),变译之中包含全译的内容(比如对某些信息的保全)。从"怎么译"的角度看,译者何以知道是"特定读者的特殊需求"? 何以知道"摄取"的是"原作有关内容"? 当然,译者译前最好对读者做好调查工作,以做到有的放矢。但是,翻译环境各异,调查手段费时、费力,使用率毕竟不高。

变译的方法多种多样,但什么情况下使用此种方法、什么情况下使用彼种方法,也许更应该作出针对性的描写,或可成为未来译者译前的参考。对原文信息的"摄取"不能建立在主观感悟上,是否能够做到客观和具有针对性成了检验变译效果的试金石。从"怎么译"的角度看,变译表现为译者在翻译过程中根据读者方的特别需要而进行的选择性翻译和非译行为。所谓"表现为",即表面上如此,至于行为背后的原因,需要从主观和客观两方面综合加以考察;所谓"非译行为",指的是译者为达到特别的目的而进行的社会性务实行为(比如促进产品销售)。

严复追求"正法"翻译,实际追求的是对于原文的求真;在进行正法翻译时,又有变的成分,实际追求的是对于社会需求的务实。他坚持的是:求真为本,务实为用(上)的行为原则,在偏于务实的前提下,努力保持求真和务实间较理想的平衡。他是在追求"正法"翻译的前提下而务实的,是以原文为中心的,和完全以社会为中心,纯粹追求务实效果的"非正法"翻译有着明显的不同。"正法"翻译的主要做法是:求真兼顾务实,务实不忘求真,并努力保持二者之间的平衡。"非正法"翻译的主要做法是:务实为用(上),兼顾对原文的求真,因为务实思想明显占着上风,所以偏离求真在所难免,甚至完全摒弃求真而另起炉灶也并不鲜见。所谓"译文",有时会出现失衡的现象,即完全摆脱原文从而跳出翻译范畴的现象。就翻译学本身论,"正法"翻译与"非正法"翻译

---

① 方梦之:《译学辞典》,上海外语教育出版社 2005 年版。

的真正区别在于保持平衡或失衡,前者努力维持在翻译的范畴内,后者则有可能跳出翻译之外。至于所谓务实效果,需要进一步的细化:是作者想要实现的效果,还是译者以及可能的任何社会力量想要实现的效果、读者/消费者受益的效果? 是译内效果,还是译外效果? 不能简单地说非正法翻译务实社会的效果更明显。但即便如此,在翻译学的范畴内讨论时,一定是以翻译为核心的,即首先以译文对原文的求真度,其次以译文对社会的务实度及二者之间的平衡程度来评判的,平衡得好,就说明译者行为的合理度高。一旦跳出翻译学的范畴,说务实效果更好未尝不可,所谓"偏方治大病"之理是也,但不一定是因为务实效果更好就一定是"翻译"得更好。

- ● **求变的前提**

要变,就必须满足以下几个条件中任意一个条件或多个条件:

(1) 要确保变化译文的读者群是"特定读者",即和全译译文的读者群有别;

(2) 原文承载的客观信息全译后有可能或一定会和目的语文化发生冲突;

(3) 原文的语言表达全译后在目的语文化中表达力有可能或一定会下降,即不及原文语言在原文读者群中的效果;

(4) 原文语言的表达力在原文读者群中不理想,使变化成为必要。

所谓"特定读者",主要是对读者群的细分,比如旅游翻译的读者就有不同的类型:旅游接待翻译、旅游管理翻译和旅游研究翻译。上引广告翻译的全译译文和变译译文的读者群应做出明确的区分:变译译文摄取的信息也是全译译文读者关注的信息,变译译文所增加的、所更换的无非是区别于全译译文的语言呼吁形式。

说明"特定读者"最形象的例子莫过于药品说明书及其读者。2001 年 12 月 1 日实施的新《药品管理法》对药品说明书进行了规范:内容要包括化学名称、结构式、性状、适应症、用法与用量、不良反应、禁忌症、注意事项、规格、有效期、贮藏、包装、批准文号等内容。内容庞杂,针对性不够,常令一般的患者感到迷茫。所以,健康报网曾以《药品说明书为谁而作?》为题提出"说明书要明确目标人群"。① 从内容看,读者起码要分为专业人士(如医生、药师)和非

----

① http://www. jkb. com. cn/document/100764. htm? docid = 100764&cat = 0I&sKeyWord=null.

专业人士(如患者)两类,从文字表述等方面区别对待,才可能做到有的放矢,真正满足"特定读者的特殊需要"。所以,我国在 2007 年 6 月 1 日起正式实施的《药品说明书和标签管理规定》中规定新的说明书中要将【药品名称】分解为【药品名称】和【成分】两项,在【成分】项中列出含有可能引起严重不良反应的辅料的名称(注射剂列出全部辅料名称),提示在用药过程中要注意辅料引起不良反应的可能。由中国非处方药物协会发起并主持的"全民用药安全调查——霞光计划",对京、沪、穗、津等全国 25 个城市 100 个社区 3 万名居民的调查结果表明,多数人看说明书仅是看用法用量,新的说明书在项目的排列上将【规格】和【用法用量】排在前面,体现了以人(患者)为本的理念,方便患者了解使用药品中最主要的信息。①

有这样两个道理:(1)《药品说明书和标签管理规定》做到了针对"特定读者的特殊需要",为方便一般读者(患者),将【规格】和【用法用量】排在前面,因特定读者不同,针对性做法也不同;(2)是不是满足了"特定读者的特殊需要",即效果好不好,不是臆猜的,而是使用调查法调查得知的,是由数据支撑的。要以事实为根据,真正从"特定读者的特殊需求"出发而"摄取原作有关内容",把满足特定读者需要这一目标落到实处。

有一段关于全聚德挂炉烤鸭文字的翻译,有学者认为有些信息可能对外国人来说没有吸引力所以不用译出,但对于把"香酥(鸭皮)"译为 crunchy skin 持肯定的态度。② 我在网上搜索到了国外游客的感受,他们甚至认为鸭皮是不能吃的,文化冲突体现在了吃烤鸭上③,所以翻译时最好有前期的考察作参考。但因为前期的考察比较费时费力,所以对于其中的客观信息和主观信息也应有个一般的处理原则,即要确保客观信息始终不变,可变的仍然是主观信息。比如,"鸭皮"是不能改变的,但修饰"鸭皮"的主观字眼可以少说或不说,把感觉留给消费者自己去把握,以免因语言张扬过度而使消费者产生逆反心理。

各种翻译形式都有一定的环境适应性。周发祥等对《钢铁是怎样炼成的》的不同变体、不同版本是这样评价的:"这部小说不止有全译本,还有多种多样的节译本、缩写本、改编本、俄汉对照本、连环画册以及蒙文、朝文等译本行世,

---

① http://fy. gdmc. edu. cn/fyyxb/news. asp? id=192.

② 方梦之等:《英汉——汉英应用翻译综合教程》,上海外语教育出版社 2008 年版,第 29 页。

③ http://edu. sina. com. cn/en/2005 - 09 - 23/214034488. html.

以满足我国不同读者群体的需求。"①

师生互动

【例子】 Easter week is going to be terrific. **First**, I have the whole week off from the stationery store **because** it's going to be closed. My friends are all staying in town, **so** there will be plenty to do. We'll go to the arcades during the day and rent movies or go downtown in the evenings. I've also saved enough money to visit my cousin in Buffalo for a couple of days, **and** we always have a good time together. This could be the best Easter week I've had in a long time.

【初译】 这个复活节长假想必一定很好玩。首先，因为文具店不营业，所以我可以休息一整周。我的朋友都住在镇上，所以不用说，我们的活动一定非常丰富多彩。白天，我们会去大街溜达，晚上看电影，或者去市中心看夜景。同时，我还攒足了钱计划去步法罗的表姐那过几天，我们俩在一起一向很开心的。这个长假一定会成为我长久以来最开心的一次的。

【讨论】 初译文将原文的衔接词语逐一译出，忠实原文，但目的语读者感觉却似讲话稿，过于正式，形似有余。不应照搬原文的衔接词语，要与汉语的表达习惯接轨，要神似。汉语的衔接词语经常用于政论语体，即正式的语体。英语的形合和汉语的意合是语言民族风格的一个表现，是一种语言的普遍现象，不是作者个人独特的写作特点。汉语受到印欧语的影响，现代汉语中关联词语大量增加，而且形成了系统。但是借助于关联词语来组合复句，多出现于典型的书面语体特别是政论语体中，通过关联词语来反映分句的逻辑关系。普遍的语言表达现象不会产生距离感，但在源语读者群中感觉不到距离感的如果在目的语读者中存在，就说明没有认识到这种差异感。汉语的连接词语经常用于政论语体，语体正式。若原文的语言和话题正式程度不高而照搬甚至增添连接词语，势必造成汉译文缺失空灵的印象。

【再译】 复活节那周日子真是爽死了。文具店停业，整周都可以用来休息，我的那些狐朋狗友都在，聚在一起，真是其乐无穷。白天踩马路，晚上看看电影逛逛街。我存的那点钱够我去布法罗的老哥那儿混两天，跟他一起开心

---

① 周发祥等：《二十世纪中国文学翻译史·十七年及"文革"卷》，百花文艺出版社2009年版，第51页。

得要命。这周过得真舒服,好久没这么乐过了。

实 践 提 升

1. 十八大以来,在以习近平同志总书记为首的党中央领导下,中国外交在继承传统的基础上,习主席深刻把握国内外大事,提出了一系列新的思路,新的理念和新的举措,指明了中国外交前进的方向,春华秋实,三年有成,中国,我们正在走出一条有着中国特色的大国外交之路。

2. And I hope you get a sense of my optimism—optimism about what software can do and the interesting breakthroughs we can all make. So these are amazing times, and you know, I think the intersection of what's going on in China, what's going on with companies like Microsoft to take this long-term approach and the great academic tradition. And certainly we're committed to working with all of you to realize ou potential.

3. But the most agonizing song is the song of the coolies who bring the great bales from the junk up the steep steps to the town wall. Up and down they go, endlessly, and endless as their toil rises their rhythmic cry. He, aw—ah, oh. They are barefoot and naked to the waist. The sweat pours down their faces and their song is a groan of pain. But the most agonizing song is the song of the coolies who bring the great bales from the junk up the steep steps to the town wall. Up and down they go, endlessly, and endless as their toil rises their rhythmic cry. He, aw—ah, oh. They are barefoot and naked to the waist. The sweat pours down their faces and their song is a groan of pain.

A Visit with the Folks

Periodically I go back to a churchyard cemetery on the side of an Appalachian hill in northern Virginia to call on family elders. It slows the juices down something marvelous.

They are all situated right behind an imposing brick bell-tower best described as honest but not flossy. Some of the family elders did construction repair work on that church and some of them, the real old timers, may even have helped build it, but I couldn't swear to that because it's been there a long, long time.

The view, especially in early summer, is so pleasing that it's a pity they can't enjoy it. Wild roses bloomed on fieldstone fences, fields white with daisies, that soft languorous air turning the mountains pastel blue, out toward the West.

The tombstones are not much to look at. Tombstones never are in my book. But they do help in keeping track of the family and, unlike a family, they have the virtue of never chafing at you.

This is not to say they don't talk after a fashion. Every time I pass Uncle Lewis's I can hear it say, "Come around to the barber shop, boy, and I'll cut that hair." Uncle Lewis was a barber. He left up here for a while and went to the city, Baltimore. But he came back after the end. Almost all of them came back finally, those that left, but most stayed right here all along.

Well, not right here in the churchyard, but out there over the fields, two, three, four miles away. Grandmother was born just over that rolling field out there near the woods the year the Civil War ended, lived most of her life about three miles out the other way there near the mountain, and has been right here near this old shade tree for the past 50 years.

We weren't people who went very far. Uncle Harry, her second child, is right beside her. A carpenter. He lived 87 years in these parts without ever complaining about not seeing Paris. To get Uncle Harry to say anything, you have to ask for directions.

"Which way is the schoolhouse?" I ask, though not aloud of course.

"Up the road that way a right good piece," he replies, still the master of indefinite navigation whom I remember from my boyhood.

It's good to call on Uncle Lewis, grandmother and Uncle Harry like this. It improves your perspective to commune with people who are not alarmed about the condition of NATO or whining about the flabbiness of the dollar.

The elders take the long view. Of course, you don't want to indulge too extensively in that long a view, but it's useful to absorb it in short doses. It corrects the blood pressure and puts things in a more sensible light.

After a healthy dose of it, you realize that having your shins kicked in the subway is not the gravest insult to dignity ever suffered by common humanity.

Somewhere in the vicinity is my great-grandfather who used to live back there against the mountain and make guns, but I could never find him. He was born out that way in 1817—James Monroe was President then—and I'd like to find him to commune a bit with somebody of blood kin who was around when Andrew Jackson was in his heyday.

After Jackson and Abraham Lincoln and the Civil War, he would probably not be very impressed about much that goes on nowadays, and I would like to get a few resonances off his tombstone, a cool *frisson* of contempt maybe for a great-grandchild who had missed all the really perilous times.

Unfortunately, I am never able to find him. But there is Uncle Irvey, grandmother's oldest boy. An unabashed Hoover Republican. "Eat all those string beans, boy," I hear as I nod at his tombstone.

And here is a surprise: Uncle Edgar. He has been here for years, but I have never bumped into him before. I don't dare disturb him, for he is an important man, the manager of the baseball team, and his two pitchers, My Uncle Harold and my Cousin-in-law Howard, have both been shelled on the mound and Uncle Edgar has to decide whether to ask the shortstop if he knows anything about pitching.

My great-grandfather who made guns is again not to be found, but on the way out I pass the tombstone of another great-grandfather whose distinction was that he left an estate of ＄3.87. It is the first time I have passed this way since I learned of this, and I smile his way, but something says, "In the long run, boy, we all end up as rich as Rockefeller," and I get into the car and drive out onto the main road, gliding through fields white with daisies, past fences perfumed with roses, and am rather more content with the world.

拜谒先祖

翻译：周领顺

　　我时常回到位于北弗吉尼亚的阿巴拉契亚山脉支脉一侧的教堂墓地，去拜谒我家的前辈先人。奇妙的是，我的心境竟由此而获致一份宁静。

　　先辈们就长眠于一座宏伟的砖砌教堂的后面，教堂顶上矗立着一座高高的、方形的砖砌钟楼，可谓实而不华。我的先辈中有人曾参与过该教堂的修缮，也许某些辈分很高的先祖甚至还参与了教堂的创建，不过对于后者我却不敢断言，因为教堂的历史实在是太悠久了。

　　这里的景色很宜人，尤其在初夏，大卵石的围墙上开满了淡红色的野蔷薇，田野里到处都是雪白的牛眼菊，柔和而醉人的气息使西边的远山呈现出淡淡的菘蓝之色，可惜先辈们却欣赏不到这多彩多姿的景致了。

　　墓碑并没有什么好看的，我心中也从未有过墓碑的位置，但墓碑却能实实在在地帮助我去追寻先辈的足迹。与在世的家人不同的是，墓碑具有从不惹人不快的优点。

　　这并非说墓碑没有自己的讲话方式。每当我走过刘易斯叔叔的墓碑时，我便能听到它说："孩子，到理发店来，我给你剪剪。"刘易斯叔叔是个理发匠，他曾离开过这儿一阵子，去了巴尔的摩城，卒后身归故里。几乎所有走出故土的人，最终又回归这里，很多人就永远留在此处了。

噢，我不是说就留在教堂墓地的这个地方，而是在田野那边，有二三英里或三四英里远吧。内战停火那年，奶奶就出生在那片绵延起伏的田野尽头，紧挨着那片小树林。她大半辈子都住在这边约三英里外靠山的地方。奶奶已谢世 50 个春秋，就安卧于这株荫翳的老树旁。

我们家人都没出过远门。奶奶的二儿子哈里叔叔就葬在旁边，他是个木匠。在这一带生活了 87 年从未流露出没有亲眼见识巴黎的牢骚。要想让哈里叔叔开口讲话，就要先问路。

"去学校怎么走？"我问道。自然是心里问的。

"顺路朝那边走，远着呢！"他答道。他给人指路还是那么爱含糊其词。我从小就记得他。

这样缅怀刘易斯叔叔、奶奶和哈里叔叔十分有益。他们用不着担心北约的前途，也不会因美元疲软而唉声叹气，所以与他们谈心能开阔思路。

老辈人看得远，从不忧虑眼前的事。当然，你不会太热衷于以老辈人那么远的眼光来看问题，但偶尔想想却有稳压安神、增强悟性之功。

对其处世态度细细品味之后，你便能感悟到在拥挤的地铁里腿脚被人踢碰这样的小事，实在是算不上人格尊严受到了多大侮辱。

我的曾祖父眠于附近某个地方，他生前住在后边靠山之处，是个造枪的，可我没能找到他的墓碑。他生于 1817 年，正是詹姆斯·门罗总统在位之时。我真想与生活在安德鲁·杰克逊鼎盛时期的某位血亲聊聊，以此寻觅曾祖父的影子。

在经历了杰克逊、亚伯拉罕·林肯和内战时期之后，曾祖父或许对今日发生的很多事都不以为然，想必从他的墓碑上能得到这样一些感觉。对于一个未赶上那些真正危险时代的曾孙来说，曾祖父那种冷眼傲世之态令人肃然。

遗憾的是，我一直未能找到他，却遇到了奶奶的长子欧文伯伯的墓碑，他是厚颜的胡佛共和党人。"孩子，把那些菜豆都吃光，"我朝他的墓碑点头时听到这样的话。

嘿，埃德加叔叔不期而至。埃德加叔叔已在此安息多年，可我以前来时从没有见过。我不敢打搅他，因为他是大人物。他是棒球队的头儿，他的两个投手哈洛德叔叔和霍华德表姐夫竟使对手获得多次得分的机会，埃德加叔叔只得决定是否该问问游击手，看他能不能投球。

我仍未能找到造枪的曾祖父，但在我走出墓地时，却遇到另一位曾祖父的墓碑。与众不同的是，他留下了 3.87 美元的家产，这是我听说这件事后第一次打这儿经过。我朝它笑笑,就听到有种声音:"孩子,有朝一日我们都会像洛克菲勒那样富有的。"

我钻进汽车,驶入大路,穿过布满白色牛眼菊的田野,走过散发着野蔷薇浓郁花香的围墙,对眼前的世界也感到更坦然、知足了。

评析:

A Visit with the Folks 是一篇写景抒情,情景交融,寓意深刻的散文。作者通过访问已故先人的墓地,与他们进行心灵的交谈,给读者描述了美国偏僻山区人们平凡简朴的生活,纯朴敦厚的性格,乐观豁达的精神面貌和知足常乐的价值观念。作者借以传达的是超越世俗的欲望,摆脱现代社会的纷繁困扰,回归先人的自然纯真,以达到远离尘嚣、净化心灵的美好愿望。

刘重德教授提出过"信达切"的三原则,即"信于内容(be faithful to the content of the original),达如其分(be as expressive as the original),切合风格(be as close to the original style as possible)"这里通过实例,将翻译方向研究生们的译文和周领顺教授的译文进行一番对比分析,以期有所收获。

一、信于内容

"信"即忠实于原文。"信"是基础,只有做到了"信",才能谈得上"达"和"雅"。而要做到"信",就要在翻译过程中做到充分理解,准确掌握其中的信息。理解是基础,对源语理解得深透,才有可能译得正确。请看以下数例:

例1:原文标题:A Visit with the Folks

周领顺译为:拜谒先祖

研究生们译为:墓地访祖

如果只看标题,不看全文,将难以理解标题的意思。看罢全文作全面理解之后,才明白原文讲的是作者通过访问已故先人墓地,用幻想与他们进行心灵交谈的方式,描述了美国偏僻山区人们平凡简朴的生活,等等。如此看来,众研究生们在标题的翻译中突出了拜谒的地点。这为读者圈定了一个想象空间,一看标题就能联想到下文可能会谈到些什么。

例2:It slows juices down something marvelous.

周领顺译为:我的心境竟由此而获致一份宁静。

研究生们译为:这是一件非常庄严肃穆的事情。

原文中这一句与文章末尾遥相呼应,是全文的中心思想之所在,即探访墓地,通过与先辈们的心灵交谈,以净化心灵,远离世俗欲望,获得超脱。该句措辞简单,但蕴含丰富,其中 juices 是个俚语,表示"精力,活力",并且 something marvelous 尤其让人捉摸不透。从众研究生们的翻译看来,他们根本没有琢磨透这句话的意思,因而就自己创造了译文,这种态度是不可取的。周教授对 something marvelous 进行了略译,将全句译为"我的心境竟由此而获致一份宁静",基本上翻译出了该句的意思,但仍有可斟酌的空间。

例 3:The tombstones are not much to look at. Tombstones never are in my book,but …

周领顺译为:墓碑并没有什么好看的,我心中也从未有过墓碑的位置……

研究生们译为:墓碑不必再多看。碑文也不在我书中交代……

这两种译文的出入十分明显。众研究生们对原文的理解只停留于表面,因而偏颇较大。姑且不论别的,单 are in my book 就可见一斑。be in sb's good/bad books 是个习语,表示"得到/得不到某人的好感或赞许"。周教授对后一句采取了意译,表达了原文的主要意思。

综上所述,欲"信"于原文,须吃透原文,深刻理解原文的意思。译者在翻译过程中,只有端正态度,仔细斟酌,勤查工具书,才有可能达到"信"的目标。

二、达如其分

"达"是建立在"信"的基础上的。要做到"达",就是要在翻译过程中做到传神表达。所谓传神表达就是再现原作的神韵和语言风格。表达是充分理解的最终表现形式,只有符合目的语语言行文习惯的表达,才是真正成功的表达。请看以下数例:

例 4:The views, especially in early summer, is so pleasing that it's a pity they can't enjoy it. Wild roses blooming on fieldstone fences, fields white with daisies, that soft languorous air turning the mountains pastel blue out toward the West.

周领顺译为:这里的景色很宜人,尤其在初夏,大卵石的围墙上开满了淡红色的野蔷薇,田野里到处都是雪白的牛眼菊,柔和而醉人的气息使西边的远山呈现出淡淡的菘蓝之色,可惜先辈们却欣赏不到这多彩多姿的景致了。

研究生们译为:这里景色迷人,特别是在初夏时节,不去欣赏真是一种遗憾。野蔷薇在石篱笆上怒放,原野中开满了白雏菊。朝西望去,在略带慵懒的和风中,连青山也变得如此温柔。

本段中有两个基本意思:一是美不胜收的怡人景色,二是先辈们已长眠于此,无法欣赏,是憾事一桩。周教授在翻译时调整了原文语序,把怡人景色铺展在前,先辈们无法欣赏终成憾事挪移在后,这样加强了表现效果,使遗憾之事尤其遗憾,而且这种语序处理更符合汉语"先话题,后评说"的行文习惯,真可谓一箭双雕。而研究生们的译文则是按照原文的语序,亦步亦趋,尤其是"不去欣赏真是一种遗憾"一句读起来仿佛"遗憾的"不是先人们,而是读者。

例5:... he left an estate of ＄3.87. It is the first time I have passed this way since I learned of this, and I smile his way...

周领顺译为:……他留下了3.87美元的家产,这是我听说这件事后第一次打这儿经过。我朝它笑笑……

研究生们译为:……他因留下＄3.87的遗产而被后人称道。知道此事以来,我还是第一次经过这里。我朝他的墓碑微笑……

原文的smile是文中"我"对另一曾祖辈先人留下区区3.87美元遗产的嘲笑,但作为晚辈,这种嘲笑只在心里,不敢表露出来,因而用了smile这样一个字面上中性的词。两种译文中相应地都没有使用嘲笑等字眼,但也没有确切地表达出作者的真正意思。

例6:My great-grandfather who made guns is again not to be found, but on the way out I pass the tombstone of another great-grandfather...

周领顺译为:我仍未能找到造枪的曾祖父,但在我走出墓地时,却遇到另一位曾祖父的墓碑。

研究生们译为:我再次寻找制作手枪的曾祖父,仍一无所获。然而,往回走的路上发现了曾外祖父的墓碑。

周教授将该句中another great-grandfather译为"另一位曾祖父"。这样一来,文中的"我"就有了两个曾祖父(一位是会造枪的,另一位是留下遗产的),这显然是由于中西文化差异引起的上下矛盾。中国文化中,受严格的封建宗法制影响,家族之内,上下尊卑、内(血亲)外(姻亲)有别;辈分不同、同辈中年龄不同、血亲姻亲不同的,皆有对应的称呼。某一称呼又专指这个家庭树(family tree)中对应的某一个人。而英美文化中,家族之内等级观念不强,内外区分不严,同一辈中男的共用一词,女的共享一语(父母除外),也不太区分血亲姻亲。由此看来,若造枪的那位译成了"曾祖父"(汉语中专指祖父的父亲),那么留下遗产的那位就不能再译成"曾祖父"。至于这位留下遗产的"曾祖父"和"我"之间是什么关系,读者无从知晓。其实这也无关紧要,只要能彼此区分,不引起上下矛盾即可。因此,研究生们将其翻译成"曾外祖父"十分可取。

译者在英译汉时,要做到"达如其分",除必须具有良好的英语基础之外,还要有较好的汉语功底。否则,就徒知其意,而苦于难以表达。在分析原文时,要对原文脉络有一个清楚的把握,这样才能逻辑清晰。另外,中西文化差异也是译者在翻译时须注重的因素。

三、切合风格

从文体来看,原文是非正式的口语体,在墓地与先人们四次简短的心灵交谈都是采用对话、闲聊的形式。全文句型结构简单,句子简短明快,生动逼真地描绘了远离世俗浮华,挣脱功利名禄之后,置身怡人景色之中,祭拜先辈真情交谈之后,心灵上的超脱、达观、满足与轻松。因此,译文也应体现这些特点,使之在文体风格上尽量接近原文。

据粗略统计,原文使用的俚语、俗语和其他口语体用词等共 20 多处,如:flossy(时髦),folk(家里人、亲属),juice(精力、活力),swear to(断言),after a fashion(以某种方式,勉强)等①。译文中也应该相应地译成汉语口语体语词。例如:

例 7:"Come around to the barber shop, boy, and I'll cut that hair." Uncle Lewis was a barber.

周领顺译为:"孩子,到理发店来,我给你剪剪。"刘易斯叔叔是个理发匠。

研究生们译为:"小伙子,到理发店坐坐,我帮你理发。"刘易斯大叔曾经是一名理发师。

周教授的译文可圈可点,十分符合中国人的口语习惯。研究生们的译文"小伙子,到理发店坐坐"没有译出刘易斯叔叔的亲切,不过译出了他的热情与真诚。"我帮你理发"显得有点生硬。在生活中,人们很少这样表达。另外,"曾经是一名理发师"说明研究生们已经考虑到汉语没有"时"的动词形式,所以用"曾经"来表示"过去"的时间概念,可是在这里却是多余的。先人已去,不言自明,这是过去的事情。另外,很明显,"一名"是受了英语的影响,翻译时无意间"欧化"了,如 He is a teacher. 汉语中说"他是老师",而很少说成"他是一名老师"。

例 8:"Eat all those string beans, boy," I hear as I nod at his tombstone.

周领顺译为:"孩子,把那些菜豆都吃光,"我朝他的墓碑点头时听到这样的话。

---

① 杨寿康:《对参赛文章"墓地访先人"的分段剖析与难点翻译》,《中国翻译》1999 年第 6 期。

　　研究生们译为：对着他的墓碑点头致敬时，仿佛听到他在讲："嗨，小子，吃这些青豆！"

　　研究生们加了个原文中没有的"嗨"，想必就是为了体现原文口语体的风格。可是"嗨"有三种意思：(1) 表示招呼或提起注意；(2) 表示得意；(3) 表示惊异。原中并没有体现出这些意思。另外，"吃这些青豆"也不是口语化形式。"把那些菜豆都吃光"的口语化程度不够高，一般人们在生活中会说"把那些菜豆全吃了。"

　　例9：An unabashed Hoover Republican.

　　周领顺译为：他是厚颜的胡佛共和党人。

　　研究生们译为：一名铁杆的胡佛派共和党人。

　　该句是个省略了主谓语的名词短语，译成汉语时，须进行句式的转换。研究生们虽未将其处理成主谓宾完整的一个句子，但"铁杆的胡佛派共和党人"极具口语化特征，切合原文的风格。

　　总的来说，周教授的译文堪称上乘之作。研究生们可能是由于汉语功底不够深厚，译文中有不少对某些细微之处的误译，但仍不乏出采之处。

（研究生评析）

第 13 讲 商品广告

——商品广告重呼吁 怎样呼吁看现实

要点拓展

1. 商品广告就是要看呼吁效果的,效果好,才是真好。效果是靠调查数据落实的。

2. 怎样才能使效果好,作者(广告制作者)已经做了精心的准备,按理说译者翻译成另一种语言即可。

3. 但是,任何广告及其宣扬的产品,都有一定的区域性,在一个国家受欢迎的,在另一个国家却未必。因此,译者还要担当起跨文化交际者的重任。译者了解双语环境和中外文化,所以作一些适应性调整,就变得很有必要。估计大家听说过"白象"和 White Elephant、"芳芳"和 Fangfang 等一些产生过跨文化交际障碍的故事吧。

4. 译者是原文在一定程度上的创造者和改写者。译者扮演着非译者的角色,从而颠覆其译者的身份。

5. 对广告做出语言上的调整,主要为的是跨越文化交际上的障碍。另外,做出语言上的调整,也是出于节省版面、为广告者花小钱办大事的考虑。

6. 当译者不再是或者不完全是忠实的译者时,就要以再创作者审视其创作的广告:它符合广告所要求的特点吗? 这些特点都是些什么?

7. 广告再造的效果怎样,有必要在"翻译"完后、在一定范围内听听大众的意见,特别是广告针对的人群。

8. 商品广告虽然是为了呼吁,但忌讳改变其中的客观事实。

9. 广告翻译的译者无需忠实广告词创作者的个人风格,无需忠实包括语言转换在内的任何形式意义,甚至更无需忠实作者,因为广告语言的作者并不会因为译者对原文语言形式上的不忠实而不满。译者只需对产品的拥有者忠实而最大程度上使商家获得利益足矣。译者的角色为此会发生变化,比如充当产品的推销者。译者和广告语言的作者一样,无非是商家为了同一目标而分别雇佣的、承担着两个不同任务的雇员罢了。

阅 读 空 间

• 一款衬衫广告的翻译

What's in a name?

It sounds ordinary on paper. A white shirt with a blue check. In fact, if you asked most men if they had a white shirt with a blue check, they'd say yes.

But the shirt illustrated on the opposite page is an adventurous white and blue shirt. Yet it would fit beautifully into your wardrobe. And no one would accuse you of looking less than a gentleman. Predictably, the different white and blue check shirt has a different name. Vivella House. It's tailored in crisp cool cotton and perfectly cut out for city life. Remember our name next time you are hunting for a shirt to give you more than just a background for your tie.

On women and children's wear as well as on men's shirts, our label says—quietly but persuasively—all there is to say about our good quality and your good taste.

Our label is our promise.

这则广告的内容不涉及文化冲突，也没有读者忌讳的内容，全译没理由不妥。如果一定要努力满足设想中的"特定条件下特定读者的特殊需求"而"采用变通手段摄取原作有关内容"的话，那就一定要说出一些道理来，并在此基础上提出变译可执行的细则。且以图表的形式对该广告词分解如下：

信息核心度、范围 ＼ 信息类型		客观信息	主观信息
核心信息	产品品牌及其系列产品	Vivella House (1. an adventurous white and blue shirt; 2. women and children's wear, men's shirts)	an adventurous (white and blue shirt)
	材质	cotton	crisp cool (cotton)

信息核心度、范围＼信息类型		客观信息	主观信息
核心信息	用途和效果	1. men; 2. city life; 3. a background for your tie	1. most (men); 2. perfectly (cut out); 3. more than
次核心信息	想象中存在的事实	1. your wardrobe; 2. our label (says)	1. if you asked most … ; 2. it would fit beautifully … ; 3. no one would accuse you of looking … ; 4. quietly but persuasively; 5. our good quality and your good taste; 6. promise
外围信息	与产品本身无关	1. on paper; 2. on the opposite page	1. sounds ordinary; 2. Remember our name …

　　如表所示,该广告词既有客观信息,也有主观信息。应用性文体因讲究实用,所以在重要性上,客观信息总体上高于主观信息。具体就各类信息而言,其重要性在内部也有不同。在客观信息中,涉及产品品牌及其系列产品、材质、用途和效果的最重要,是核心信息;广告者想象中存在的客观信息处于比较次要的位置,多用虚拟语气或修辞性语言,目的在于宣传,增强呼吁效果,是次核心信息;与产品无直接关系的一些客观、主观信息属于外围信息。

　　按照信息核心度所划分的核心信息、次核心信息和外围信息三种信息类型而言,核心信息最重要,要保全;次核心信息属于想象中的事实,可根据目的语市场的接受情况而取舍;外围信息甚至可以完全不取,取决于应用的目的。主观信息虽然在重要性上总体上低于客观信息,但依然有重要、次要之别。用于修饰或说明核心信息的最重要(比如表现产品材质性能的 crisp cool,具有很高程度上的真实性,手感如何在大众中一般能形成共识);修饰或说明次核心信息的次要。此时,说明次核心信息的主观信息和修饰或说明外围信息的主观信息一样,都是为了增强呼吁效果的,就产品推销而言,是以最大程度上实现销售量为宗旨。译者可根据市场接受情况综合考虑,比如调查读者对什么样的语言和推销方式感兴趣,然后再作出语言上的选择。求客观信息之"真",务阅读效果(译内效果,如语言的呼吁效果)和实用效果(译外效果,如销售效果)之"实",可看作应用性文体翻译(包括全译、变译等形式)的总原则。仅从客观信息和主观信息的角度提炼出的广告变译的一般原则是:

（1）主要的客观信息（核心信息）保持不变，即不多、不少、不大、不小、不扭曲，次要的客观信息可由译者根据对市场的估计、调查和具体情况做出选择。

（2）相应的主要主观信息（核心信息）保持不变或基本保持不变，其他主观信息（比如为了提高呼吁效果的次核心信息、外围信息）可多、可少、可变化形象。

哪些不变，哪些可变，是显而易见的。客观的不变，否则有欺诈之嫌（比如不能夸大事实）；主观的可变，旨在目的语环境下达到最好的呼吁效果（比如可以夸张）。"突出"、"激发"、"稳定"、"吸引"等多是通过修辞性的语言表达（如夸张）来表现的。半客观、半主观的是，按理应该对产品的优点、产品的质量如实陈述，既不能夸大，也不能缩小。但广告者难免使用一些夸张的言辞，所以其中往往会含有一些主观性的成分。穆凤良等人给该广告提供的全译译文是：

> 名字算什么？
>
> 写在纸上它听起来平平常常。带蓝格的白衬衫。事实上，如果你问大多数男人他们是否有带蓝格的白衬衫，他们都会说有。
>
> 但是，下页展示的衬衫是色调大胆的蓝格白衬衫，它会为你的衣柜横添风采，穿上它没有人会责怪你缺少绅士派头。可以预想，这种不同的蓝格白衬衫会有一个不同凡响的名字：维耶拉。它为都市生活选用凉爽的棉布精裁细制。下一次你寻购衬衫时请记住我们的名字，它给你的不仅仅是作为领带的背景。
>
> 对妇女和儿童的服装正如我们对男人衬衫的承诺，我们的品牌悄悄地动人地说，这里展示的是我们的上乘质量和你们的一流品味。
>
> 我们的品牌是我们的承诺。①

全译译文的问题多出在机械照搬上，归纳起来主要有：

（1）过于忠实原文的语言形式，忽略了语言表达的效果。如 In fact, if you asked most men if they had a white shirt with a blue check, they'd say yes.（事实上，如果你问大多数男人他们是否有带蓝格的白衬衫，他们都会说有）一句。过于忠实原文的语言形式，是奴隶式的对于词句的忠实，如同把 brush my teeth 译为"刷我的牙"一样，原文在原文语言环境中自然，但在译文

---

① 穆凤良、许建平：《源语意图的识别与翻译——关于翻译的文化因素的思考》，《中国翻译》2001 年第 4 期。

中却变得陌生了,是无论如何也交待不过去的。

过于忠实原文字面,甚至会出现逻辑错误,比如把 It sounds ordinary on paper. 译为"写在纸上它听起来平平常常"。"写在纸上"不会有"听"的感觉,所以《英华大词典》(商务印书馆 2001 年版)还将其释义为"令人觉得"、"(用语言)表达,发表"。

(2) 称谓不地道,有逻辑错误。如"带蓝格的白衬衫"/"蓝格白衬衫"(A white shirt with a blue check/white and blue shirt/white and blue check shirt)。应称为"白底蓝格衬衫"或"蓝白格子衬衫"。"白衬衫"就是白衬衫,夹杂其他任何颜色都不能称其为"白"衬衫,所以"白底黑斑蝴蝶"不能称为"带黑斑的白蝴蝶"、"白底黑纹斑马"不能称为"带黑纹的白斑马"、"白底黑斑熊猫"不能称为"带黑斑的白熊猫"。称谓不地道还有,如"男人衬衫"常谓之"男(士)衬衫"或"男式衬衫"。

(3) 表意不完全到位。如 And no one would accuse you of looking less than a gentleman. (穿上它没有人会责怪你缺少绅士派头)一句,似乎是事实上"缺少绅士派头",只是没有人会责怪而已,若改为更积极的"穿上它谁都会说你尽显绅士派头/更加风度翩翩",语气更肯定,更符合原意。

(4) 语义重心有误。如 It's tailored in crisp cool cotton and perfectly cut out for city life. (它为都市生活选用凉爽的棉布精裁细制)一句。顺序应为"它选用柔软凉爽的棉布,精心为城市生活打造"。

他们提供的变译译文是:

名牌推荐
<u>英国人以其衬衫的风度闻名世界</u>。其知名品牌就是维耶拉衬衫,它以精纺棉布为主,由英国维耶拉品牌店精心裁制,质量上乘,<u>畅销世界</u>。维耶拉特此郑重地承诺:蓝格白地,是白马王子的首选,风度翩翩,招徕窈窕淑女的青睐。穿上维耶拉,男人闯天下。穿上维耶拉,生活真潇洒。维耶拉还请你关注我们出品的妇女和儿童服装,<u>百分之百的一流品味,百分之百的质量保证</u>。

变译译文个别核心信息丢失,其中 crisp cool cotton 仅译为"精纺棉布",丢掉了核心信息中主观上表现手感和特性的 crisp cool;该广告重点推荐的一款 an adventurous white and blue shirt,只剩下了泛指的"蓝格白地"。这类衬衫在市场上原本就有(if you asked most men if ...),其中必定包括久负盛名

的 Vivella House 品牌的男衬衫,而该广告主要宣传的是该品牌新开发出来的 adventurous 新款式,所以这一核心信息不能丢失。为便于说明他评的问题,我尝试将该广告以句子为单位逐句译出(全译),根据"一是确有变通之必要,二是变通之后并不引起意义上的失真或扭曲"①的原则在英汉互译时适当变通,这反映的是译者的主观能动性。

- **效果评价和正法翻译全译**

应用性文体变译效果的好坏,既涉及语言表达(主观信息)问题,也涉及内容本身(客观信息)问题。语言表达上的问题,宜从"翻译内"讨论;内容本身的问题,宜从"翻译外"展开。翻译内语言表达上的效果是译内效果,翻译外内容本身的效果是译外效果。译内效果主要涉及的是可读性问题,比如语言的呼吁效果;译外效果主要涉及的是内容本身预期达到的社会效果,其中包括社会影响、经济效益等方面的效果。

严格地讲,译者只负责译内效果,译外效果已经超出了译者"翻译"的职权范围,比如广告效果很大程度上取决于广告策划者、产品质量、品牌效应、推介力度、营销策略、市场需求等诸多因素。译评者在评价应用性文体的翻译效果时,一般也关注的是译内效果,比如语言的呼吁性、冲击力等,但在关注读者反应而对读者进行调查时,过于依赖读者反应本身,有时就会将读者对语言表达的反应和对于内容本身的反应混为一体。再以"可口可乐"的接受性为例。如果在懂得双语和了解原文的读者中调查结果是翻译得好,有呼吁的效果;如果在不懂双语和不了解原文的读者中调查,其接受性就不会从翻译上着眼,而会从名字本身、品牌效应、质量等本身的相关因素考虑。前者属于翻译内的问题,后者属于翻译外的问题,这样就能有效区分译内效果和译外效果、有助于澄清翻译上的问题和非译上的问题、译者的多角色特征和说明翻译本质上的东西。具体到上引广告中 Vivella House 品牌是不是需要翻译,答案似乎是不定的。但是,从翻译内看,必须翻译,因为如果连起码的文字转换工作都没有做,又怎么能称为"翻译"呢? 从翻译外看,呼吁效果如何甚至不是翻译的好坏所能左右的,因为有的商标甚至根本没有译名,而有的虽然有译名,但人们更愿意称呼其外语品牌名,比如美国的知名品牌 Calvin Klein(卡尔文·克莱恩。简称 ck),字母 ck 就是它的招牌。市场效果需要进行市场调查,Vivella House 原封不动地搬过来或许市场效果更佳,但终究超出了基本意义上"翻

---

①　孙致礼编著:《新编英汉翻译教程》,上海外语教育出版社 2008 年版,第 94 页。

译"的范畴。

不仅是应用性文体,文学文体的文本也一样。比如,《哈利·波特》定位的读者群是少年儿童,但他们的积极反应到底是内容/故事情节本身还是语言表达呢?有多少属于翻译内的问题?所以,要获得比较客观准确的数据,一定要将读者假定自己承担的角色(语言欣赏者的读者或潜在消费者的读者等)、译者自身条件等客观存在和调查的内容一致起来。

变译译文中增添了很多主观信息,其目的在于提高其在目的语读者群中的呼吁效果,而作为目的语的译评者给予了充分的肯定。但是,审美具有时代性、多样性,也会出现审美疲劳,至于是否真正能如译者和译评者所愿,需要对"特定读者"进行调查。比如,维耶拉衬衫针对的年龄段是什么(青年、中年、老年)?是否"白马王子的首选"且效果需要体现在"招徕窈窕淑女的青睐"上?我正法翻译的全译文是:

> 品牌说明什么?
> 写出来并不稀罕——白底蓝格衬衫。哪位男士不曾穿过!
> 下面这款,时尚超前:悬挂衣橱,恰到好处,穿着在身,绅士风度尽现。衬衫不凡,品牌当然非同一般——维耶莱,舒爽棉布,为都市生活精心裁剪。选衬衫,就认维耶莱。维耶莱:不止搭配领带,还有更多精彩。
> 男装如此,女装、童装亦然。维耶莱,无声胜有声:质量上乘,正合君意。
> 我们的品牌,我们的承诺。

我翻译时注意了以下几点:

(1)保持核心信息不变,如客观信息的维耶莱(拉)、白底蓝格衬衫、棉布,主观信息的时尚前卫(的白底蓝格衬衫)、舒爽(棉布)等。

(2)次核心信息和外围信息稍作变化,比如把 the opposite page 译为"下面",便于译文排版的灵活性;省去 on paper,只说"写出来",事实是未必一定要写在纸上。

(3)按照英汉语言各自的特点,在转换时进行必要的调整,比如根据汉语意合和英语形合的特点,省去原文的一些表达,如 in fact;根据朱德熙的意见,将英语常见的长句"拆成几个短句"[①];根据刘宓庆对汉英语言差异的认识,在

---

① 朱德熙:《语法讲义》,商务印书馆 1982 年版,第 210 页。

汉译文中适当减少人称代词的使用。①

（4）其他：多次重复品牌"维耶莱"，目的在于给读者留下深刻的印象；原文是书面广告，适当注意使用书面化的语言，如"如此"、"亦然"；有些表达已经包含在了译文中，如 sounds，next time，says，所以不再重复。

师生互动

【例子】　Freddie is very shy. At parties he sits in a corner by himself all night. When he is in a crowd, you would never notice him. When you talk to him, he looks at the ground and stammers out one-word replies. He never speaks in class, and I've never seen him talk to a girl. He is a nice person, but few people ever get to know him.

【初译】　弗莱得太腼腆了，晚会上他就一个人整晚坐在角落里，和大家伙在一起时，你就根本注意不到他。你跟他讲话，他低头看着地，你问他话，他就吐出那么一个词作答。他在班上从不发言，我从来没见过他与女孩子说过话。他人不错，不过了解他的人不多。

【讨论】　对 when he is in a crowd 的翻译，主要表现在对动词的选择上，有选"坐"、"站"、"躲"、"缩"的，原文所表现的动作并不具体，选择"坐"或站，等于限制了动作的方式。

"作为形态语，英语理论上以动词为中心，具有繁复的形态，但繁复的形态带来的结果是使用不便……而汉语由于重名词的结果形成了非形态语，动词由于不须受形态等的束缚，使用时就非常灵活、方便。结果反而形成了动词优势。英语爱用名词，汉语爱用动词的倾向在揭示语中看得很清楚"②。如：Wet paint!（油漆未干!），Business as usual.（照常营业）。

我可能把 one-word replies 理解得过于具体，只限于 yes 或 no 了，实际只表示简单的答语。正像 I have a word for you 中的 a word 不是表示一个词一样。

【再译】　弗莱得很害羞，晚会上他就一个人整晚缩在角落里，挤在人堆里时，你就根本注意不到他。你跟他讲话，他低头看着地，你问他话，他就吐出那么只言片语。他在班上从不发言，我从来没见过他与女生说过话。他人不错，不过了解他的人不多。

----

① 刘宓庆：《文体与翻译》，中国对外翻译出版公司 1998 年版，第 445—476 页。
② 潘文国：《汉英语对比纲要》，北京语言文化大学出版社 2002 年版，第 377 页。

实 践 提 升

1. 今日的风采,昨日的绿世界。(化妆品"绿世界"的广告)

2. 世界首创,中国一绝。天然椰子汁。

3. The Globe brings you the world in a single copy.

4. Hi-Fi, Hi-Fun, Hi-Fashion only from Sony.

5. Good teeth, good health.

6. Hero Meets Hero.

7. Pheramor requires all users to submit a cheek swab using a specially-created kit from which a team of in-house scientists can sequence the specific genes associated with attraction and identify which users might be sexually compatible. The process works by isolating the11 genes that link to our pheromones, the chemical signals that are believed to trigger sexual attraction. Combining this data with the personal information stated on users' profiles allows the app to make very specific matches.

8. One has an athletic figure and a strong sense of justice. The other is a cherry blossom-inspired superhero. With a futuristic blue and white chequered pattern, the Olympic mascot is described as having a special power allowing it to move anywhere instantaneously. The Paralympic mascot features a pink and white design inspired by cherry blossom flowers, and it can apparently move things just by looking at them. It has a dignified inner strength and a kind heart that loves nature.

9. Every day and every hour the light became more brilliant and still they could bear it. No one ate or slept and no one wanted to, but they drew buckets of dazzling water from the sea, stronger than wine and somehow wetter, more liquid, than ordinary water, and pledged one another silently in deep draughts of it. And one or two of the sailors who had been oldish men when the voyage began now grew younger every day. Everyone on board was filled with joy and excitement, but not an excitement that made one talk. The further they sailed the less they spoke, and then almost in a whisper. The stillness of that last sea laid hold on them.

第 14 讲 旅游推销
——夸张语言人所喜 夸大事实人所忌

要点拓展

1. 旅游宣传靠呼吁，所谓"祖国山河美不美，全靠导游一张嘴"、Tour guides make or break a tour.

2. "夸张语言人所喜"，夸张语言有助于推销产品、景点等。夸张的语言，能产生呼吁的效果。

3. 有必要区分"夸张"和"夸大"，前者限于主观范畴，后者属于客观范畴。

4. 进行旅游推销时，译者不仅是译者，也是宣传群体的一分子。宣传的效果在于呼吁，而呼吁的终极目标是增加社会经济效益。

5. 旅游宣传不仅涉及旅游景点本身的宣传，也涉及宾馆等相关设施的推销。

6. 旅游宣传涉及笔译和口译。笔译和口译场合中的处理方式不尽相同。

7. 旅游类文字总体上属于呼吁型文本，所以翻译应遵从呼吁型文本文字的一般特点。

8. 虽然这类文字总体上属于呼吁型文本，但夸张度要适可而止，要根据目的语读者的接受习惯而改动和调整，不能留下浮夸的印象。

阅读空间

- **旅游口号："烟花三月"翻译实践**

"烟花三月"的翻译成了翻译的公案，皆因这里的"三月"产生了阳历、阴历之争，在译文中怎样表示产生了问题。

扬州的"烟花三月经贸文化旅游节"定在每年的 4 月 18 日举行。阳历的四月大约等同于阴历的三月，此时繁花似锦、桃红柳绿、莺歌燕舞、游人如织。"烟花三月"借自李白《送孟浩然之广陵》一诗，有文学类文本的质地，按文本类型的划分,译者应偏向求真,而"烟花三月下扬州"的"烟花三月"常用来作宣传扬州之用,具有商业上的应用性,译者应偏向务实。这里尝试从求真和务实两个角度加以讨论。从求真论,"烟花三月"一定指的是扬州美景吗?这是对历史的求真;从务实论,历史上的"三月"和今日的"四月"该怎样结合并翻译以实现最佳的宣传效果?

历史上的扬州美不胜收,这是毋庸置疑的。但从李白《送孟浩然之广陵》一诗本身看,第一,李白的"烟花三月"交代的是与人分别的时间,诗中的"黄鹤楼"是分别的地点。前两句是实景(写实),后两句是虚景(写意);第二,李白并未着意描画扬州之美。且李白《江夏行》中有句"去年下扬州,相送黄鹤楼。眼看帆去远,心逐江水流",且是带着"谁知嫁商贾,令人却愁苦。自从为夫妻,何曾在乡土"的心情相送的,更未着意提及后人传唱的"烟花三月"这着实浪漫的一语,也说明"烟花三月"只是个时间或季节概念。为向历史求真,这里先做个简要的说明。

原诗是:

> 故人西辞黄鹤楼,
> 烟花三月下扬州。
> 孤帆远影碧空尽,
> 惟见长江天际流。

就第一点论,即使把分别的时间调换个位置也未尝不可。试将前两行改为:

> 烟花三月黄鹤楼,
> 故人西辞下扬州。

就第二点论,李白并未着意描画扬州之美。若此,将是另外一番情形,即需要对主题"烟花"作进一步的说明,比如可将后两行改为:

> 绿柳笼纱罩长堤,
> 红桃弄姿映水流。

我不揣浅陋,狗尾续貂,但并非无病呻吟。"烟"的说法不一,我理解为"春烟"，以柳树为代表（如"草长莺飞二月天，拂堤杨柳醉春烟"和"家家禁火花含火，处处藏烟柳吐烟"）；"花"以桃花为最，所谓"桃红柳绿"是也。王维有"桃红复含宿雨，柳绿更带春烟"诗句，正是对"烟花"的进一步描摹。故此，"烟花"断不可译为 March fireworks（三月的烟花爆竹）。"烟花三月"有美景，分手地"黄鹤楼"所在的武汉也一定如此，如今整个一边倒向扬州。译者应怎样务实并可能收获务实的效果呢？

　　扬州的旅游宣传文字大多将"烟花三月"译为 Flowery March，译者显然受到了原文字面的约束。汉语行文是给汉语读者看的，英语行文是给英语读者读的，二者并不矛盾，读者只阅读自己认识的文字。当读者对象明确后，译者就不必一定要做到汉英行文的平行对应，甚至无须从翻译的角度看问题。大概有这么几种情况：

　　（1）完全平行的文本，即两种文字意义完全对应的，如汉语博士论文上的"中文摘要"和 Abstract、自动取款机上的"中文"和 English，以及学校网页首页上的"简体中文"和 English。

　　（2）两种文本视点不同、意义稍异的，如"世界哮喘日"/You can control your Asthma．"小卖部"/convenience store．

　　（3）其中一个文本属于音译而音译后意义有异的，如 Best/"百事得"、"乐百氏"/Robust．

　　（4）纯粹音译而致使其中一个文本毫无意义的，如 Focus/"福克斯"、Buick/"别克"。

　　"中文摘要"和 Abstract 平行对应，是汉语博士论文的一个组成部分，断不可译作 Chinese Abstract，因为"中文摘要"面对的是汉语读者，Abstract 面对的是英语读者，而 Chinese Abstract 只可能是对汉语这种文字写就的摘要所作的阐释。再比如"世界哮喘日"，可对应翻译为 World Asthma Day，而标示上对应的偏偏是 You can control your Asthma，彼此相关，却又有所不同。汉语读者得到的信息是"今天是世界哮喘日"，英语读者得到的信息是"哮喘是可以防治的"。也许，对于国人，"世界哮喘日"发生在哪一天是新的信息，而对于国外是进一步宣传的问题。

　　当我们有了旨在确定不同读者对象的平行文本意识后，译者甚至无需"戴着镣铐跳舞"。"烟花三月"从求历史之真的角度，不能译为 Flowery March，而应该是 Flowery April；从务实于社会的角度，又可以译为 Flowery Season/Spring 等，以延长诱人期。这样，游客看到 Flowery April，不会因"三月"到达扬州产生迷茫；看到 Flowery Season/Spring，就可能把整个春季作为扬州的迷人期,或许能给扬州(使用者)带来更大的社会和经济效益。这是对自己作为译者的译前规定,至于译内效果和可能的译外效果,则是另外的问题。

另外,作为文学文本的"烟花三月"和作为应用文本的"烟花三月"要区别对待。诗歌中的"烟花三月"是文学的,借用到应用环境中,就成了应用的了。在应用环境中,诗歌是被引用的、借用的。在应用环境中原封不动地抄来文学文本的译文,务实效果就未必如文学文本那么理想。所引诗歌是否需要浅化,关键要看会不会为交际带来障碍,或者即使没有障碍,也要看会不会影响阅读的效果或带来更大的效益。在应用环境中,译者实用的思想不免会占上风。

• 宾馆宣传文字翻译的扬升过程

按体裁和内容分,翻译大概可以分为文学翻译和应用翻译两类。P. Newmark 的文本三分法(表达型、信息型和呼吁型文本)也涵盖了这样两个大类的翻译。

一般来讲,文学翻译以作者和原文为中心,应用翻译以读者和社会需求为中心。选择什么样的原文才能较好地检测译文的接受呢?当然是文学翻译和应用翻译合二为一的原文最佳,而旅游宣传类的文字正好满足了这一需要,融表达型、信息型和呼吁型文本的特征于一体。我挑选了如下旅游宣传材料,做出了 7 种不同类型的译文(严格地讲,有的已经超出了"译"的范围)。原文和 7 种"译文"排列如下:

Aloha! Welcome to your home in Hawaii—the Miramar at Waikiki

From the gentle breaking of the wave on Waikiki Beach to the sun-kissed mountain tops and Rainbow adorned of the Koolau Mountains, Hawaii is a place of romance, of dreams, and of memories. We are honored that you have chosen to walk through our doors. By doing so, you have become part of our "obana", our family. We invite you to relax, to make yourself at home, and to build memories that last a lifetime.

Our warm and friendly staff is here for you. You will discover that they are ever ready to assist in making your visit with us an enjoyable experience. However, if you wish, they will quietly slip away and leave you undisturbed to sip mai tais as you lounge beside our pool or take that sunset stroll along Waikiki Beach that you have always dreamed about.

The treasures of the island of Oahu—its beauty, culture, and people are waiting to be discovered by you. May your visit to our island and the Miramar at Waikiki be filled with memorable picture book moments.

(1) 阿洛哈！欢迎来到您在夏威夷的家——威基基的美丽华

从海浪温柔拍打的威基基海滨，到太阳照射的山顶和彩虹镶嵌的库乌劳群山，夏威夷是一个浪漫、梦想和记忆的地方。您能走进我们的家门，我们很荣幸，这样，您就成了我们"奥巴纳"家庭的一员。我们邀请您放松，使您宾至如归，并且帮您打造持续终生的记忆。

我们温暖和友好的员工随时恭候着您，您会发现他们乐意给您提供任何的帮助，使您尽享旅途的愉快。不过，如果您愿意，他们会悄悄走开，让您在漫步到我们的池塘边、在品麦苔时，或者当您在威基基海滨落日的余晖中独步时免受打扰，因为这是您一直的梦想。

欧胡岛上的财富——它的美、文化和人都等着您去发现，希望您到我们这个小岛和威基基海滨上美丽华旅馆的访问在相册里留下值得回味的美妙瞬间。

(2) 阿洛哈！欢迎光临夏威夷之家——威基基的美丽华

从海浪轻柔拍打的威基基海滨，到太阳普照的高山之巅和彩虹镶嵌的库乌劳群山，夏威夷就是这样一个浪漫之乡、梦想之地和令人难忘之所。您的光临，令我们深感荣幸，您便是我们大家庭的一员。我们请您放松，尽情感受家的温馨，共同营造永不褪色的记忆。

我们的员工热情而友好，他们会随时助您享受快乐之旅。当然，他们会在您池边漫步、品味麦苔酒之时，或者独步于梦中的威基基海滨落日余晖之际，悄悄退出您的视线，使您免受烦扰。

欧胡岛上的宝贝——自然之美、个性文化和土著居民，都在等着您去探寻，期盼您把岛国之旅和威基基海滨美丽华旅馆之行的精彩瞬间留在相册里。

(3) 阿洛哈！美丽华——你夏威夷之家！

我有海浪低语的威基基海岸，我有太阳亲吻的高山之巅，我还有那镶着彩虹的库乌劳群山。这就是夏威夷呀，是它们，成就了我的浪漫，让您魂牵梦绕,令您情丝难断。贵足踏我门槛,怎不令我荣光拂面? 贵客入我家,一如我家人。来吧,放松神经、体味温馨,一生都无怨。

员工们热情好客,伴您左右,随时助您尽享快乐之旅。也许,您想漫步池边、品我麦苔自娱? 也许,您愿独步威基基海滩,余晖中了却曾经的心愿? 多情的员工会悄悄退出您的视线,请您主宰属于自己的个人空间。

欧胡岛上的宝贝应有尽有,您找找看? 找自然美景、觅文化底蕴,还有那别样风情的宝岛居民。看我欧胡岛,住我美丽华,相册里该有几多美妙、几多温馨!

(4) 来吧,美丽华——你的夏威夷威之家

细浪拍海滩,
阳光吻山巅,
风情夏威夷,
彩虹绣群山。

浪漫在身边,
梦想随时圆,
风情夏威夷,
回味至永远。

宾客迈门槛,
幸入我家园,
风情夏威夷,
您我来休闲。

家有温馨感,
爱在大自然,
风情夏威夷,
终生心相连。

多情服务员,
候您时时安,

风情夏威夷,
助您乐无绵。

跻我池塘边,
麦苔酒更甜,
风情夏威夷,
我去君自安。

余晖漫海滩。
独步君所愿,
风情夏威夷,
我去不相烦。

欧胡岛上宝,
君欲知多少,
风情夏威夷,
保您乐陶陶。

入住美丽华,
风情在我家,
景致进相册,
思念至天涯。

(5) 欢迎下榻夏威夷威基基的美丽华旅馆

威基基海滨,海浪轻柔,库乌劳群山,彩虹飞流。夏威夷美景,美不胜收。下榻美丽华,放飞心情,体味温馨。

我们的员工热情友好,服务一流,助您体验快乐之旅。您或漫步池边,品麦苕酒自娱,或漫步海滩,余晖中了却曾经的心愿。

欧胡岛的自然和人文,风情别样,期盼您留住记忆、留住精彩。

(6) 欢迎下榻夏威夷威基基海滨之美丽华

观光地:夏威夷

下榻处:美丽华旅馆

位置:威基基海滨

服务:周到而善解人意

周围景点:威基基海滨、落日、沙滩、库乌劳群山、欧胡岛(自然美、独特文化、土著居民)。

(7) 夏威夷威基基海滨美丽华旅馆欢迎您

晴日里,威基基海滨海浪低语,轻拍海岸;阴雨天,威基基海滨狂风怒号,浊浪排空。更多的时候,库乌劳群山则当空舞着彩练。来吧,我们是一家人,诚邀您放飞心情,开启寻梦之旅。

美丽华旅馆的员工服务贴心,周到用心。海边风凉,员工会为您添加衣裳;细雨初洒,员工会为您撑起雨伞。您想到池边品尝麦苕自娱?金樽美酒随意取;您想到沙滩漫步圆梦?温情躺椅供休憩。我们的员工会悄悄隐退,并在您需要时走入您的视域。

欧胡岛,风情万种。人美、景美、别样文化等着您。

心动不如行动!旅馆手续网上订。

我调查了几所院校的上百名学生。有的学生甚至完全从文学角度看问题,比如对于译文(4)所评价的"神形俱美,辞藻华丽,很有文采"。在翻译外看问题,有的学生认为译文可以偏离原文的意义,包括偏离原文的客观事实,主要强调的是给游客带来的利益和偏离的客观事实对游客的吸引力上,比如对于译者私自增添客观信息的译文(7)的欣赏。

在翻译外,读者实际是将译文作为新的创作看待的,不管陈述的事实原文中是不是有,只要本身具有呼吁的效果,也一样会被接受,比如对新增的信息

("带有一点文学色彩,而且增添了信息"、"给出联系方式,很周到实在"、"最后译文还加了一句口号,让我想要掏腰包付款!"),丝毫不顾及是不是虚假信息。因此,译文的"译者"实际被看作新的旅游宣传的"作者",读者不是借译文了解源语所书写的原文,而是将译文作为一个新的独立存在的实体看待的。

- **笔译环境和口译环境**

笔译和口译采取的翻译策略不同。比如,笔译以求真为主,在形式上尽量保全。笔译以原文的语言为中心,一般将译文和原文的相似程度(包括词的感情色彩、联想意义、意蕴,甚至句法对应程度等)作为评判译文质量高低的尺度。译者主要坚持的是"忠实"或"信"于原文的指导思想,不轻易越雷池半步,其翻译自由度所受到的限制较大,比如将扬州景点"二十四桥"译为 Twenty-four Bridge。在笔译环境中,译者一般有足够的时间斟词酌句,所以常在求真的基础上求美(务实)。口译因为具有即时即地性等特点,译者的行为会更灵活,比如对导游词的翻译和处理。导游词既形成了文字,同于笔译,同时又被导游在现场使用,因此又同于口译。旅游环境中的口译者比较特殊,本身即讲话者,不会采取交替翻译的形式翻译,说详说略在他,说好说坏也在他,自由度较大,所以口译以务实策略为上,即使偏离原文形式甚至内容也在所不惜。

口译侧重灵活变通和现场气氛的调节,提倡触景生情,以节译、译述等形式的变通翻译为主,比如可将"二十四桥"变通翻译为 Lovers' Bridge 等,皆因诗句中"玉人何处教吹箫"而发挥主观想象所致,或可随口编出一篇玉人月下吹箫的爱恋故事来,当然也可以是别的可以作为卖点的、更活跃的表达形式。功能翻译理论的"目的决定方法"论,对于强调实用效果的应用翻译而言尤其真实。

笔译和口译风格的转换在导游词的翻译上表现得淋漓尽致。比如江苏省旅游局编写的《走遍江苏》(中国林业出版社 2002 年版)对扬州瘦西湖"四桥烟雨"景点作了这样的介绍和翻译:

现在请大家转过来往东看,前面这一景叫做"四桥烟雨",也是清二十四景之一。每当"山色空濛雨亦奇"之际,领略的景致是"四桥飞跨烟雾里"。站在这座楼上大家可以看到南面有春波桥、大虹桥,北面有长春桥,西面有莲花桥。

At the building by the side of the lake, one would enter into a montage-like spectacle if the scenery was in fog or drizzle and only faintly visible. The site is named Four Bridges in Mist, which ranks one of the24 scenic spots here, because there are four bridges-Spring Wave Bridge, Great Rainbow Bridge, Long Spring Bridge and Lotus Flower Bridge.

与中文导游词对比发现,"四桥烟雨"中的"四桥"指的是站在楼上从不同的方向可以看到的 4 座桥,而译文中的表达会让游客认为这个景点中包含 4 座桥,这样的导游词不但误导游客,也等于给导游自己找难题。

以上导游词除误译外,笔译风格显得正式、板滞,比如连接词的使用、句子结构复杂、对游客所处位置限制过死(the building by the side of the lake)等,不利于口头交际。导游为活跃现场气氛,常常使用"流水句"。流水句之自由自在,如行云流水,显得自然,具有亲和力。原译中使用泛指的 one 表听众,明显是一处死译,当听众就在自己眼前时,讲话者有可能用 one 来替代 you 吗?我尝试改为游览现场更倾向使用的口头叙述方式,以求更加务实的效果:

> 现在随我转过身。前面这一景叫"四桥烟雨"。一、二、三、四,有四座桥,对吧?这是春波桥,那是大虹桥;这是长春桥,那是莲花桥。你们真有福气,今儿个儿天气正合适,您看,小桥好像在烟雾里浮动呢!(或者:真不凑巧,今儿个儿晴空万里,请您找个雾天再来领略这一景致吧。)
>
> Now, come on and turn around. Before you there is the scene Misty Four Bridges. One, two, three, four, four bridges, right? This is the Spring Wave Bridge. That is the Great Rainbow Bridge. This is the Long Spring Bridge. That is the Lotus Flower Bridge. You're lucky enough to have the weather like today. Ah, you see, the bridges look like floating in the mist! (Or: But sorry to say today is clear blue. May you be here to enjoy the view in a foggy day.)

现场交际在语言上要表现出口语化的特点,且应适当辅之以手势及其他身体语言。因诗句和其他一些文化信息外国游客不熟悉,是否成为卖点,要看现场气氛,所以可根据交际气氛适当作浅化处理。旅游文本属于呼吁型文本,要求译文具有一定的鼓动性,起到呼吁读者或听众实现原文预期效果的作用,准确地说是实现源语旅游资料的实际占有人或使用者(比如管理方)的预期,所谓"祖国山河美不美,全靠导游一张嘴"是也。

师 生 互 动

【例子】 My favorite TV programs are the sports and the Animals World. In the sports program, football matches are my best. When there are football matches on TV, I would stay up late into night. Sometimes I cry over one score loss. Sometimes I am wild with joy over one score gained. For the program of the Animals World, I also like very much. While watching such a TV show, I can't help imitating the way a monkey jumps or the way a bird flies. I like the above two programs because they are in common in increasing body power. I like to be strong, so I like the two TV programs.

【初译】 我最喜爱的电视节目是体育和动物世界。体育节目里,我最喜欢足球比赛,电视上一有足球比赛,我宁愿熬夜收看。有时我会因一分之失而哭泣,有时会因一分之得而狂喜。我也很喜欢动物世界节目,看着看着,就会身不由己地模仿猴子的跳跃,也会模仿小鸟的飞翔。我之所以喜爱这两个电视节目,是因为它们都有一个共同点,那就是增强体力。我希望身强体壮,钟情于这两个节目也就成了情理之中的事。

【讨论】 cry 到底是"哭"、是"叫",或二者兼而有之。如果二者兼而有之,又该如何表达? 后请教外国专家得知,cry 指 sad 的各种表现。这样,我们不妨取一个模糊的表达:难过。另一个问题是,increasing body power 到底是说动物有力或观看节目的人有力呢? 外国专家说是看这样的节目 feel stronger,这样,我们不妨译为"浑身是劲"、"带劲"、"劲头十足"、"精神百倍"等。

有学生建议将"就会身不由己地模仿猴子跳跃,也会模仿小鸟展翅飞翔"改得简略一些,如"猴跳鸟飞",因简洁是语言之魂。对此,我们要辩证地看问题,有的时候,语言的啰唆是为了表达的生动。试比较:

空中挂着月。
天空中挂着圆月。
天空中挂着金黄的圆月。
天空中挂着一轮金黄的圆月。
深蓝的天空中挂着一轮金黄的圆月。

【再译】 我最喜爱的电视节目是体育和动物世界。体育节目里,我最喜欢足球比赛,电视上一有足球比赛,我就会熬夜收看。有时我会因一分之失而难过不已,有时会因一分之得而欢呼雀跃。我也很喜欢《动物世界》节目,看着看着,就会身不由己地模仿猴子跳跃,也会模仿小鸟展翅飞翔。我之所以喜爱这两个电视节目,是因为看着带劲。我希望身强体壮,钟情于这两个节目也就成了情理之中的事。

实 践 提 升

1. See the city first from the water. In the harbor sits Denmark's best-known landmark: the little mermaid. Remember her? She left the world of the sea people in search of a human soul in one of Hans Christian Andersen's beloved fantasies. From the harbor you can get a feel for the attractive "city of green spires." at twilight or in cloudy weather, the copper-covered spires of old castles and churches lend the city a dream-like atmosphere. You'll think you've stepped into a watercolor painting.

2. Like a painting stirred to life by summer wind, Provence is where the simplest of landscapes—poppies dancing in a field outside Roussillon—can turn suddenly sublime. No wonder artists are drawn to this corner of southern France, and why everyone from roman emperors to movie stars has wanted to claim a piece of it. But as much as it gives up to those just passing through, Provence reserves its sweetest self for those who call it home.

3. Both derive from a sphere of art that lies beyond the Apollinian; both transfigure a region in whose joyous chords dissonance as well as the terrible image of the world fade away charmingly; both play with the sting of displeasure, trusting in their exceedingly powerful magic arts; and by means of this play both justify the existence of even the "worst world."

第 15 讲　电影片名

——片名翻译不拘名　再创片名功更成

要点拓展

1. 电影片名翻译多超出片名本身,除非译者感觉原片名本身具有呼吁效果且在译语市场也一样能实现呼吁效果。

2. 生活中常听到周围的人讲某个电影片名翻译得好坏。此时要仔细想一想,他们是站在什么角度评论的呢? 他们是懂得翻译的评论者,还是译语电影的消费者呢?

3. 从翻译上评论某个电影片名翻译得好坏,主要还是就译语本身而论的,不管是片名之间表面上的音似,还是脱离字面而对内涵(故事情节)的把握,甚至完全抛开电影的内涵而另创新名的,说到底,都是心理上的:译名作为目标语言,能吸引人就好。

4. 对于电影的经营方而言,能提高卖座率就好。所以,电影经营方所谓的好,一定是就利益而言的。

5. 既然如此,作为译者,就涉及一个身份问题:在很大程度上,他是广告者的一分子和译语片名的创作者。

6. 电影片名属于应用文学,其翻译,属于应用翻译的一种,所以实用性、应用效果是译者考虑的主要因素。

7. 电影片名有个时代性和约定俗成的辩证关系问题,一旦在观众中根深蒂固,一般就不会再改动。但新新人类必然有新的偏好,那么你认为有哪些电影片名需要重新翻译呢?

8. 电影片名怎样才能翻译好,已经完全超出了翻译的范畴,是创作者的事。

9. 英语电影片名翻译为汉语,我们作为目标语言的读者和观众,自然可以给出比较自信的结论。汉语电影片名翻译成了怎样的英语? 如果能认真研究,特别是对于西方真实市场进行专门的调查,找出规律性的东西,必定有助于中国电影的对外传播:到底是些什么样的因素使西方的消费者在一看到电影片名时就被打动的呢?

阅读空间

• 电影片名的翻译和评价

有关电影片名的翻译已经有过很多的讨论,但综观电影片名翻译的研究文献,还存在两大不足。一是,电影片名的翻译是就"片名"本身而论,还是一并结合电影的内容来讨论呢? 二是,电影片名的翻译方式多种多样,译者既求真也务实,但对于应用类文体的电影翻译而言,务实总体上高于求真:增加票房收入必然是首要考虑的因素。当译者抱着这样的态度对片名进行翻译时,难免会有超出翻译学范畴的超务实的举动,译者的身份也会发生质的改变:由"仆人"变为"主人",或由"译者"变为"创造者"等其他角色。从译内效果达到译外效果的过程——如广告翻译及其被社会接受的过程一样。

在翻译内,译者总体上是"译者",所应该把握的是"译内效果";在翻译外,也就是当译者染指译外效果之时,译者很可能扮演的是"非译者"角色。AIDA(A=Attention, I=Interest, D=Desire, A=Action)原则反映的是翻译社会化逐步增强的过程,甚至译者摆脱翻译性质约束的过程。当走向极端时,其效果有可能超出"译者"所能控制的范围。

电影名的翻译严格地说只是就寥寥数语组合的"片名"本身而论的。片名本身或直译,或意译,或异化,或归化,译者主要负责语言的转换及其意义的再现,包括形式和内容两个方面。但是,当译者一并结合电影的内容翻译而主要考虑票房收入等社会因素时,翻译则成了工具,成了借以提高呼叫效果的手段,而原本作为翻译内的直译、意译、异化、归化等翻译技巧,则成了超出翻译范围的市场定位器。此时,译者的社会性得到了张扬,当其社会性达到极致时,译者不再是"译者"。译者希望借翻译达到的效果主要是译外效果,严格地说不是翻译内译者必须考虑的问题,尽管是译评者需要重点关注的对象。且看以下的片名及其翻译:

Sleepless in Seattle/缘分的天空;*Gone with the Wind*/乱世佳人;*The Italian Job*/偷天换日;*Cheaper by the Dozen*/儿女一箩筐;*An American in Paris*/花都舞影;*Volcano*/地火危城;*Earthquake*/惊魂夺命;*Rebecca*/蝴蝶梦;*Top Gun*/壮志凌云;唐伯虎点秋香/*Flirting Scholar*;霸王别姬/*Farewell, My Concubine*;东邪西毒/*Ashes of Time*;不见不散/*Be There or*

Be Square；炮打双灯/*Red Firecracker，Green Firecracker*；黄飞鸿/*Once Upon a Time in China*。

这类电影片名的翻译，从传播学的角度讲，还有很多需要研究的内容。比如，作为目的语的中国译者，可能因为担心像电影 *Volcano* 和 *Earthquake* 直译为《火山》和《地震》会被误认为介绍火山和地震的科教片而降低商业片特有的效果，所以译为《地火危情》和《惊魂夺命》。作此变通，语言效果生动而形象，富有感染力。但是，为什么原文作者在源语读者群中如此创作却并不担心误解或感染力不足的问题呢？为什么 *Как закалялась сталь*？可以直译为 *How the Steel Was Tempered*？翻译家梅益（陈少卿）又从英文转而直译为《钢铁是怎样炼成的》而译者并不担心被误解呢？从翻译的角度讲，比如《唐伯虎点秋香》并非不可译，将"唐伯虎"和"秋香"转为汉语拼音又有何难？而译者偏要别出心裁，超出片名本身所具有的表面的和潜在的意义而译为 *The Flirting Scholar*，所以超出了"翻译"的范畴，而译者行为也超出了应有的语言翻译行为。

为了追求译外效果，译者的社会性总体上高于其语言性。比如，增加票房收入一向是译者首要考虑的因素，是人们期待达到的译外效果。译者有帮助赞助人实现最大化社会效果的义务，译者潜意识中会把译外的因素考虑在内。"至于译文跟原文酷似与否、译者行使了多大的自由来改动原文的面貌、译本对委托者、作者、社会大众、译本的语言文化产生什么影响，都不重要。"[①]当译者摆脱了原文的羁绊而进行彻头彻尾的再创造时，"译者"的身份实际已经发生了根本性的变化：译者是纯粹的社会人，可能扮演着经理、秘书、广告策划者、义务宣传员等不同的角色。

True lies/魔鬼大帝；*The Sun Also Rises*/妾似骄阳又照君；*Running Man*/魔鬼阿诺；*Brave Heart*/惊世未了缘。这些电影片名的翻译多发生在港台地区。港台地区属于高消费地区，经济发达，受到商业文化的强大刺激，电影片名常常被改头换面，大多触目惊心，有些电影片名和电影本身毫无关系（彻头彻尾的创意）。比如，电影 *True Lies* 讲述的是一名特工为了特工事业在妻子面前煞费苦心、多年隐瞒真实身份的故事。译为《魔鬼大帝》（大陆译为《真实的谎言》），和影片内容毫无关系，而施瓦辛格扮演的特工也不是片名中所说的什么魔鬼。这样做的原因是早前施瓦辛格因主演《魔鬼总动员》走红，

①　周兆祥：《译评：理论与实践》，黎翠珍主编：《翻译评赏》，中国青年出版社 2004 年版，第 10 页。

所以译者在译片名时完全不顾及原片名和电影的内容，一味迎合市场。

附庸风雅的例子数不胜数，甚至被人们总结出了公式化的"翻译"：

（1）动画片，就叫"总动员"：*Cars 2*/赛车总动员；*WALLE*/机器人总动员；*Cars*/赛车总动员；*Toy Story 2*/玩具总动员 2；*Planes*/飞机总动员。

（2）戏剧性的片子，就叫"风云"：*Into the West*/西部风云；*Domicile Conjugal*/床笫风云；*On the Waterfront*/码头风云；*Camelot*/圣城风云；*Shanghai*/谍海风云。

（3）爱情片加上"之恋"：*Yama no anata*/山的你，德市之恋；*Musume Dojoji-jyaen no koi*/娘道成寺　蛇炎之恋；*Nights in Rodanthe*/罗丹岛之恋；*The Love of Siam*/暹罗之恋。

（4）恐怖电影叫"惊魂"：*Cul-de-sac*/荒岛惊魂；*Silent Night*/平安夜惊魂；*Tower Block*/高楼惊魂；*Hijacked*/劫机惊魂；*The Hike*/远足惊魂；*Quick*/快递惊魂；*Switch*/换屋惊魂。

（5）都市男女情感困扰类的叫"未眠"：*Cashback*/超市夜未眠；*The One Where They're Up All Night*/一夜未眠；*To Gillian on Her 37th Birthday*/夜未眠生死恋。

这种行为是务实的，但使得译者行为过度自由，摆脱了原文对译者的约束，译者恣意摆布原文，失去了"译"的行为。译者的善意之举是可以理解的，但至于效果会不会是"如果单纯为了票房收入，迎合观众好奇心强、追求刺激的猎奇心态而生造与电影内容格格不入的奇名怪名，都不会为该电影带来长久的积极作用，甚至会因影片译名的失败而降低电影本身的艺术魅力"[1]，则需要有相应的考察数据作支撑。

说电影片名的"翻译"只是泛称意义上的，而所谓的"翻译"，多数情况下是借翻译之体而寄生的东西，所以被称为"译者"的人，实际正扮演着超出其翻译本分的商业化角色。

• 电影片名回译检测

为了说明文本体裁、译者定位和译者行为的关系，我让学生做了一段文学文本和几个电影名的应用文本的翻译和回译。第一步让他们"翻译"，告知原文来自英国；第二步明确原文出自汉语，来自中国，让他们"回译"。之后让他们写出第一步和第二步之间的所思所想。参加检测的学生译者 22 人。原文

---

[1]　冯庆华主编：《文体翻译论》，上海外语教育出版社 2002 年版，第 15 页。

和原译是：

> 唐代的茶学大师刘贞亮曾提出茶有"十德"的说法：茶可尝滋味，可以养身体，可以驱腥气，可以防疾病，可以聚生气，可以散闷气，可以促礼节，可以表敬意，可以顺心意，还可以助行道。可见，茶的用处有多么大。这不是刘贞亮一个人的看法，中国人也大都是这么看的。
>
> Liu Zhenliang, a tea master of the late Tang Dynasty, whose birth and death years are unknown, once put forward the theory of the "ten virtues" of tea：Tea is tasty；tea can maintain health；tea can drive away stinking odors；tea can prevent the attack of diseases；tea can cultivate energy in the human body；tea can relieve depression；tea can improve manners；tea can convey respect；tea can soothe the mind；and tea can uphold justice. This was not merely the personal view of Liu Zhenliang, but ideas shared by a majority of the Chinese people. ①

应用翻译的原文和原译是：

> 《三峡好人》：*Still Life*
> 《十面埋伏》：*House of Flying Daggers*
> 《英雄本色》：*A Better Tomorrow*
> 《花样年华》：*In the Mood for Love*

为了避免学生受到原文出处的干扰，我们有意去掉了原译文中包含的中国元素。修改过的译文是：

Sara Ray, a tea master, once put forward the theory of the "ten virtues" of tea：Tea is tasty；tea can maintain health；tea can drive away stinking odors；tea can prevent the attack of diseases；tea can cultivate energy in the human body；tea can relieve depression；tea can improve manners；tea can convey respect；tea can soothe the mind；and tea can uphold justice. This was not merely the personal view of Sara Ray, but ideas shared by the whole

---

① 陈宏薇、李亚丹主编：《新编汉英翻译教程》，上海外语教育出版社 2011 年版，第 133－134 页。

nation.

应用翻译的选材也遵从的是这一原则,尽量避开学生可能比较熟悉、意义比较透明的电影译名。

检测前,我的假设是:

(1)在第一步翻译时,文学翻译部分更接近原译,相似度高,而应用翻译部分会更偏离原译,相似度低,说明人们把文学翻译的宗旨定位为以忠实为本,即求真第一,尽可能做到文如其人。而应用翻译译文则在原译者为了迎合市场而较大程度上偏离原文的基础上再次偏离原译。

(2)在第二步回译时,文学翻译回译相似度高,应用翻译回译相似度低。前者说明译者的定位是朝向作者的,即要做到文如其人,后者说明译者的定位是朝向读者在内的市场的,多考虑读者所需,务实第一,也说明译者把握的社会人意义上行为务实社会的合理度最高。

(3)无论文学翻译,还是应用翻译,在不事先告知译者是回译的前提下,译者的主体意识都有意或潜意识地考虑读者所需,比如提高可读性,而在告知译者是回译之后,译者的主体意识又都有意或潜意识地朝向原文,并努力让译文匹配汉语的原文。

检测结果证实了之前的假设。文学翻译在前后两步之间变化很不明显,电影名的翻译和回译差别却比较显著。主要表现为两种趋向,第一种是当被告知原译出自汉语后,多数学生偷偷用手机上网查找权威译名;第二种是没有查找权威译名的学生,其译文在原译偏离原文的基础上,再一次发生了偏离。也就是说,更大程度上考虑了目的语读者的接受而使新的译名具有呼吁性和可读性。

除了回归的权威译名不计入统计外,电影名第一步翻译和第二步回译文主要有:

原文、原译(翻译和回译的原文)	第一步翻译(次数)	第二步回译(次数)
三峡好人/Still Life	平淡人生(3)/生命延续/人生如常/静止的生活/生活依旧(2)/静止的生命(2)/平静的生活/静物/平静人生/宁静致远/静物画/活着/太阳依旧升起/生命的轮回/静物写生	死水人生/心若止水/日子照样继续
十面埋伏/House of Flying Daggers	飞刀门/险厅/飞剑之屋(2)/尖角小屋/危机四伏(2)/飞剑传奇/飞刀传奇/飞刀又见飞刀/乱世风云/刀光剑影/黑客帝国/杀机四伏	暗器

原文、原译(翻译和回译的原文)	第一步翻译(次数)	第二步回译(次数)
英雄本色/A Better Tomorrow	明天会更好(4)/更美好的明天(2)/明天更美好(2)/美丽明天/明日/希望之日/美好明天/远大前程/糟糕的一天/美好前程/期待明天/择日而亡/明日更好/憧憬未来	希望曙光/前程似锦/蒸蒸日上/夕阳无限好
花样年华/In the Mood for Love	爱之体验/爱的喜悦/爱之心境/恋爱中(2)/等待爱情/恋爱情结/将爱(2)/正在恋爱中(2)/美丽心情/爱之感/恋爱百分百/爱之境/爱在心中/情窦初开/寻爱之心/爱的滋润	花季,雨季/坠入爱河/美丽心情

学生记述了第一步和第二步之间的所思所想,也即影响译者行为的因素和意见,这里以关键词列表的形式呈现出来。如表:

影响因素＼翻译形式	读者(人次)	目标(人次)	方法(人次)	原文(人次)
第一步:翻译	考虑读者感受或接受(4)	让读者看懂,把内容讲明白(3)/保持异国情调,提高票房收入(4)	向中文表达习惯靠拢,如采用四字格(1)/向原文靠拢,多直译、多异化(3)/猜译(1)/意译(1)	考虑原文文化(6)
第二步:回译	按照汉语的习惯,考虑读者感受(1)	回归原文(6)	如采用四字格、仿古体、工整对等(17)/查证(2)/意译(2)/归化(10)	关注原中文文本,贴近中文文本(17)

说明:同样或相似的因素和意见每出现一次,按1/人次计入。除去个别事先知道原文的译文外,多数学生并未分别叙述文学翻译和应用翻译,所以这里也不作区分。

很显然,在第一步翻译时,学生更多考虑的是读者(观众)因素,其目标定位为以读者为中心,无论以传达异域文化方法为主的异化(如"黑客帝国"),还是以迎合目的语读者接受习惯的归化(如"飞刀门"、"乱世风云"),终究都是为读者考虑的。在第二步回译时,学生更多考虑的是如何回归原文,读者因素已经降为次要因素。学生们偷偷用手机上网查找权威的译名并非说明测试的客观性欠佳,或许刚好从另一方面说明译者朝向和回归原文的主体意识的增强,所以,"查证"(调查法)只出现于第二步的回译文中。翻译时,个别理解上的分歧反映了英语知识的多寡,但不影响对译者主体意识的判断。

原译为实现较理想的效果,有意去掉了西方观众可能感到陌生的元素,如"三峡"和作为典故的"十面埋伏"。原译是否达到了译者的预期? 我们约请外教阅读了原译,对于文学段落,外教除了把原译的第一句变为:Liu Zhenliang, a tea master of the late Tang Dynasty (date of birth and death unknown), once put forward the theory of the "ten virtues" of tea: Tea is tasty. 把 stinking 改为 unpleasant 外,认为总体上是不错的译文。

外教作为目的语观众,猜想 *Still Life* 是关于一个人物或一群人物内心世界的故事,*House of Flying Daggers* 是动作片,*A Better Tomorrow* 可能是一部悲剧片,*In the Mood for Love* 是一部爱情片,并认为这些电影名的原译是能够吸引人的眼球(eye-catching movie titles)的。真实的情况也确实如此。外教对内容的反应无误,说明原译者的读者/市场定位和采取的措施是恰当的。一般情况下,译者心中都会有一个交际对象(读者)的存在。交际对象的存在会影响意志体译者的行为,因此,译者为达到照顾的目的(比如审美的、阅读习惯的)而进行必要的调整自在情理之中。回译时译者并不存在任何交际的对象,他面对的只是原文。电影片名的回译难以成功,原因也在于翻译者面对的是观众市场,为达到最佳的译外效果而进行了各种不懈的努力,包括为了实现最大化的市场效果而对原文进行的各种改写。

师生互动

【例子】 Good manners are important in countries, but ways of expressing good manners are different from country to country. Americans eat with knives and forks; Japanese eat with chopsticks. American say "Hi" when they meet; Japanese bow. Many American men open doors for women; Japanese men do not. On the surface, it appears that good manners in America are not good manners in Japan, and in a way this is true. But in any country, the only manners that are important are those involving one person's behavior toward another person. In all countries it is good manners to behave considerately toward others and bad manners not to. It is only the way of behaving politely that differs from country to country.

【初译】 举止礼貌在哪个国家都很重要,但表现礼貌的方式却各有千秋。美国人吃饭用的是刀子、叉子,日本人用的则是筷子;美国人见面说声"Hi",

日本人则要鞠躬。很多美国男士为女士开门,日本的男人却不这么做。表面上看,美国的礼貌并不是日本的礼貌,从某种意义上说,此说无误。但不论在哪个国家,举止的重要性都体现在一个人对另一个人的行为上。在所有的国家里,体谅别人都是礼貌的举止。国与国之间所不同的只是表现礼貌的方式有异罢了。

【讨论】 本文是说明文体裁,用词严谨,讲话比较正式,如译文中的"此说无误"、"有异罢了",没把"日本的男人"译成"日本的男士",是因为这里日本的男人并不是褒扬的对象。把 good manners 译为"好的礼貌"是不合适的,"礼貌"本身就是褒义的,bad manners 自然不能译为"坏的礼貌"。

【再译】 举止礼貌在哪个国家都很重要,但表现礼貌的方式却各有千秋。美国人用刀叉吃饭,日本人用筷子吃饭;美国人见面说声"Hi"就可以了,日本人见面则要鞠躬。很多美国男士为女士开门,日本的男人却不这么做。表面上看,美国的礼貌并不是日本的礼貌,从某种意义上说,此说无误。但不论在哪个国家,具有重要意义的举止都体现在一个人对另一个人的行为上。在所有的国家里,体谅别人都是礼貌的举止,否则就是不礼貌。国与国之间所不同的只是表现礼貌的方式有异罢了。

实 践 提 升

1. *Boogie Nights*

2. *It Happened One Night*

3. *Good Will Hunting*

4. *Amour*

5. *Life in a Day*

6. *Hold Back to Dawn*

7. *Enemy at the Gates*

8. *The Shape of Water*

9. *Big Fish*

10. Walking under lofty Ionic colonnades, looking up toward a horizon that was cut off by pure and noble lines, finding reflections of his transfigured shape in the shining marble at his side, and all around him solemnly striding or delicately moving human beings, speaking with harmonious voices and in a rhythmic language of gestures—in view of this

continual influx of beauty, would he not have to exclaim, raising his hand to Apollo: "Blessed people of Hellas!"

11. I dropped my eyes, then, to the foot of the wall—and I leaped into the air. There before me, facing the little prince, was one of those yellow snakes that take just thirty seconds to bring your life to an end. Even as I was digging into my pocked to get out my revolver I made a running step back. But, at the noise I made, the snake let himself flow easily across the sand like the dying spray of a fountain, and, in no apparent hurry, disappeared, with a light metallic sound, among the stones.

12. I will know that only those with inferior ability can always be at their best, and I am not inferior. There will be days when I must in the world constantly struggle against forces which would tear me down, Those such despair and sadness are simple to recognize but there are others which approach with a smile and the hand of friendship and they can also destroy me. Against them, too. I must never relinquish control.

第16讲　商标品牌
——商标品牌受欢迎　译语文化尽其能

要点拓展

1. 商标品牌是不是受欢迎，有多种因素，产品本身的知名度具有决定性作用，爱屋及乌式的联想是人们普遍的心理，有那么一点像一首歌曲的流行一样。单独一首歌曲不及电视剧和电影的插曲让人百听不厌、乐于咀嚼，原因就在于故事情节本身带给人的联想。

2. 商品本身未必受人欢迎，但品牌可以受到人们的赏识，说明品牌本身自有其魅力。

3. 商标品牌的翻译多是在原文基础上的仿作，借用原文的一点形式意义或一点内涵而进行的新的创造，并使译语及其文化的优势发挥得淋漓尽致。

4. 评价商标品牌翻译得好不好，要将翻译内属于翻译学上的评价和翻译外商品本身的影响力区分开来，即将译内效果和译外效果区分开来。

5. 商标品牌翻译得好，会在一定程度上帮助打开译语市场、促进消费，但商标品牌本身终究起不了决定性的作用。有些国外大牌，甚至根本没有汉语译文，或者即使有译文但人们在传播时也更愿意提及外语原名，说明翻译本身并不起决定性的作用。

6. 从翻译上看，商标品牌有翻译的、有半翻译半创作的、有完全创作的等等。总之，多是改变了原文意义并充分展示译语文化优势的那些品牌才可得以广泛的传播。

7. 商标品牌的翻译具有时代性，反映了当时大众的审美接受习惯，土气的、洋气的，应有尽有。

8. 走向社会从事翻译实践、进行商标品牌的翻译时把自己当作二度创作者，就有了充分发挥的自由和充满灵感的创造激情，所以就有了"创造性翻译"或"灵感式翻译"之说。

9. 本讲虽然谈的是商标品牌和口号的翻译，但不限于商标品牌和口号，还包括任何二度创作的名称,比如鲁迅把 modern 翻译的"摩登",不管是为了洋气或者别的什么目的,达到效果就好。

10. 与商标相关的口号的翻译,一向是译者乐于挑战的领域。要想翻译好,也只有尽可能充分发挥译语及其文化的优势。但因为各自语言都有其优势,所以不可译也属正常,但好在翻译是一个不断完善的过程,挑战自己总是值得赞扬的。即使完全不能译,也因为属于应用类文本,突出的是实用价值,所以大可作语言之间对接(平行文本)的再创造,实现曲线图利。

阅 读 空 间

• 品牌的翻译

品牌的翻译含有从翻译直至完全创造的各个阶段性特征。完全的"创意"不属于"创译","创译"是"创造性的翻译",含有原文的部分意义特征,而创意与翻译毫无关系。商业运作之功不可小觑,即使像文学翻译作品,译文的畅销到底是作者的名气还是出版社的营销策略抑或内容本身等因素起了决定性作用呢? 真正属于翻译内可以认可的"对"和"好"的因素占多大的比重? 促销效果很大程度上取决于广告策划者、产品质量、品牌效应、推介力度、营销策略、市场需求等诸多因素。正如周兆祥所说:"在极端的例子中,原文只不过是一些灵感,甚至借口,让译者发挥,创造出跟原文具备'某种关系'的新作而已。"①钱锺书把这类作品称为"借体寄生的东鳞西爪的写作"②,一语道破了实质。比如,"茶树菇"寄生于小乔木类油茶林腐朽的树根部及其周围,隶属真菌门,并非是茶树的一种。

为了突出商品的实用效果,译者的社会性倾向更加明显,社会化行为的程度也更高,所以译文与原文的偏离度就可能更大,一切"翻译"均以最大化地实现社会效果(具体如经济效益)为宗旨。所以,为了这一最高目标,译文甚至完全偏离原文也在所不惜。严格地讲,有的"翻译"不如说就是懂得双语的人以原文为参照而用目的语进行的新的创作,所以把"译文"和"原文"看成两个互为平行的文本更有道理。比如,"乐百氏"和 Robust(健壮),Coca Cola(古柯叶和可乐树)和"可口可乐":二者除了"译文"和"原文"音似(形式上)外,意义(内

---

① 周兆祥:《译评:理论与实践》,黎翠珍主编:《翻译评赏》,中国青年出版社 2004 年版,第 10 页。

② 钱钟书:《林纾的翻译》,罗新璋编:《翻译论集》,商务印书馆 1984 年版,第 705 页。

容上)完全偏离了原文,而当意义发生完全改变后,还有什么理由坚称属于翻译呢?

　　具体就 Coca Cola 的翻译而言,当年蒋彝灵机一动仿音而造的"可口可乐"成了商业经典,但严格说来算不上翻译,属于德国翻译家莫伦道夫所说的"创造性变译",即他认为虽然难能可贵,却不属于翻译的"翻译"。

　　一个译名是不是能够被接受,受很多因素的影响。分析这类问题时,不能因为一个品牌的产品有了名气、销量好,就为现有的某个"译名"拍案叫绝,全归功于翻译,显然是将译外效果与译内效果混同起来了。比如,Coca Cola 公认的理想译名是"可口可乐",但到底是产品本身先在国际上有了名气,还是在有了译名后才被叫响的? 当我们为 Goldlion 半音半意地译为"金利来"而叫绝时,纯粹音译的"劳力士"(Rolex)不是同样受到消费者的追捧吗? LEXUS汽车品牌意译的"凌志"在汉语中有诸多美好的联想,但如今还原为音译的"雷克萨斯",只是为了想尽可能地建立一个全新的豪华车品牌形象。Benz 汽车常见的是"奔驰",也有港译的"平治"和台译的"宾士"、"鹏驰",还有曾经的"本茨"等译名。"奔驰"在中国大陆获得认可的原因是多方面的,不必说现译名与Benz 的读音相近,而且从名称当中就能让人领略到该车风驰电掣的雄姿。至于未将 Mild Seven(万事发)译为"温柔七星"或者别的什么,除了译者当时的考虑外,不见得不能收获应有的译内效果(比如"七匹狼"系列品牌声名也佳)和较理想的译外效果,译外效果如何需要广泛的调查。

　　翻译或改造的品牌名效果如何,也多是社会性因素在起作用,不是翻译本身所能左右的,属于译外效果,译者一般难以控制。一种商品销路不畅,可能与名称有关,但当知名品牌的商品陡然间销售量下滑时,当初认为译名多么充满诱惑力并将实现多大的呼吁效果云云都将化为空谈。所以,讨论这类问题时,不必总念叨产品成为经典后目前译名之好和其他可能的译名之不好。接受环境不同,处理方法也不同,但品牌之所以成为品牌,最主要的是质量和信誉,这是译外效果,名字好听不好听,达到的只是译内效果。为了首先达到较理想的译内效果,译者最常见的做法是"假音托意",即仿音而造诣,这是译者为了适应接受环境使社会性得到张扬。至于怎样翻译或创译直至完全的借题发挥式的创意才能收获理想的译外效果却不在翻译内。由于社会审美的多样性和审美的时代性差异等,怎样才能吸引更多读者的眼球,常令商家和商家授意下的双语人才搔首踯躅、费尽心机。比如,"金利来"美则美了,但原意的"金狮"又有何不可? 我国不是也有"金狮"牌自行车吗!"夏普"无意可言,但正是因为"无意"而产生了陌生、异化的新鲜感觉;"鳄鱼"甚至是丑陋的代名词;"雀巢"对于饮品而言,视觉效果虽佳,但味道上不一定有多少美好的联想。

　　萝卜白菜,各有所爱,无论品牌美丑,都会有对之钟情的人群,只是人群大小有别罢了,而这才是商家主要关心的问题。可见,被称为"译者"的人,实际一直在做着语言外、翻译外的努力!而译者一般是按字数收取报酬(高酬征集译名活动的除外),有谁见过因为译名出色商家按商品的销售量、票房收入等"译外效果"给译者提成的?在支付报酬时,商家认可的"译者"之为却是基本意义上的:译者"多情"善举,换来的是商家的薄情待遇(按翻译的字数计酬)。实际上,文学翻译也如此。比如杨宪益回忆,在 20 世纪 60 年代,他曾经建议编辑删除每章后所附的毛主席的话,结果后来遭到新局长的呵斥:"杨宪益这个家伙怎么敢做出这样的事来!真是胆大妄为!翻译的本职工作不就是翻译吗,他怎么能插手编辑工作?"①那位新局长所言不无道理。

　　怎样看待商标品牌的翻译?"很多广告译文实际上根据的并非是广告原文的语言意义,而是根据广告涉及的商品特点,结合译入语消费者的欣赏习惯,重新拟定的广告词。这也是一种面向'实物'而非面向'言语'的翻译——假如仍可称之为翻译的话。"②

　　从 Coca Cola 到"可口可乐"可以不是"翻译",这是性质上的认定,但不能因为它是商业经典、使商家获得了利益的最大化从而淡化了本质上的东西,这和翻译实践上是不是应该鼓励二度创造是两码事,这就同情理和法理的关系一样。规约翻译实践,甚至超越"翻译"而实践和翻译批评实践是彼此相关但又彼此独立的两套评价系统。在现实翻译实践中,欢迎这种所谓的"创造性翻译"创造出的借体寄生之物,将其称为"灵感翻译"的范例,因为它毕竟能够更好地迎合目的语的消费市场,并能够为商家带来更大的经济效益。

师 生 互 动

　　【例子】My friend Mary is an attractive woman. Her large, dark eyes are beautiful. Her complexion is flawless, and she has a lovely big smile. Her long, black hair is full and shiny. She is tall and slender, and her every

　　①　杨宪益:《漏船载酒忆当年》,薛鸿时译,北京十月文艺出版社 2001 年版,第 201 页。

　　②　王克友:《翻译过程与译文的衍生——翻译的认识、语言、交际和意义观》,中国社会科学出版社 2008 年版,第 254 页。

movement is graceful. She also dresses stylishly, and her assortment of pleasant skirts and loose-fitting blouses look great on her.

【初译】 我的朋友玛丽真是一位充满魅力的女性,她那双又大又黑的眼睛显得十分美丽。她的面部洁净,笑容灿烂,又长又黑的头发饱满而富有光泽。她的个头又高又苗条,一举一动都显得那么优雅。她穿着独特,漂亮的裙子和宽松的衬衫穿在她身上就显得那么与众不同。

【讨论】 学生有把 attractive 译为"美丽有加"、"魅力四射"、"灵魂出窍"的,这样的用词与原文相比明显有点过头了。在译文中,我们可以追求美丽的用词,以便在更大程度上满足读者的审美需求。但是,美丽必须以得体为第一需要,甚至可以说,表达朴实、自然才能表现真感情,免得为追求用词的美丽而使译文表现出浮躁之气,给人一种无病呻吟的感觉。比如有人把 He is seriously ill. 译为"他苟延残喘,病入膏肓",其口气就强于原字面所反映的信息,译为"他病得很重"足矣。

woman 的翻译经过了这样一个选词过程:女孩—妇女—女人—女子—女士—女性—人—0。词的感情色彩不同,选择什么样的词都应该以得体为第一需要。"女性"在这里也是个合适的用词,但我们可以用减词法把 woman 译为"人",因为玛丽这个名字已经表明是位女性的事实。甚至再简化为零,译为"我的朋友玛丽很有魅力"。因此,在直译的基础上,站在编辑的角度考虑问题,争取做到言简意赅,当然故意强调生动的反复修辞除外。另如:Aunt Lili is one of the strangest relatives in the family. By our family standards, she was a wealthy *lady*.(莉莉姨妈是我家的一房怪亲戚,根据我家的标准,她是一个富有的人。)

描写文体具有两面性,即书面体和口语体。这主要看译者对于原作的解读和对听话人的定位,其中不存在正确与错误的问题,译者应该尽力做到的便是保持一篇文章大体风格的一致性。

【再译】【书面体译文】 我的朋友玛丽很有魅力,她那双又大又黑的眼睛显得十分美丽。她的面部洁净,笑容灿烂,又长又黑的头发浓密而富有光泽。高挑的身材,举手投足都显得那么温文尔雅。她穿着独特,漂亮的裙子和宽松的衬衫穿在她身上就显得那么超凡脱俗。

【口语体译文】 我的朋友玛丽可迷人了,她的眼睛又大又黑的,真美。她长得可好看了,脸上一个斑点都没有,她还爱笑,笑的时候更可爱,她的头发又长又黑,很有光泽。高挑个儿,动作还潇洒,穿着入时,漂亮的裙子、宽松的衬衫套在她身上就看着顺眼。

实践提升

1. IKEA

2. Boeing

3. Mercedes-benz

4. Marlboro

5. Longines

6. Simon King Wildlife

7. Jaguar

8. Cola Cao

9. Revlon

11. Happiness lies for those who cry, those who hurt, those who have searched, and those who have tried, for only they can appreciate the importance of people who have touched their lives. Love begins with a smile, grows with a kiss and ends with a tear. The brightest future will always be based on a forgotten past, you can't go on well in life until you let go of your past failures and heartaches.

12. Think of how stingy you are with your money: if someone on the street asks for $10, you're not giving it to them. There's no way you're giving a 30% tip for a normal dining experience. And so on. And yet so many of us just waste ungodly amounts of our time. We throw it away, every day. I know I do unless I'm careful. What helps me to not waste time is to see it as an investment, and to keep track of the returns I get for my investment.

13. To him the succession to the Norland estate was not so really important as to his sisters; for their fortune, independent of what might arise to them from their father's inheriting that property, could be but small. Their mother had nothing, and their father only seven thousand pounds in his own disposal; for the remaining moiety of his first wife's fortune was also secured to her child, and he had only a life-interest in it.

Here Comes the Fourth Culture

Last year, when my book of short fiction, *Foreign Soil*, was released in the United Kingdom, I found myself on the phone with BBC radio, doing a pre-interview. At the end of our lively and in-depth conversation, the producer asked: "So who are the other Australian writers of Afro-Caribbean descent, or from a similar background, who are working in literary fiction— what novels should we be looking out for?" I paused. "There are ... well, there are some African diaspora and African Australian writers I know who work in a lot of different forms, who I really hope you'll also see on the shelf one day ... " I stammered. "Natasha Jynel. Candy Bowers. "

When I finished the call, I hung up the phone and sat slumped in a kitchen chair for about half an hour. The comradery and support amongst Australian writers from all walks of life on the book trail can be extraordinary, but it can be bitterly isolating on the road sometimes, not seeing a single face like your own.

I am truly blessed to do what I do. Between book publishing, teaching writing, speaking engagements, performing my work, and writing for *The Saturday Paper*. I love what I do, but there's also a debilitating heartache to being a more-than-third-culture-kid, in a country where the subtleties of identity are often lost.

I was born in Sydney, Australia—and have lived here all my life. My mother and father both grew up in London from the age of four or five, but were born in Guyana and Jamaica, respectively. Mine is a complex migration history that spans four continents and many hundreds of years: a history that involves loss of land, loss of agency, loss of language, and loss, transformation, and reclamation of culture.

Before being "settled" by the British in the 1700s, the country I live on was forcefully and unlawfully taken from the Australia's First Peoples. Like other non-Aboriginal Australians, my migrant history forms part of the colonial history of this land: I am *settler black*, rather than *Indigenous black*. As an emerging writer, writing to this complexity of identity seemed virtually impossible. Though Australian born, I didn't feel Australian enough to write "Australian" stories. Though my parents were twice migrants, I wasn't a migrant myself and felt migration stories didn't belong to me. I wondered about writing African diaspora fiction, when I was so many generations removed from the African continent.

The fear and confusion around what I should be writing was debilitating. In my first few years of university, as one of the few diverse students—and the only black student—in my writing course, I unwittingly *wrote white*. I emulated the kind of contemporary grunge fiction that was being published at the time. There was perhaps a character or two of color on the periphery of these tales, but by and large I avoided the issue of having to write race—or I thought myself to be avoiding it—I somehow believed I wasn't making a choice.

I made peace with the fact that, as far as I knew, there was no precedent in the Australian publishing world for what I was trying to do. I accepted that there might be misunderstandings and hiccups and failures— and perhaps even outright mistakes—on my part. I told myself this was the beginning of a journey—perhaps, dare I be audacious enough to believe it, the emergence of a new canon— I ran to the edge of the cliff, and jumped.

I wrote about my parents' childhood playground of Tottenham, England, telling the story of a black British teenager caught up in a race riot. Harlem crosses the road, turns the corner and heads down Woodgreen ...

I wrote about a young child-of-migrants black girl, struggling to fit in, in a 1980's Australian schoolyard. I wanted less *springy* afro curl, eyes less the color of wet potting soil. I craved skin a little milkier than the specific shade of *strong-with-a-dash* I was.

My stories crept across the terrain of war-torn Africa. *The village is smoking, and the soldiers busy smashing, burning.*

I walked the beaches of 1940s Kingston. *Blue pon green pon navy pon khaki water ... flat-flat horizon line dat seem like it stretchin way-way beyond wat im eye can si, runnin an running forever an a day.*

I found myself researching the Black Panther squats of 1960s Brixton. The occupants of Railton road were bell-jeaned, dome-afroed, Doc Martened and muscle-T'ed: as bad and black as they could possibly muster themselves to be, with yearning amber eyes filled with each other and rumaway tongues tripping with the talk of equality.

I used my background in human rights law to explore inside of Australia's immigration detention centers. There are no doors inside this place. No doors except the ones to keep people from running away.

When my Australian publishers picked up Foreign Soil for publication, they suggested I write an additional story to close the book. A story, they suggested, given the global span of the stories in Foreign Soil, that would give the reader some kind of indication of who I was as a person and as a writer. I agonized over this task, putting pen to paper, then starting over again and again, for several weeks. Finally, I started work on "The Sukiyaki Book Club," which would become the final story in the collection. "The Sukiyaki Book Club" is a story about a young African diaspora Australian mother, who has written an unpublishable collection of short fiction. She keeps sending the manuscript off for publication, but the rejection letters keep pouring in.

Foreign Soil was published, and Australian readers embraced it wholeheartedly. The rest, as they say, is history.

Over the past few years, I've had the absolute privilege of sharing the Australian stage with visiting black literary giants such as Noviolet Bulawayo, Tracy K. Smith, Dr. Cornel West, and Roxane Gay, but I hope to see more local writers with complex histories written into Australian—and global—literature.

I hope one day, when asked that BBC question, I'm able to list the many sister and brother African diaspora Australian fiction writers *already* on the shelf. I hope Foreign Soil and my new memoir, The Hate Race, are part of this change.

第四种文化来袭

翻译：周领顺　吴春容

去年，我的短篇小说《异国他乡》刚一在英国上市，我就接到了BBC电台的电话访谈。在我们愉快、深入的谈话结束时，节目制作人问："那你知道还有哪些澳大利亚作家有非（洲）裔加勒比海血统或者类似的背景？他们中哪些人一直在进行着文学创作？哪些小说值得我们去关注？"我顿了顿。"这……据我所知，有一些非裔离散作家和澳大利亚籍黑人作家以各种形式在进行着创作，我真希望有一天你们也能在书架上看到娜塔莎·尤内尔、康迪·鲍尔斯……"我结结巴巴地说出了几个名字。

采访结束后，我挂断电话，瘫坐在厨房的椅子里，足有半个钟头。我的写作之路获得了澳洲各界同行不同凡响的支持与关注，但创作路上却看不到一个自己的非裔同胞，颇感茕茕孑立，形单影只。

我真的很幸运，可以做自己喜欢之事，或出书、教写作、应邀演讲、执行任务，或给《周六快讯》写稿。我热爱自己所做的一切，但作为一个带着第三国甚至更多文化印记之子，生活在一个多重文化身份常被忽略的国度里，还是让我有种深深的不安之感。

我出生在澳大利亚的悉尼，并一直生活在这里。我的母亲和父亲从4、5岁起，就在伦敦生活，但他们却分别出生在英属圭亚那和牙买加。我的家族史就是一部横跨四大洲、长达数百年的移民史：失去了自己的土地和政府，忘记了自己的语言，丢失、改造并重塑了自己的文化。

在18世纪被英国"移民"之前，我所居住的国度是强行从澳洲原住民手中非法掠夺而来的。就像其他非土著澳大利亚人一样，我的家族移民史就是这片土地的殖民史。我是"移民黑人"，不是"本土黑人"。作为一名新兴作家，在作品中写进这样复杂的身份背景似乎是完全不可能的。尽管生在澳大利亚，但我却从未感到自己是个真正的澳洲人，我写不出"澳大利亚人"的故事。尽管我的父母是两代移民，但我不是，因而感觉自己与移民没什么关系。我作为来自非洲大陆N代移民的后代，也未必能写得出离散非裔的故事。

究竟该写些什么呢？这样的担忧和迷惑一直困扰着我。在我刚进大学那几年，作为少数族裔中的一员，且是写作课上唯一的黑人学生，我潜意识里是在以"白人方式"写作的。我效仿当时出版的那些垃圾小说,在这类小说里,或许有一两个有色人种扮演的边缘角色,但一般来说,我写作时尽量不触及种族问题,或者说我自认为回避了这个话题。不管怎样,我认为只能如此。

就我所知,在澳大利亚出版界,我所作的努力在过去尚无先例,这是无须争议的。我承认我的作品中可能会有误解,有瑕疵,有败笔,甚至赤裸裸的错误。但我告诉自己,这是征程的第一步。或许,无畏如我者坚信,这是开创澳洲文学新的创作范式的序曲——我冲向悬崖,跳将下去。

我讲述了这样一个故事,在英国的托特纳姆区我父母曾呆过的儿童游乐场里,一个英国黑人少年在一次种族冲突中受到殃及:哈莱姆穿过街道,转过拐角,直往伍德格林奔去……

我讲述了一名 20 世纪 80 年代移民来的黑人小女孩是如何努力融入澳大利亚校园的:俺巴望俺的非洲发卷儿别动不动就打成卷儿,湿陶土色的眼睛能浅一点儿;俺恨不得俺黑得透亮的肉肉,能泛点儿奶白色。

我写的故事,爬过了饱受战争创伤的非洲土地:村子里浓烟滚滚,当兵的打砸放火。

我写的故事,走过了 20 世纪 40 年代的金斯敦海滩:浅蓝之下是绿色,绿色之下是深蓝,深蓝之下是土黄土黄的水……地平线就像是平铺的一条道儿,每天都伸啊伸,伸得远远的,远到我眼睛够不到的尽头。

我发现,我竟然还钻研了 20 世纪 60 年代英国布里克斯顿地区黑豹党的占领区:雷尔顿路的占领者下身穿着喇叭裤,头梳着圆圆的非洲发髻,脚蹬着马斯顿牌马靴,上身箍着紧身的 T 恤,又孬又黑,扎个堆儿,睡眼蒙眬、怪里怪气地鼓噪着有关平等的话题。

我曾用自己的人权法律知识,探求澳大利亚的移民滞留问题:这里没有门,即使有,也关得死死的,休想逃出去。

澳大利亚出版商确定出版《异国他乡》这本书时,建议我加个故事作为全书的结尾。鉴于《异国他乡》故事跨越全球,他们说加的这个故事要能让读者了解我这个人和我这个作家。我斟酌数周,辗转反侧,掷笔于纸上然后又一遍遍地拾起。最后,我写出了《寿喜烧读书俱乐部》。我写了一个年轻的非裔澳大利亚母亲,她创作了许多短篇故事,却没人给她出版。她不断投稿,又不断被拒。

《异国他乡》终于问世,来自澳大利亚的读者好评如潮,他们说我创造了历史。

在过去的几年里,我特别幸运地能和诺维奥莉特·布拉瓦约、特雷西·珂·史密斯、卡耐尔·韦斯特博士和罗克珊·盖等一些来访的黑人文学巨匠跻身于澳洲文坛,然而我更愿看到更多具有多元历史背景的本土作家能够载入澳大利亚的文学史册,直至走向世界。

我希望有一天,当我被人问及 BBC 曾问的那类问题时,我能滔滔不绝地列出离散的非裔澳洲同胞们早已上架的众多作品。我希望《异国他乡》和我刚刚出版的传记《讨厌的种族仇恨》一起,助推本土文学的广泛传播。

评析:

任何社会人,都有着自己的文化身份。"文化身份"(cultural identity),或曰"文化认同",是图亚特·霍尔(Stuart Hall)在《文化身份的问题》(*Questions of Cultural Identity*)(1996)一书提出的,他从主体的角度,把文化身份界定为三种不同的概念:启蒙主体、社会学主体和后现代主体。

启蒙主体以核心的、统一的个体观念为基础,具有判断、自觉和行为的能力。社会学主体在自我与他人的"交互作用"中形成。主体仍然具有内部的核心或者本质——真正的"我",但是他/她是在连续地与"外部"文化世界的对话中被塑造和被调节的。后现代主体不仅没有固定的、本质的或者永恒的核心,而且还存在着矛盾的、暂时的文化身份,把人们拉向不同的方向。离开母体文化而在另一文化生存的离散者,属于后者:他们往往面临身份的模糊或丧失,寻求身份的认同和灵魂的归属;他们既渴望文化的多样性,抵制文化上被同化,但同时又为自己的矛盾身份而困惑。我们节选的这篇散文《第四种文化来袭》(*Here Comes the Fourth Culture*),即出自一位名叫麦克西尼·贝尼巴·克拉克(Maxine Beneba Clarke)的离散族裔作家之手,这里将借此谈谈如何在译文中再现作者的文化身份问题。

一、选文背景

《第四种文化来袭》是作者克拉克为自己 2014 年出版的小说处女作《异国他乡》写的一篇创作后记。克拉克是非裔澳大利亚作家、诗人兼编辑,其传记写作获得了罗利奖学金,更凭一本未曾发表的手稿,斩获了 2013 年的澳大利亚总督文学奖、首部小说艺术奖和澳大利亚年度图书奖。作为离散作家的代表,作者从《异国他乡》原书中截取了不少片段。因此,要译好这篇散文,就要首先了解这本小说集的大概内容。

《异国他乡》(*Foreign Soil*)由 10 篇短篇小说组成,内容大多是记述不同种族、性别和变性者等非主流文化人物的故事。小说背景遍及世界各地,每个故事都描述了主人公作为主流文化之外的他者文化代表在文化流亡和文化剥离中所遭遇的各种陌生感,以及他们探索和寻找归属感的历程。作为一名女性作家,其文笔细腻,文字富有韵律和画面感。同时,作为一名非(洲)裔移民的后代和少数族群文化代言的先锋,作者聚焦于主流媒体忽略的边缘群体及其行为特征,如人物佶屈聱牙的口音与方言等,表现了其鲜明的文化身份烙印。在翻译此文时,如何再现作者这些文化身份建构的标记性特征,是需要面对的问题。

二、作者情感与身份的传译

2.1 修辞手段

[1] The comradery and support amongst Australian writers from all walks of life on the book trail can be extraordinary, but it can be bitterly isolating on the road sometimes, not seeing a single face like your own.

译文:我的写作之路获得了澳洲各界同行不同凡响的支持与关注,但创作路上却看不到一个自己的非裔同胞,颇感茕茕孑立,形单影只。

此句生动的比喻(comradery,book trail,a single face),彰显了作者斐然的文采。此外,extraordinary 与 single 形成对比,加强了表达效果。结合具体语境看,comradery 不宜译为"同志情谊",可模糊化为"关注"。book trail 是隐喻,指作者成书的整个过程,用"写作之路",达到了隐喻对译隐喻的效果。a single face 是转喻,作者特意用 face 强调她的非裔人种身份,因此译文处理为"非裔同胞"。同时,译文尽量用书面语("颇感茕茕孑立")和四字格("形单影只"),以较正式的口吻,浓重再现作者的孤独感(bitterly isolating)。

[2] Mine is a complex migration history that spans four continents and many hundreds of years: a history that involves loss of land, loss of agency, loss of language, and loss, transformation, and reclamation of culture.

译文:我的家族史就是一部横跨四大洲、长达数百年的移民史:失去了自己的土地和政府,忘记了自己的语言,丢失、改造并重塑了自己的文化。

原文接连重复四个 loss of 这一名词性短语,铿锵有力,字里行间表达了对殖民者的责难和无奈。汉语若一一对应,会稍嫌冗长,因此通过重复"自己的"加并合处理,实现了短促有力的音响效果。

[3] In my first few years of university, as one of the few diverse students—and the only black student—in my writing course, I unwittingly wrote white.

译文:在我刚进大学那几年,作为少数族裔中的一员,且是写作课上唯一的黑人学生,我潜意识里是在以"白人方式"写作的。

此处的 wrote white 易被误作"写白人的故事"。作者使用转喻,意指她曾模仿白人主流文化的写作模式,即从不关注那些边缘群体,译文还原为"以'白人方式'写作"。

[4] I accepted that there might be misunderstandings and hiccups and failures—and perhaps even outright mistakes—on my part.

译文:我承认我的作品中可能会有误解,有瑕疵,有败笔,甚至赤裸裸的错误。

hiccups本指"打嗝",这里用作隐喻,是充满动感的意象;三个名词:hiccup,failure和mistakes,程度呈渐强之势。译文先用"有瑕疵,有败笔"两个并列的三字动宾词组传达原文的动感,达成短促的音响节奏,再将outright译为"赤裸裸的",加强了语气,刻画出了作者不畏将来,敢于尝试的先锋做派。

[5] I told myself this was the beginning of a journey—perhaps, dare I be audacious enough to believe it, the emergence of a new canon— I ran to the edge of the cliff, and jumped.

译文:或许,无畏如我者坚信,这是开创澳洲文学新的创作范式的序曲——我冲向悬崖,跳将下去。

the emergence of a new canon是隐喻,我们既译出了canon的具体内涵,又用"序曲"保留了原文的隐喻修辞,用"冲向""跳将"等富含积极感情色彩的词语对译原文的两个动词。作者句末用单音节动词jumped收到了戛然而止之效,译文用四字格,达到了类似的效果。

[6] My stories crept across the terrain of war-torn Africa. *The village is smoking, and the soldiers busy smashing, burning.*

译文:我写的故事,爬过了饱受战争创伤的非洲土地:村子里浓烟滚滚,当兵的打砸放火。

原文一句话里就用了拟人和押尾韵两种修辞手段,而动词crept与现在分词smoking,smashing和burning的使用,徒增了叙述的画面感,展现了非洲的沧桑和作者内心情感的张力,而汉译用四字格和主谓结构,取得了相似的功效。

[7] The occupants of Railton road were bell-jeaned, dome-afroed, Doc Martened and muscle-T'ed: as bad and black as they could possibly muster themselves to be, with yearning amber eyes filled with each other and rumaway tongues tripping with the talk of equality.

译文:雷尔顿路的占领者下身穿着喇叭裤,头梳着圆圆的非洲发髻,脚蹬着马斯顿牌马靴,上身箍着紧身的T恤,又孬又黑,扎个堆儿,睡眼蒙眬、怪里怪气地鼓噪着有关平等的话题。

作者对占领者着装的描写具体形象,字里行间不乏戏谑。译文用四个主谓词组("下身穿着","头梳着","脚蹬着","上身箍着")表现原文的动态感。我们未直译 amber eyes 所表现的颜色,而用"睡眼朦胧"勾勒其神态,用"圆圆的","又孬又黑","扎个堆儿","怪里怪气","鼓噪"等土味儿十足的表达,还原原文的滑稽感和嘲讽。

[8] The rest, as they say, is history.

译文:他们说我创造了历史。

这句话是双关修辞,既有"一切其余的都已成历史"的字面义,又是习语 the rest is history(一切不用再说)的变体,鉴于中英文字的差别,译文只好舍弃双关,首先求真于基本的交际意义。

2.2 感情色彩

(1) dare I be audacious enough to believe it, the emergence of a new canon— I ran to the edge of the cliff, and jumped.

译文:无畏如我者坚信,这是开创澳洲文学新的创作范式的序曲——我冲向悬崖,跳将下去。

作者用书面语 audacious 和倒装句来凸显其自信和大无畏的勇气,译文用半文言"无畏如我者……"和铿锵有力的四字格对应,重现了这样的效果。

[2] My stories crept across the terrain of war-torn Africa. *The village is smoking, and the soldiers busy smashing, burning.*

译文:我写的故事,爬过了饱受战争创伤的非洲土地:村子里浓烟滚滚,当兵的打砸放火。

将 soldiers 译为"当兵的"而非"士兵"或"战士",表现了作者的厌恶之情。同时,"饱受"、"创伤","打砸"、"放火"等词语的使用,也一并表达了这样的情感色彩。

2.3 乡土语言

作者借展现边缘人物的"乡土语言",表现他们的生存环境和所处的困境。

[1] *I wanted less springy afro curl, eyes less the color of wet potting soil. I craved skin a little milkier than the specific shade of strong-with-a-dash I was.*

译文:俺巴望俺的非洲发卷儿别动不动就打成卷儿,湿陶土色的眼睛能浅一点儿;俺恨不得俺黑得透亮的肉肉,能泛点儿奶白色。

dash 是"猛冲"之意,小姑娘造出 strong-with-a-dash 一词,表现了黑的程度和黑带来的视觉冲击,所以用"黑得透亮"对译之。考虑到说话人是一个黑人小女孩,我们用"俺"、"巴望"、"恨不得"等方言词 与"发卷儿"、"浅一点儿"、"肉肉"、"泛点儿"等叠词和儿化音,实现表达的本土化和儿童化。

[2] *Blue pon green pon navy pon khaki water ... flat-flat horizon line dat seem like it stretchin way-way beyond wat im eye can si*,*runnin an running forever an a day.*

译文:浅蓝之下是绿色,绿色之下是深蓝,深蓝之下是土黄土黄的水⋯⋯地平线就像是平铺的一条道儿,每天都伸啊伸,伸得远远的,远到我眼睛够不到的尽头。

作者使用当地不合标准语的乡土语言,为的是凸显描写的地方性,增强文字的亲近度。经过向外籍专家请教,词语的正确拼写应为:

Blue upon green upon navy upon khaki water ... flat-flat horizon line do seem like it stretching way-way beyond what my eyes can see,*running and running forever on a day.*

我们通过重复"之下是",朴素地表现了(u)pon 表意的质朴化,并用"道儿"、"伸啊伸"、"土黄土黄"、"够不到"等口语化的词语再现原文的土味儿。实际上,作者的描写看似简单,其实别有深意。Frantz Fanon 将移民作家描写为"没有锚,没有地平线,没有色彩,没有国家,没有根的个体———一群天使的族类"①,而作者在此使用这样的乡土语言表达,暗指离散作家群对自我身份的迷惘和困惑。

三、词语和句子的处理

3.1 变通语义

[1] 文章在第 1 和第 12 段两次出现 I found myself+宾语补足语的结构,表现了作者的愕然和不知不觉。这两处是:

I found myself on the phone with BBC radio ...

I found myself researching the Black Panther squats of 1960s Brixton.

前者表明作者对 BBC 的电话采访有些意外,也间接说明该部作品的轰动效果;后者表明作者自己的多重文化身份特征在潜意识里对于作者行为和所关心主题的影响。

[2] 原文第 9 到第 13 段,每段开头所用动词(wrote, crept, walked,

---

① Frantz Fanon:*The Wretched of the Earth*. New York:Grove Press, 1968.

found, used)虽不尽相同,但均指作者的创作历程,稍不注意,就可能会理解错位,导致误译。比如,I walked the beaches of 1940s Kingston 一句,就容易误译为"我漫步在 20 世纪 40 年代的金斯顿"。但结合背景知识判断,作者出生于 70 年代,是不可能会在那时去金斯顿沙滩漫步的,它不过是故事的背景罢了,因此译为:"我写的故事,走过了 20 世纪 40 年代的金斯敦海滩。"同时,我们将 My story crept … 和 I walked … 这两个不同主语的句子,均以"我写的故事……"开头,不仅加强了语气,也交代了这些场景只是故事中的。

〔3〕I'm able to list the many sister and brother African diaspora Australian fiction writers already on the shelf.

译文:我能滔滔不绝地列出离散的非裔澳洲同胞们早已上架的众多作品。

或许会有人认为将 list 处理为"滔滔不绝地列出"是过度翻译,但只要细心品读,就会发现此处呼应的是文章首段的 I stammered(结结巴巴地说出),表达了作者对自己的作品所即将带来的改变充满了期许。

3.2 合并句子颠倒语序

〔1〕"There are … well, there are some African diaspora and African Australian writers I know who work in a lot of different forms, who I really hope you'll also see on the shelf one day … " I stammered. "Natasha Jynel, Candy Bowers. "

译文:"这……据我所知,有一些非裔离散作家和澳大利亚籍黑人作家以各种形式在进行着创作,我真希望有一天你们也能在书架上看到娜塔莎·尤内尔、康迪·鲍尔斯……"我结结巴巴地说出了几个名字……

我们根据汉语的表达习惯,将原句中分开列出的两个句子合并成一句话,增加了连贯性,也提高了可读性。

〔2〕I made peace with the fact that, as far as I knew, there was no precedent in the Australian publishing world for what I was trying to do.

译文:就我所知,在澳大利亚出版界,我所作的努力在过去尚无先例,这是无须争议的。

将 I made peace with the fact 放在最后,符合汉语先因后果的表达习惯。

3.3 使语义详略有度

〔1〕but there's also a debilitating heartache to being a more-than-third-culture-kid, in a country where the subtleties of identity are often lost.

译文:但作为一个带着第三国甚至更多文化印记之子,生活在一个多重文化身份常被忽略的国度里,还是让我有种深深的不安之感。

作者用了一个复合词 more-than-third-culture-kid,表达简练,但如何传译其丰富的内涵呢? 这首先需理解 the third culture kid 的含义。

"第三文化孩子"是指个人和文化身份尚未完全形成,未在其父母或法律意义上的祖国成长的孩子,这样的孩子在不同文化的浸染中游走,并困惑于自我身份的归属和文化身份的认同。作为后殖民国家,澳大利亚虽然没有像第三世界国家那样遭受被占领和被奴役的命运,也没有像美国、印度那样经过民族战争而获得独立的经历,但它却一直为寻求自己独立的文化身份而困扰。结合语境,我们将之译为"带着第三国甚至更多文化印记之子",回应了文章题目里的"第四种文化"。

[2] Between book publishing, teaching writing, speaking engagements, performing my work, and writing for *The Saturday Paper* (a national broadsheet newspaper based in Melbourne), I get by on my craft.

译文:或出书、教写作、应邀演讲、执行任务,或给《周六快讯》(全国性大报,总部设在墨尔本)写稿,我以这些本事为生。

作者强调她在做这些事情[包括出书、教写作、应邀演讲、执行任务等主业和给《周六快讯》写稿的副业)],皆能做到游刃有余,所以我们没有将 between ... and 这个短语照直翻译为"在……之间",而是简略地以"或……或……"取而代之。

四、余言

要深刻理解原作,就要预备相关的知识。这里,我们仅以作者故事集中的 *The Sukiyaki Book Club* 的翻译为例,作为结束语。

我们将 *The Sukiyaki Book Club* 直译为《寿喜烧读书俱乐部》,这是因为 Sukiyaki 是日语すき焼き的英语音译。"寿喜烧"是日式火锅的一种,意思是按照自己的喜好而做料理。我们将其直译为"寿喜烧"而未译作"日式火锅",是因为作者的取名别有深意。

法国符号学哲学家罗兰·巴特(Roland Barthes)在《符号帝国》(*L'empire_des_signes*)(1970:19-20)一书中指出,日本是不存在中心的,而"寿喜烧"就是"没有中心的食物",是因为它可以按照个人喜好的顺序加入任意的食材,无休无止,而在法国料理里却有主菜,所以在时间和空间上都是有中心的。作者克拉克用此故事作为该故事集的收官之作,寓意她的故事集没有中心主义,所有人种,所有群体都是平等的。我们直译该词,希望读者能从中体会到作者的良苦用心。

第17讲 菜单翻译
——菜单翻译怎样巧 异域市场自有宝

要点拓展

1. 菜单翻译属于应用类文本翻译。

2. 菜单翻译炒来炒去,大多讨论的是将中菜单(中国菜、中式菜、汉语菜谱、中文菜单)译为外语,借以宣传和推广中华饮食文化。

3. 之所以较少讨论外语菜单的汉译,主要是因为用外语写就的菜单比较直白、清楚明了。中菜单中的讲究太多,比如形象化的用词、云遮雾罩的语言表达、刀工的精美和特别的烹饪方式、故事等信息,所以有更多值得讨论的内容。

4. 我国在几年前统一过中菜单的英译,但问题仍然很多,其中最主要的是按自己的理解、采取自己认可的翻译、怀着美好的初衷,一厢情愿地推广中华的饮食文化。到了国外真实的市场,未必能收到预期的效果。毕竟,未经过市场的检验,都是书斋里做的事。

5. 国外真实的市场,是检验菜单翻译有效无效的试金石。

6. 在国外真实的市场,中菜单的传承是比较复杂的,至少不是国内学者在书斋里想象的那样。国内认为行不通的菜名,在国外真实的市场却大行其道。

7. 国外的市场上因为未包括所有中国菜名,所以不可能全部抄来使用,总还有个翻译的问题。

8. 基本的翻译原则是:清楚、简明。在确保不会产生误解的前提下,尽可能增添一些诱人的因素。

9. 翻译之后,最好咨询国外真实市场的中餐馆经营者,并先行试验,效果比较理想的,再进行推广。

10. 中菜单翻译者更多的时候不是译者,而是市场操控者,所以菜单的翻译更多的时候也不称其为翻译。这是应用类文本翻译及其译者的一般特征。

阅读空间

• 中餐菜单英译

中餐菜单的英译在国内学术界是一个老生常谈的话题,虽然炒得沸沸扬扬,但多止于纸上谈兵,或规定译者的行为,或仅作方法上的归纳,缺乏对目的语、异域真实市场的效果考察。比如,国内在讨论"狮子头"(肉丸子/肉圆)菜名的翻译时,对于直译的 Lion's Head 一般持否定的态度,然而美国中餐馆的中餐菜单却赫然作此译名,并未如我们所担心的引起误解或想当然地认为"许多外国食客听到这个菜名(指类似的 Red Burned Lion Head——引用者)被吓跑了"①。

英译为 Lion's Head,国内的译评者并不看好,类似的还有在国内受到广泛质疑的"红烧狮子头"的英译 Red Cooked Lion's Head,却被异域食客毫无障碍地接受了。道理很简单,如果餐馆里的常规菜是现实世界中的狮子头,自然有违常识,也因为有违常识,所以才不会产生歧义,不会招致误解。有些中餐馆的菜单在每一道菜的菜名下还给出一些解释,比如一家中餐馆对这道 Lion's Head 的解释是:Crispy Pork Meatballs with stir fried Napa Cabbage, Carrot, Onions and Mung Bean clear Noodles。这样,即使表面上有歧义,也会通过解释使歧义消融于无形。由此引出了研究上的一些问题和看问题的视角。国内讨论存在的问题主要有:

总体上过多讲究译文对原文意义的求真,较少触及译文对真实市场的务实效果。菜单的翻译,属于应用类翻译,凸显的是社会功能。如果仅限于译内效果(译文对原文求真)而忽略译外效果(译文对社会务实),就等于忽视了这类应用类文字的初衷和终极目标;以往多是在方法上进行一般性的归纳,但缺乏效果考察。具体而言,国内的讨论主要是规定性的,尚缺乏充分的描写性实证研究;国内对中餐菜单的讨论关注的主要是原文语言特色等形象性语言和原文中包含的刀工、烹饪方法等独特技术信息传译的难度,而在国外市场上的实际接受情况怎样,往往语焉不详;国内的讨论多将译者定位为语言上的译者,即翻译一般意义上的语言转换和意义再现者,但对于面对市场或身处市场

---

① 孙国瑾等:《论中餐菜名英译中的问题和解决方法》,《山东外语教学》2008 年第 3 期。

的译者还是不是译者,往往有意回避,实质上回避的是译者的身份。评价者的身份也是需要鉴别的一个问题:他是译者的代言人,还是真正的消费者? 他是中国的消费者,还是目的语市场的消费者? 国内的研究者对于中餐菜单的英译不能割舍的都是些什么呢?

国内对中餐菜单英译的评价主要是规定性的。以异域成功运营的英译中餐菜单为本所做的描写性实证研究,更能说明译文对社会的务实效果。对于国内进行中餐菜单推介的翻译实践者而言,不仅要追求翻译内译文对原文的"准不准",更要追求翻译外译文对社会的"好不好",至于操作性,可首先将翻译的中餐菜单在小范围内试用,食客反映好才是真好,然后再逐步推广,实现文化从"走出去"到"走进去"的转变。

有学者也注意到了国外的中餐菜单翻译"乱象":"既然这家餐馆(指位于美国纽约曼哈顿第二大道 913 号的上海村餐厅——引用者)可以在寸土寸金之地以这样的方式提供中餐译名,那肯定是在特定范围内消费者接纳了这个'大杂烩',这个难寻理论依据的处理模式。"[①]虽然没有固定的"理论依据的处理模式",但背后必定有运行的道理和规律。我将通过对成功运营的美国中餐馆中餐菜单英译第一手资料的分析,反证中餐菜单英译的恰当性和有效性;理性审视翻译的质量和应用翻译之"好";认定译者的身份,鉴别一定身份下译者行为对于译文质量的影响;认定译评者的身份,使翻译质量的评价做到有的放矢。

• 美国中餐菜单英译者的译内、译外考虑

传统上的翻译方法主要有音译、直译、意译以及诸多技巧的相互结合,它们都被视为正法翻译方法,均发生于翻译内。正法翻译方法的翻译或可称为求真型翻译,旨在求原文之真,向原文靠拢。美国中餐馆中餐菜单的英译,采取的正法、译内翻译方法主要有:

(1) 音译:北京馅饼/Beijing X'ien-Binn;肠旺粉/chong-won fem;炒码面/chow-ma mein;炒面/chow mein (fried noodle);红烧豆腐/Hon-sau tofu;家常豆腐/Jia-chang tofu;麻婆豆腐/Mapo Tofu;强棒拉面/Chiang Pon Ramen;小笼包/Xiao-Long-Bao;炸酱面/za-jiang mein;川卤面/chun roo mein。

(2) 直译:煲仔饭/Clay Pot Rice;菠萝海鲜炒饭/Pineapple Seafood Fried

---

① 吕和发等:《文化创意产业翻译》,外文出版社 2011 年版,第 185 页。

Rice；冰咖啡/Iced Coffee；刨冰/Shaved Ice；陈皮牛肉/Orange Beef；陈皮鸭/Orange Duck；葱油饼加蛋/Scallion Pancake with Egg；脆皮全鱼/Crispy Whole Fish；家常豆腐/Bean Curd Family Style；家常豆腐/Home Style Tofu；三杯鸡/Three Cups Chicken；全家福/Happy Family；春卷/Spring Roll；锅贴/Pot Sticker Dumplings。

（3）直译—音译：白汤拉面/White Soup Ramen；叉烧拉面/Roast Pork Ramen；担担面/Dan Dan Noodles；海鲜伊面/Sea-Food Yi-Mein；鸡炒面/Chicken Chow Mein；姜葱捞生面/Lao-Mein with Ginger Sauce and Onion；麻辣面/Ma-la Noodles；云吞汤/Wonton Soup；芙蓉蛋/Egg Fu-Yung；宫保鸡丁/Kung Poa Chicken；红烧羊肉/Hon Sue Lamb；卤烧鸡/Loosau Chicken；麻婆豆腐/Ma Po Bean Curd；木须肉/Moo Shu Pork；扬州炒饭/Yan-Chow Fried Rice；鱼香肉丝/Yuhsiang Pork。

（4）直译—意译：烧饼/Baked Pocket；烧饼夹肉/Baked Pocket with Beef；马豆糕/Split Bean Pudding；韭菜盒子/Green Leek Cakes；烀饼/Northern Style Pancakes；老熊牛肉汤面/House Special Beef Noodle Soup；霸王鸡/House Special chicken；怪味虾球/Wonderful Shrimp；鸡松/Chicken Lettuce Wrap；八珍豆腐汤/Combination and Bean Curd Soup/Ba-Zen Tofu Pot；三色虾/Rainbow Shrimp；三鲜汤/Three Ingredient Soup；鳗鱼盖/Eel Rice Bowl；白云凤爪/Cold Chicken Paws。

采用音译，有这样几个原因：一是出于无奈；二是出于保持模糊美和异域文化的神秘性；三是约定俗成后变成了有意义的中餐文化符号。

说出于无奈多是文化冲突、词汇空缺、内涵过于丰富等方面的原因，难以在简短的译名中有效解释清楚，如西方不具备的烹饪方法"红烧豆腐"中的"红烧"（Hon-sau/Hon Sue）；说出于保持模糊美和异域文化的神秘性是因为音译增添了雾里看花的感觉，只部分传达了原文的形式意义，却不能有效传达原文的文化内涵（色彩、形象等），如把"家常豆腐"中的"家常"表达为拼音的Jia-chang、把"麻辣鱼"中的"麻辣"表达为拼音的Mala；说约定俗成后变成了有意义的中餐文化符号，是因为中菜名在经历了华人对早期移民的言传身教之后，有些表达已经成了当地语言的一部分，部分音译词语甚至成了英语词汇的一部分，比如Dim Sum（点心）、Chow Mein（炒面）、Lo Mein（捞面）、Wonton（馄饨）等而被英语词典收录，它们是老一代美国食客的口碑。不过，对于新菜品的推广，音译一般不会作为首选，毕竟缺乏言传身教的环节和异域他乡的接受环境。

鉴于音译的模糊性,纯音译的菜单不可能占据整个菜单的主流。音译的菜单分散于整个菜单上不同食物大类之下,比如 Fried Rice 大类下的 Yan-Chow(个别菜单简化若此)。即使"扬州"的读音表达不够准确,或"扬州"不够有名,但对于美国食客而言,该系列大类之下的 Yan Chow,必定是其中的一类炒饭无疑。

"直译"的潜台词是"直率",清楚明了,不故弄玄虚,是树立形象的一种形式。食客们对于美食的感受大体相似,直率而诱人的源语菜名,英译后一般也会在异域文化背景下收获相似的效果。

有一些直译的菜名表面上并不传意,原因在于原文本身就不透明,如"全家福"(Happy Family)、"春卷"(Spring Roll)、"炒三鲜"(Triple Delight)、"素什锦"(Vegetable Delight/Vegetable Deluxe)、"三杯鸡"(Three Cups Chicken)、"鱼香四宝"(Four Treasures with Garlic Sauce)等。原文不透明,凭模糊取胜。模糊美的菜名往往富有诗意,充满美感,中西认知相似。比如,Spring Roll 司空见惯,谁又能断言和春天有着怎样的联系?[①] 但在异域文化背景下却广为传播。当然,也有中餐馆将"春卷"写作具体原材料的 Egg Roll,Fried Pork Spring Rolls 的,模糊转化为清晰,也一样是出于推销宣传的必需。

直译与音译相结合,实际是以直译的顺序排列的半音译。该方法通常用于中国特色菜的翻译,既减少翻译时流失的中国味,也不至于导致译文太长而失却命名的简洁性,而音译部分仍保留着源语文化的神秘;直译与意译相结合,是以直译顺序排列的阐释性翻译,旨在直观明了。

非正法翻译方法,即偏离翻译传统上以原文为中心的翻译方法,如常见的增译、略译、编译、摘译等。非正法翻译以市场需求为中心,或可称为务实型翻译。务实型翻译,实际是一种市场营销策略。中餐菜单的英译就是要将各种有利食客和传播的因素最大化。例如:

(1)增添主要配料信息:北京烤鸭/Peking Duck with White Buns;红烧豆腐/Braised Tofu with Black Mushrooms and Vegetables;海蜇皮/Sea Jelly Fish with Cucumber;豉椒鸡片/Chicken with Peppers & Onions;麻婆豆腐/Szechuan Bean Curd with Pork;酱爆鸡丁/Chicken with Straw Mushrooms;砂锅豆腐煲/Tofu, Chicken, Ham, Vegetables;炒三鲜/Prawn, Squid & Scallop in Special Sauce;炒三鲜/Shrimp, Scallop & Squid with X. O.

---

① 虽然汉语背景中流传着"春卷"的一些来历(http://baike. baidu. com/view/76344. htm),但似乎只是个称谓,译为 Spring Roll 时,更无勾起食客对春天联想的内涵。

Sauce；扬州炒饭/Yang Chow Fried Rice（Shrimp，BBQ Pork）；蕴恩霸王鸡/Chicken W/ Ginger & Green Onion。

（2）增添口感信息：豆花牛/Spicy Beef with Tender Bean Curd；干烹鸡/Spicy Garlic Chicken Wings；咕咾肉/Sweet & Sour Pork；水煮肉片/Spicy Boiled Pork；脆皮大肠/Crispy Spicy Intestine；拔丝地瓜苹果/Hot Candied Sweet Potato/Apple；椒盐去壳大虾/Spicy Salt and Pepper and Peeled Shrimp。

（3）增添汤汁信息：麻婆豆腐/Hot & Spicy Tofu W/Minced Pork in Spicy Brown Sauce；水煮豆腐/Soft Tofu and Cabbage with Spicy Chill Sauce；鱼香肉丝/Shredded Pork with Garlic Sauce；香辣啤酒鸭/Braised Duck W/Beer & Hot Sauce；油淋鸡/Soy Sauce and Scallion Chicken；甜酸鱼片/Fish Fillet with Sweet Sour Sauce；香橙石斑/Deep Fried Fillet Grouper W/ Orange Sauce。

（4）增添烹饪方法信息：包子/Steamed Stuffed Buns；白芍牛百叶/Boiled Cow's Tripe；百花酿蟹干/Deep Fried Crab Claws Coated W/ Shrimp Paste；家常豆腐/House Style Deep Fried Tofu；鲜猪卷/Steamed Pork Rolls；红烧鸡丝大生翅/Braised Shark's Fin Soup W/ Chicken Shreds；辣子鸡/Spicy Fried Chicken、百花蒸酿滑豆腐/Shrimp Paste Steamed with Soft Tofu。

（5）增添地域信息：冰豆浆/Chinese Sweet Soy Milk；炸酱面/Peking Meat Sauce Noodles；水煮二样/Szechuan Style Boiled Mixed Meat；地三鲜/Northern Style Vegetables；豆瓣鱼/Fish Fillets with Sichuan Chill Sauce；干扁四季豆/Green Bean Szechwan Style；宫保双丁/Chicken and Shrimp in Hunan Style；怪味鸡/Hand Shredded Chicken with Sichuan Spicy Style；锅贴/Peking Raviolis；回锅肉/Sichuan Twice Cooked Bacon；京酱肉丝/Shredded Pork in Peking Source；麻婆豆腐/Szechuan Bean Curd with Pork；锅贴/Peking Raviolis。

（6）增添色彩信息：豉椒牛/Beef Black Bean Sauce；北菇扒豆苗/Black Mushroom with Snow Pea Leaves；剁椒鱼/Red Pepper Fish；干炒牛河/Golden Chives Beef Flat Noodle；梅菜扣肉/Steamed Pork with Brown Sauce。

根据食物本身的实际配料而增添的信息，是作为市场操控者身份的译者旨在吸引异域食客而为。就增添原文未显示的地域信息而言，说明某些地域名称在美国食客中有较大的影响力，具有呼吁的作用。增添原文未显示的信息目的在于吸引异域的食客，而省略原文中本来存在的信息，同样也是吸引食

客之举,起码可以为食客节省浏览菜单的时间,只是有的省略似乎显得随意了些。例如:

(1) 省略原材料信息:川羊肉汤/Szechuan Soup;椒盐鹌鹑/Roasted Quail;鹌鹑蛋串/Birds Egg;京酱肉丝/Beijing Pork;鲜椒云吞汤/Wonton Soup;蒸豉汁排骨/Steamed Pork Ribs;菜肉丝豆腐汤/Vegetables with Bean Curd Soup。

(2) 省略烹饪方法信息:叉烧炒饭/Pork Fried Rice;脆皮狮子头/Lion's Head;红烧牛肉汤/Beef Noodle Soup;烤羊肉串/Lamb Stick;卤牛筋/Beef Tendons;铁板黑椒牛柳/Black Pepper Steak;炸俩/Doughnut & Fun Roll。

(3) 省略食物形状信息:豉椒辣虾球/Shrimp with Onions;冬菇菜心/Vegetable with Black Mushroom;千层马拉糕/Sponge Cake;香肠串/Sausage;香菇串/Mushroom;鸭肉串/Duck;羊肉串/Lamb;玉米串/Corn;四川虾/Sichuan Shrimp;四川虾球/Szechuan Shrimp;四川虾仁/Szechwan Shrimp。

(4) 省略地域信息:潮州粉果/Pork & Peanut Dumplings;佛山燻蹄/Preserved Boneless Pork Hock;西湖牛肉羹/Minced Beef Soup;金华玉树鸡/Steamed Sliced Boneless Chicken w/ Preserved Ham& Vegetable;西湖牛肉羹/Minced beef w/ Egg White Soup;西湖牛肉羹/Minced Beef with Celery Soup。译文省略原文的信息,如果从翻译内看问题,肯定不足。但从中餐馆运营的有效性看,经营者了解当地的市场,简化原文信息的译文经过了市场的验证,不会给餐馆带来负面的影响,特别对那些常客更是如此。另外,省略的英译菜名多被置放于某些食物的大类之下,正如上文提及的 Fried Rice 大类一样,食客一目了然,单看时难免显得突兀。

翻译方法概括起来主要有:(1) 音译:无奈、神秘、约定俗成;(2) 直译:简洁而传意;(3) 意译:译出内涵以呼吁;(4) 增译、略译:视菜单的实际配料而定。

• 美国的中餐文化和译者的身份

中餐进入美国后,入乡随俗,除了满足华裔的需要外,部分变成了美式中餐,在有些中英菜单中已有所体现,比如"云吞汤"(American Style Wonton Soup);"西芥蓝牛"(Beef with American Broccoli);"美式炸云吞"(American Style Fried Wonton);"美式回锅肉"(Twice Cooked Pork)等。

中餐菜单翻译得准不准,在市场经营中不起十分关键的作用,作用有限,所以会发现有些英译的中菜名并不那么讲究语法,像"家常豆腐"(Bean Curd

Family Style)；"鸡炒面"(Chicken Chow Mein)；"糖醋里脊"/Pork Tenderloin Sichuan Sweet and Sour Sauce；"蔬菜捞面"(Vegetable Lao-Mein)；"什锦捞面"(Combination Lo Mein)；"芙蓉蛋鸡"(Egg Fu Young Chicken)；"芙蓉蛋虾"(Shrimp Egg Fu-Yung)；"蛋炒饭"(Egg Fried Rice)；"猪肉包子"(Pork Bao Zi)等。语法是不是正确、是不是规范，取决于市场上是不是畅通无阻。只要消费者明白、进行消费足矣，不能无限夸大菜单本身的诱惑力对市场的决定作用。

国内学者坚信，只有把含有丰富文化典故之类的中菜名的内涵译出来，解释清楚，才能打动外国食客，比如建议把"佛跳墙"译为：

Fotiaoqiang——Steamed Abalone with Shark's Fin and Fish Maw in Broth (A name after a legend telling even Buddha couldn't resist the temptation of the dish and jumped over the wall of the temple to taste it.)

美国中餐馆将这道菜简化为 Chinese herbal nutrition soup，简单明了。其他如"贵妃鸡"简化为 Princess Chicken，"夫妻肺片"简化为 Ox tongue and tripe w/ roasted chill-peanut vinaigrette，"外婆过门香"简化为 Special Pork Pancakes 等，直白处理，并未影响推广，国内学术界的担心和善意，和实际市场上的操作并不完全吻合，而普通食客走进餐馆，甚至不需要知道每道菜的具体名称，照样可以吃得津津有味。如果说对于食客的诱惑来自菜名的英译，倒不如说是食物本身及其口碑。

菜单的作用毕竟是有限的，毕竟是食客首先愿意走进中餐馆之后才做的事（翻看菜单）。从翻译内看，英译菜单确有完善的必要。比如译名不统一问题。"家常豆腐"就有 Bean Curd Family Style，Jia-Chang Tofu，Home Style Tofu 等；"扬州炒饭"有 Yan-Chow Fried Rice，Yangzhou Fried Rice；Young Chow Fried Rice 等几种。有些译名难以做到统一，是因为在同一个名称下，会因为不同的配料和烹饪方法的变化而有所变化。但从翻译外看，是不是需要统一，则完全由市场决定，取决于餐馆经营者对于市场的把握。

市场操控者意义上的译者，能够译出中餐菜单字里行间并不包含的实际配料信息，这是和普通译者最大的不同。普通的、语言转换和原文意义再现意义上的译者，不会清楚地了解材料的具体加工环节。市场操控者的行为以市场需求为中心，就必然有超出翻译范畴的实践。比如，当把"海蜇皮"译为 Sea Jelly Fish with Cucumber 时，就已经不再是翻译在传统意义上的语言转换和原文意义再现之为了，作为原材料的 cucumber，既不是"海蜇皮"的字面意义，也不是潜藏在字里行间的内涵意义。不作为菜名出现的"海蜇皮"，绝无"黄瓜"的身影。译者更改的不是华裔食客熟悉的、语言层面上的中菜名称,而是根据食物的实际内容并针对市场需求而特别制定的、拥有独立性的英文菜单。这不属于意译。曲言达意是意译,译出字面背后潜在意义的是意译,目的在于提高可读性,减少翻译腔,但不会增加原文不存在的意义。改变了原文的意义,即改变了翻译的属性,此为翻译和创作之由分,也即"翻译即译意"、译原文之意之理是也。

市场操控者意义上的译者,是变种的译者和进行"翻译性创造"或"翻译性创作"(Translative writing)的普通人,是以翻译事实为基础而进行的新的创造,已然超出了翻译的范畴,与"创造性翻译"相对。"创造性翻译"(Creative translation)仍然属于翻译,只是在语言层面上更具创造性,而创造性又主要表现为文字层面的可读性。餐馆的经营者熟谙美国的市场需求,针对性地对中餐菜单做出调整,包括对食物本身的改良。双语市场操控者做的"译文",因多是商业炒作,属于市场营销策略,跳出翻译范畴在所难免。只要能赚钱,能吸引顾客,怎么翻都行。要能一看就懂、一看就食指大动、一看就吃了又想吃,一看就觉得会健身美容等就是翻译的极致,这可是集文学,艺术与美食于一体的大学问!

师 生 互 动

【例子】 Californians and New Englanders are both American. They speak the same language and abide by the same federal laws. But they are very different in their ways of life. Mobility both physical and psychological has made a great impression on the culture of Californians; lack of mobility is the mark of the customs and morality of New Englanders.

【初译】 加利福尼亚人和新英格兰人都是美国人,他们讲同一种语言,遵守同样的联邦法律。但他们的生活方式并不相同。好动是加利福尼亚人文化的典型特征,不管在行动上,抑或在心理上。而喜静就成了新英格兰人习惯和道德观念上的标志了。

【讨论】 学生说,very different(并不相同)不如译为"很大不同"、"大不相同"、"截然相反"、"大相径庭"、"迥然不同"等;mobility 不如译为"易变性"或"流动性","好动"好像有贬义。make a great impression on ... 未必是"典型特征",可以是"根深蒂固"或"刻下深深的烙印";"习惯和道德"或可用"民风民德"? 学生最终也不同意用"好动"和"喜静"这样的表述。我是把这两处作为术语来处理的,像"抑或"这样的字眼一样,尽力保持说明文严肃的特点。"易变性"或"流动性"并不理想,或只能说明 physical 上的,或只能说明 psychological 上的,包容性不强。

【再译】 加利福尼亚人和新英格兰人都是美国人,他们讲同一种语言,遵守同样的联邦法律。但他们的生活方式大不相同。加州文化给人的突出印象是变化,不管在行动上,抑或在心理上。而缺少变化就成了新英格兰人习惯和道德观念上的标志了。

实 践 提 升

1. 夫妻肺片
2. 泡椒凤爪
3. 大拉皮
4. 红烧狮子头
5. 松鼠鳜鱼
6. 酸菜鱼
7. 素什锦
8. 干煸四季豆
9. 地三鲜
10. 八宝饭
11. 小笼汤包
12. 红油抄手
13. 北京炸酱面
14. 葱油饼
15. 羊肉泡馍

第18讲　告示文字

——英汉告示分外里　传法传情更传意

要点拓展

1. 告示文字就是任何公示的文字,具体地表现为告示牌上的文字。

2. 从英语翻译为汉语的告示文字讨论得并不多,因为英语告示文字一般简洁、易懂。提及英语告示文字时,一般是做英汉告示文字对比使用的,且为的是解释汉语告示文字的不足而向英语靠近并努力接轨的。

3. 汉语告示文字有更多值得探讨的内容,比如汉语形象语言表达在英语中的再现、汉语里显示的人情味等。

4. 汉语告示文字的应用范围主要在使用汉语的范围内,并主要是在中国境内。和中菜单翻译不同的是,中菜单的预定目标是要走向国外市场,而汉语告示文字的翻译面对的是来中国的外国人。为什么呢? 因为来中国的外国人,可以不懂得中菜单的具体所指,甚至也不明白中菜单翻译后的具体所指,但并不影响就餐的兴趣,毕竟有热情的服务员和周围就餐的食客可以咨询,有食物可以作为点菜的样板。况且,各个餐馆的招牌菜一般都配有图片。告示文字的意义要大得多,比如警示类的告示文字,如果来中国的外国人不懂,就有可能导致危险的发生。

5. 汉语告示文字的翻译,错误俯拾皆是。导致这一现象的原因有多种,除了翻译者的外语水平外,有一大部分的责任在于管理方,把翻译作为摆设,聘请翻译时未认真筛选,或翻译后更不组织专家论证。更有甚者,直接让翻译机器翻译,闹出很多笑话。外国人就拍照了多个经典的招牌翻译笑话,比如把"贵阳"翻译成 the expensive sun,把"小心滑倒"翻译成 slip and fall down carefully 和 Slide carefully,把"一次性用品"(disposable items) 翻译成 A time sex thing,把"民族园"(ethnic minority park)翻译成 Racist Park,把"进口"(Entrance)翻译成 Jin mouth,把"干爆鸭子"(fried duck)翻译成 fuck the duck until exploded 等。想一想,你身边的公示类文字都闹出了怎样的笑话?

6. 怎样对待汉语告示文字的翻译？如果把汉语告示文字作为表达型文本看待,就要向原文靠近,忠实反映原文的一切,包括原文的语言风格;如果看作应用类、信息型的文本,做到简洁、明了就可以了。在应用场合,自然是后者,因此有时努力翻译出来原文的语言特色、中国特色,就多是无用之功。

7. 汉语告示文字的翻译和英语常见的、同样场合使用的告示文字对接,当然会容易满足外国人实用的要求。

8. 但有很大一部分表现中国特色的汉语告示文字并没有现成的英语对应之物,所以有必要寻找英语告示文字的书写规律而自创自译。

9. 汉语告示文字有的传法,有的传情,但在寻找不到现成的英语对应之物时,最基本的是要做到传意。语法、标点等末节问题,不会从根本上影响交际意义的传递。

10. 对于管理方而言,最好的办法是请人翻译、请外国专家润饰,方可确保万无一失。

阅 读 空 间

• 告示类文字的翻译和评价

英语告示类的文字和汉语同类文字相比,主要表现为:

(1) 符合当地的文化背景。有些告示类文字听起来似乎生硬、冷漠,如:Keep out；NO THREPASSING；NO DUMPING；NO SULISITATION；LOCK YOUR CAR/TAKE YOUR KEYS/HIDE YOUR BELONGINGS(警方提醒)。

我们之所以有这样的感觉,是因为我们没有和当地的文化紧密联系起来。英语国家的人们能够理解和认同,是因为财产的所有者以法律为武器,言之有据。法律的威慑力大,所以能在人们的心中起到足够的警示作用。按理说,我们也该如此。

我们并非真的完全排斥这类生硬、冷漠的表述,只是我们在接受和借用时加进了自己的好恶。和我们好恶一致的,我们就乐意接受,否则就不乐意。比如对于抽烟行为,中外认识大多相同,所以公示语 NO SMOKING 在中国遍地都是。当然,也别忘了还有充满温情的 Thank You for Not Smoking 了。

西方人温情之处在这类文字中也有充分的体现,只要无需上升到法律的高度,比如:A Pedestrain Friendly Campus/Your Consideration is Appreciated；Please Do Not Swim or Wade in the Pool；Please excuse us while we repair this water feature；NO HORSEPLAY OR RUNNING AROUND THIS WATER FEATURE/PLEASE PLAY SAFE/THANKS；Your mother is not here. Please clean up your own mess.

（2）简洁、清楚、明了，具有感染力。这是所有语言告示类文字的一般特点，当然汉语这类文字亦然。比如英语广告：You order/we deliver；Sleep better/live better；Do more with less；Reserved parking；Dress for less；Save more/Live better；Expect more/Pay less。

翻译时，为了突出实用的功能、有效性和读者对象的针对性，和英语国家这类文字的表述风格一致的将更方便他们阅读。只是汉语作文的传统有偏于繁复、绮丽的一面，在保护草坪的公示语等领域表现得尤为突出，如"小草青青惹人怜，请君款款绕道行"。

就汉语草坪公示语来说，在英译时，我们愿意接受英语中 No smoking 一类的表述①，却不愿意将"No …"格式用于草坪维护的宣传文字上，原因是，我们对小草怜爱有加，小草激起了无数文人的创作激情，不在英语中相应表达出来，似乎成了损失。当然可用心雕琢文字，写成散文、诗歌等文学形式，既充分表达了汉语的特点，又表达了我们对于小草的怜爱之情，但这样只是突出了文字的欣赏效果和原文的风格，并未将它们作为公示语来使用。实际上，英语草坪公示语既有关注法律意义上的财产拥有者权利的，也有关注小草本身的，只是要看放在什么样的角度看问题了，而我们一味放在花草本身上。英语中也有关注花草本身而充满温情的公示语如美国得克萨斯州 Dallas Arboretum 一处草坪的牌子写的 Please Stay Off Ground Cover，美国哥伦比亚河 Multnoman Falls 山坡的小路边一处牌子写的 PLEASE LEAVE THE FLOWERS——let others enjoy them too，圣安东尼奥市中心一处喷泉边的牌子写的 PLEASE BE COURTEOUS AND WALK AROUND，这些都是我亲眼所见，拍有照片，切不要盲目地因为自己的表达充满温情而断然认为别人不近人情。

（3）图画和文字相比，图画更加醒目，比如道路的标示。其他如一块牌

---

① "No＋…"这一格式表达的公示语被默认为强制性禁止公示语，但也不尽然，我在达拉斯的布兰诺市马路上见到一处标牌，写着：No train horn。立这么一块标牌，似乎有违常理，因为来往的汽车不可能安装着火车喇叭。原来前方是一个小火车的道口，横穿马路，火车经过时不鸣笛，立此标牌提醒汽车司机注意：前方的火车不鸣笛，要当心。那么，No train horn 就不能翻译为："不许火车鸣笛"，而要翻译为："火车不鸣笛。"

子,上端画男女两个学生,下面只用一个词 AHEAD 就说明前面有学校需要留心注意;上端写上 RESERVED PARKING,下面画上残疾人轮椅,就知道是给残疾人预留的。虽然汉语也一样,但在有些汉语表述中,还是繁复了些,有的即使不繁复,译为英语可能会显得冗长、过于拥挤,所以总体上不要违背简洁、醒目的宗旨。能画图画的,就做成图画,因此这里的所谓翻译就不全是语言文字形式上的转换。掌握了这样的原理,就能做到游刃有余。如果堆砌词语,有谁有耐心到公示语标示旁仔细阅读呢?

对于告示类文字的汉译英,我们长期以来最纠结的是如何将汉语如画的语言表达转成英语。事实上,如画的语言为什么让译者割舍不下呢? 就是其打动人心之处,但如果转换为目的语而不能打动人岂不是事与愿违?

美文难译,费尽心力译出来还往往吃力不讨好,在英语语境中非但不美,反令外国受众感到空洞夸大,甚至滑稽可笑,难以令其信服。因此,翻译"美文"常常需要删减甚至改写。这点会让一些对汉英修辞差异认识不足的译者感受到道德的压力与困惑:努力保留一些华丽有余、平实不足的表达吧,译文效果往往事与愿违;略去不译或改译吧,又似有"不忠"之嫌。而倘若我们从修辞差异的角度来看待这一问题,许多困惑便可迎刃而解了。[1]

因此,切合目的语接受习惯,才能实现最大的务实效果。比如广告,因为英汉语各自的特点,在各自语言中都叫美才是真美。我在美国德克萨斯州见到几则广告,试译如下:

Authorized vehicles only/外来车辆,禁止入内;Pause and refresh/请君歇歇脚,可饮一杯无;Road work ahead/前方施工,车辆绕行;Eat well for less/花钱不多,吃个实惠;All star storage/一星投入,五星仓储;Sleep better live better/睡得舒心,过得安心;Hot bills cold prices/账单

---

① 　陈小慰:《面向现实需求的翻译人才能力结构再思考》,《外语教学》2013 第 1 期。

烫手,价格清凉;Staff Only/Employees Only/职工专用①。

但是,如果再从汉语译文转成英语,在不参考英语原文的前提下,对应翻译后感觉烦琐是难免的。为了将告示类的文字翻译得更有效,翻译后最好请教外籍人士,尽量做到自然、容易理解,并使之具有感染力。如果没条件请教外籍人士,也要做到让人理解,不要故意玩弄文字游戏,增添晦涩和歧义。更具创意广告的翻译困难就更多了。比如,汉语服装类广告中的"洗出领袖的风采"。"领袖"具体指"领子"和"袖子",但合并到一起,又双关"领袖"伟人;英语商场促销广告:TAX FREE/WEEKEND/＄AVE。"SAVE"是"节省"金钱的意思,广告故意把S形象地用表示金钱的美元符号＄表示。道理很简单:每种语言都有自己的优势。所以,如果一定要进行语言形式上的转换,可能最终证明是徒劳的。为了突显这类文字的特点和这类文字的最大功能,充分利用译语的特点而进行创造,才是明智的选择。

告示类文字的翻译,有时不妨说是凭借目的语优势并根据目的语民族的文化特征而以"翻译"为幌子所进行的"再创作"更准确些,重新创造在所难免。译者起码是半个广告人,是充分张扬了社会性的社会人角色行为,所以有时脱离原文而超越译者身份并非什么罕见的事。

师 生 互 动

【例子】 The dormitory rooms were unusually large. They were sixteen-foot squares with wide bay windows. The ten-foot-high ceilings added to the feeling of spaciousness, as did the light-colored walls and the mirrored closet doors. There was space in the rooms for two double beds, dressers, a console television, and sofa and chair. They looked twice the size of your average dormitory rooms.

【初译】 宿舍特别大,有 16 英尺宽,装有大大的吊窗,10 英尺高的天花板、浅色调的墙壁和衣橱上镶嵌的玻璃门更增添宽敞的感觉。房间里的空间

---

① 这则公示语常被译为"闲人免进"、"非本店工作人员,请勿入内"之类,将原本宽泛的用语狭隘化。我在美国达拉斯的 Sprouts 超市见到一家药店的梯子上挂着这样的牌子,指的是梯子是专供工作人员从货架上取药品用的,如果翻译为"入内"云云,岂不贻笑大方。

也不小,放有两张双人床、梳妆台、一台装有落地式支座的电视机、沙发和椅子,这些宿舍看起来有一般宿舍的两倍那么大。

【讨论】 有学生认为,squares 不应该仅指宽,我们经常用的表达是"见方",对此我表示接受。部分学生将 bay 译为"赤褐色"、"红棕色",这样就与下文说的"浅色调"发生了冲突。从逻辑上讲是不成立的。这就是逻辑验证法。bay window 实际是突出在墙壁外的"吊窗"或"凸窗"。

英语属屈折型语言,有单复数的变化,比如英美人读到 dressers 就知道梳妆台不止一个,但在译文中只能模糊地译成"梳妆台",说两个,太具体,说多于两个,听起来又显得太多。sofa 和 chair 也同此理,明知是单数,可原文没有强调,也不便在译文中交待得那么清楚。在这种情况下,我们不妨对原句的顺序重新编排一下,即先述说没有具体数字的物品,然后述说有具体数字的物品,这样听起来似乎就泾渭分明、不会产生歧义了。这是英汉两种语言的差异在句法方面的一种表现。从原句的叙述顺序来看,似乎看不出作者对场合的描写顺序有什么讲究:从大到小、从上到下、从外到里? 或别的什么。在进行翻译时,只要不掩盖作者个人独特的写作特点,至于英语语言的普遍现象我们完全可以在译文中加以调整,比如英语中的 wash my face 于英语国家的人并不蹩脚,但译成"洗我的脸"于汉民族就显得不自然了。每种语言都有其自己具有普遍性的一方面,这属于语言层面上的问题,只要不涉及文化上的问题和作者个人的写作特点,翻译时都应采取归化的处理办法。因此,调整过的顺序是:There was space in the rooms for dressers, sofa, chair, two double beds and a console television.

通过以上所述,像 The ten-foot-high ceilings added to the feeling of spaciousness, as did the light-colored walls and the mirrored closet doors. 一句,原文没有写作 The ten-foot-high ceilings and the light-colored walls and the mirrored closet doors added to the feeling of spaciousness. 看来是作者有意这样使用语言的,这不是英语中的普遍现象,作者是把天花板作为增添宽敞感觉的首要因素,浅色调的墙壁和衣橱上镶嵌的玻璃门是作为次要的因素处理的。因此,原译文把它们三者合并起来处理是不合适的。这不是归纳。

【再译】 这些宿舍特别大,有 16 英尺见方,装有大大的吊窗,10 英尺高的天花板更增添宽敞的感觉,浅色调的墙壁和衣橱上镶嵌的玻璃门也起到了这样的作用(也收到了这样的效果)。室内的空间也不小,放有梳妆台、沙发、椅子、两张双人床和一台装有落地式支座的电视机,使得宿舍看起来有一般宿舍的两倍大小。

实践提升

1. 免费停车场
2. 注意行人
3. 注意信号灯
4. 注意危险
5. 小心雪天路滑
7. 自然保护区
8. 故居
9. 度假村
10. 半票/半价
11. 农家乐
12. 身份证登记
13. 暂停开放
14. 上线影片
15. 正在上映

第 19 讲　对外宣传

——英汉之间有同异　改写译写达目的

要 点 拓 展

1. 这里的"对外宣传"讲的是汉译英,内容包括学校网页宣传、企业宣传、政策宣传等任何旨在让国外了解中国的宣传文字。

2. 语言之间有差异,所以翻译才会诞生。但是,有时差异过于巨大,不弥补差异,就难以达到有效的宣传,所以以改写原文之后再翻译是必经之路。

3. 英汉语言有 10 大差异:英语重形合,汉语重意合;英语前重心,汉语后重心;英语静态语言,汉语动态语言;英语重物称,汉语重人称;英语多被动,汉语多主动;英语多复合长句,汉语多简单短句;英语重后饰,汉语重前饰;英语重短语,汉语轻短语;英语重时体,汉语英语重形态,汉语轻形态。译者在进行英汉互译时,常常要做出相应的调整。

4. 中国人的套话,特别是官员讲的套话,如果照直翻译,就会适得其反。

5. 改写、译写按理都不是翻译者应做的事。但是,翻译者是跨文化交际者,了解双语背景下人们的接受习惯,所以由翻译者操刀是再合适不过的了。

6. 改写是对于原文的改写;译写是边翻译边用译语进行新的创作。改好了再译,与译语接受习惯仍存在差距的,再按照译语的习惯二度写作。这是翻译的步骤,严格地讲已经超出了译者的职责和翻译的范畴。

7. 不管改写还是译写,都是为了达到有效宣传的目的,这是应用类翻译突出实用性的一般要求和特征。

8. 对外宣传还涉及中国事务的英语表达问题,需要用"中国英语"(China English)来表达,但要和属于语言错误的"中国式英语"(Chinese English)区分开来。

9. 属于语言末节的问题,不会从根本上影响对外宣传的效果。

阅读空间

• 企业外宣——内企和外企

"应用文学"是应用于应用环境中的文学语篇,对于英汉互译来说,多见于汉语的语篇,而其中"壮辞"的使用最为典型。

南朝梁人刘勰《文心雕龙·夸饰》篇中说:"神道难摹,精言不能追其极;形器易写,壮辞可得喻其真:才非短长,理自难易耳。"意思是说,抽象的道理难以描摹,精确的言语不能表达出它的深妙之处,具体的事物容易描绘,夸张的言辞可以表达出真实的形象:这不是因为作者的才能有高低,而是客观的事理表达有难易罢了。夸张的言辞不仅可以描绘出具体事物的真实形象,而且可以表达出抽象的事理。刘勰充分肯定了壮辞的妙用和存在的价值。适度使用,能起到积极有效说明事理的作用。

在汉语言中,壮辞的使用俯拾皆是,普遍被认为是美文的主要表现手段之一。壮辞不仅出现在文学作品中,即使在以实用为目的的功利型企业宣传中,也不无存身之地,这一点和外企的自我宣传风格有着明显的不同,比如江苏虎豹集团外宣材料(节选):

> ……诞生于上世纪末的虎豹集团,信守孜孜以求、永不言退的发展理念,在市场经济的大潮中,任凭浊浪排空,惊涛拍岸,独有胜似闲庭信步的自信,处变不惊,运筹帷幄。尽握无限商机于掌间,渐显王者之气于天地。……

> 虎豹人以其特有的灵气,极目一流,精益求精,集世界顶尖服装生产技术装备之大成。裁天上彩虹,绣人间缤纷,开设计之先河,臻质量之高峰,领导服装潮流,尽显领袖风采。……

> 天道酬勤,不断进取的虎豹人撷取了一个又一个辉煌。

且看本文摇唇鼓舌、纵横捭阖,以堆砌壮辞为能事,刻意渲染,有些地方(如"浊浪排空,惊涛拍岸"、"闲庭信步"、"王者之气"、"裁天上彩虹,绣人间缤纷"、"领袖风采")"大言无实"(章炳麟语),过于藻彩。在汉文化中,美辞之风是有其历史渊源的。追求用笔工丽、文字典雅是汉语民族文风的一个重要表现。

在应用场合,比如在企业的外宣文字中,应用文学文本偶尔为之并无不可。"有时汉语原文的语言十分夸张,充满了过度渲染的形容词(charged adjectives),这对于中国读者来说是习以为常的事情。但是,如果照直译成英语,西方人就难以接受。"①

目前,汉译英当中一个突出的问题是对于外国读者的反应研究得还远远不够。译文在很多情况下,根本就达不到奈达所提出的"动态对等"的要求。造成这种局面的原因是多方面的。比如,拿本来是对内的材料一字不改地要求译成英文,对外国人进行宣传。这样往往会事倍功半。当然要有关部门另外专门拟出对外宣传的稿子以供翻译,恐怕一时还难以做到⋯⋯但作为译者,如何根据外国读者的欣赏习惯,大胆地砍掉原稿中不适合对外宣传的一些"蛇足",使译文简洁明了,尽量贴近英美读者在相类似的英语语境中所碰见的文字材料,这倒是可以立即办到的事情。②

企业外宣文字中汉语壮辞的英译,忠实原文有时是徒劳的。到底是为了让读者鉴赏作者的原文,还是借助译文达到作者希望实现的目标? 前者意味着不改变原文风格,后者意味着一定要讨好读者。

东西文化背景不同,审美倾向和接受心理不尽相同。西方读者不仅排斥壮辞,还排斥其他一些他们不感兴趣的信息。我请美国专家审读了虎豹集团外宣材料的英译本全文,他将未节选的原文中"江苏"、"文化底蕴深厚、风景如画的古城扬州"等西方人不感兴趣的信息一并删去,他甚至对"虎豹"这一具有浓厚中国味的品名也要求改得具有美国味。他说,美国人不爱购买他国的产品,除非该企业生产的是传统的民族产品,像法国的香槟、中国的茶和民族服装等。看来,实用型文字的翻译在把某个民族作为宣传对象前,最好首先请教该民族的专家做顾问,以免因文化碰撞而产生负面影响。在外宣翻译时,总体要做到内外有别,不可出现如新华社《中国记者》所批评的许多外宣报道"不符合实际和境外受众心理,用内宣的思路、方式和口号去搞外宣"③的现象。因此,壮辞的务实性翻译原则可以是:"宁朴毋巧、宁疏毋炼"(清沈德潜语),或"宁质毋华"、"宁拙毋巧"(现代修辞学家郑奠语),或"宁朴毋华"(宋陈师道语)。汉语文尚且崇尚"剪裁浮辞"(刘勰语),反对"藻丽之病"(现代修辞学家

---

① 丁衡祁:《对外宣传中的英语质量亟待提高》,《中国翻译》2002 年第 4 期。

② 林克难:《汉英翻译多"蛇足"》,《上海科技翻译》2000 年第 1 期。

③ 陈小慰:《外宣翻译中"认同"的建立》,《中国翻译》2007 年第 1 期。

马叙伦语），更何况享有质朴明快文风的英语了。在以英语读者为阅读对象时，应用文学文本的外宣文字可遵守宁朴毋巧的原则，并采取归化的翻译策略，以期收到有效宣传企业和推销产品的目的。这是务实性调整。只有先具有务实的目标，才会有务实的态度、务实的方法，直至务实的效果。英语写就的企业外宣文字透着质朴，如：

Nokia in brief

Nokia is the world's number one manufacturer of mobile devices by market share and a leader in the converging Internet and communications industries. We make a wide range of devices for all major consumer segments and offer Internet services that enable people to experience music, maps, media, messaging and games. We also provide comprehensive digital map information through NAVTEQ and equipment, solutions and services for communications networks through Nokia Siemens Networks.

2008 facts and figures

• Head office in Finland; R&D, production, sales, marketing activities around the world

• World's ♯1 manufacturer of mobile devices, with estimated 39% share of global device market in 2008

• Mobile device volumes 468 million units

……①

以事实（数字）服人，语言表达质朴无华。据此，前文列举的汉语外宣材料可淡化如：Founded in the late 1980s, the Hubao Group is determined to succeed …

The Hubao Group has a high standard of quality and is well-equipped with the world's most advanced technology. They are taking the lead in designing new fashions and maintaining high quality products …

The Hubao people have made one achievement after another due to their diligence.

---

① http://www. nokia. com/about-nokia/company.

　　应用文学文本在翻译策略的选取上,传统上既有倾向于文学文本文学性的一面,又有倾向于应用文本实用性的一面,但因目的性使然,所以总体上偏于实用性。实用性是应用类文本的主要信息特征。应用文学文本在译文连续统一体上指向"读者/社会"一端。相应地,译者行为也多以和应以变通务实的态度、采取务实的方法为主,以实现务实的社会效果。为务实必须在文化上和目的语的行文习惯接轨,而接轨的过程就是一个改写的过程。我们来看看某市举办国际龙舟会的宣传文字及其译文:

　　中华大地,江河纵横;华夏文化,源远流长……〔然后才讲到本地,才讲到龙舟节〕轻快地龙舟如银河流星,瑰丽的彩船似海市蜃楼,两岸那金碧辉煌的彩楼连成一片水晶宫,是仙境?是梦境?仰视彩鸽割飞,低眸漂灯留霓,烟火怒放,火树银花,灯舞回旋,千姿百态,气垫船腾起一江春潮,射击手点破满天彩球,跳伞健儿绽空中花蕾,抢鸭勇士谱水上凯歌……啊,××城市不夜城,龙舟会是群英会!

The divineland of China has its rivers flowing across; the brilliant culture of China has its roots tracing back long ...

The light-some dragon-boats appear on the river as though the stars twinkle in the milkyway. The richly decorated pleasure boats look like a scene of mirage. The splendent awnings in green and gold chain into a palace crystal. Is this a fairy-land or a mere dream? Looking above, you can see the beautiful doves flying about. Looking below, you can see the sailing lamps glittering. Cracking are the fireworks, which present you a picture of fiery trees and silver flowers. Circling are the lantern-dancers, who present you a variation of exquisite manner. Over there, the marksmen are shooting to their targets; thus colourful beads whirl around. Besides, the bird's chirping, the potted landscape's charm, the exhibition of arts and painting, all claim a strong appeal to you. Therefore, we should say: xxxx is a city of no night; its Dragon-Boat Festival a gathering of heroes.

Come on, Dear friends! Come on, Honourable guests! ...

　　美国读者坦言:FULL OF HYPERBOLE(充满了极度夸张)。我请美籍人士 Olivia Novak 首先将以上忠于原文的翻译(汉语式英语)改为可以阅读的英语文字(英语式英语),然后再进一步改为文化上和目的语行文习惯接轨的英语(美国文化式英语)。

　　英语式的英语译文:

The land of China has long rivers flowing across, Chinese culture has its roots tracing back far ...

The light dragon-boats appear on the river like the stars twinkling in the Milky Way. The richly decorated pleasure boats look like the scene of a mirage. There are resplendent awnings of green and gold chain for a palace crystal. Is this a fairy-tale land or a mere dream? Looking above, you can see the beautiful doves flying about. Looking below, you can see the sailing lamps glittering. Cracking are the fireworks, which present a picture of fiery trees and silver flowers. Circling are the lantern-dancers, who present a variation of exquisite manner. Over there, the marksmen are shooting at their targets; to make colorful beads whirl around. Besides, the birds are chirping; the landscape's charm and the exhibition of arts and painting all hold a strong appeal. Therefore, we should say: Xx is a city with no night; its Dragon-Boat Festival is a gathering of heroes.

Welcome dear friends! Welcome honorable guests! ...

美国文化式英语译文：

Chinese culture has its roots tracing back far in history. We celebrate the Dragon Boat Festival, which dates back centuries to a Chinese hero.

The dragon-boats appear on the river like stars lit up in the sky. Look above, and you can see beautiful doves flying about and hear the birds chirping. Look below, and you can see the sailing lamps glittering on the water. Fireworks are crackling, presenting images of fiery trees and silver flowers. Circling around are lithe lantern-dancers, and marksmen are shooting at their targets to make colorful beads whirl around. Other attractions include the idyllic scenery and our exhibition of arts and painting. So we say: Xx is a city with no night; its Dragon-Boat Festival is a gathering of glory.

Welcome all!

美国的文化要求写给公众时，要精炼；不代替公众谈感觉，要凸显场景，让公众自己觉得值得花时间去做；不使用陈词滥调；不使用主观词语。

师生互动

【例子】 My two roommates Mary and Anne are similar in many ways. In fact, some people think the two girls are twins rather than roommates because they are close in age, both of them in their early teens, and because they look and act a good deal alike. They are both tall for their age and slender, and they both wear their dark brown hair long and straight. Mary, who is fifteen, has stunning, large brown eyes with long, dark eye-lashes, and Anne, who is fourteen, also has beautiful dark eyes. They both have lovely, olive complexions, and when they smile, they radiate warmth and happiness. They even dress alike. Mary sews almost all of her own clothes, and Anne is also learning to sew. Because they are almost the same size, they can borrow each other's patterns as well as each other's clothes. What is most noticeable about the two girls is that they are both talented, outgoing, and friendly. Mary is the vice president of her class and active in dance and drama. Anne, who is also a good student, is a star member of the tennis team as well as an accomplished violinist. As might be guessed, my two roommates are both very popular.

【初译】 我的两个室友马莉和安妮在很多方面都相仿,甚至有人还认为她们是孪生姐妹呢!她们年龄相当,均在十四五岁,长相和举止也都毕肖对方。高高的个头儿,与实际年龄不大相称,纤细苗条,黑棕色的头发长而整齐。马莉15岁,又长又黑的睫毛下,扑闪着一双大而美丽的棕色眼睛,安妮14岁,同样有着一对漂亮的深色眼睛。她们的肤色呈黄褐色,十分可爱,微笑中洋溢着温暖与幸福。她们的穿着也相似,马莉的衣服大多由自己亲手缝制,安妮也在学习裁剪技术。因她们身高相近,彼此又是借用衣服,又是借用式样。最显眼的地方是,两个女孩都聪明、开朗并乐于助人。马莉是班上的副班长,热心舞蹈和戏剧;安妮也是个好学生,既是优秀的小提琴手,又是网球队的明星球员。可想而知,我的这两个室友还鼎鼎有名呢!

【讨论】 学生说,"橄榄色的皮肤"已经出现在中文作品中了,因此不必用分析性的翻译方法。把"可想而知"改为"也许你们大家都已经猜到了"更显得口语化。根据上文,把 popular 译为"受欢迎"更合理。把 early teens 译为"青春年少"、"豆蔻年华"如何?

练习篇章翻译比练习句子翻译有着明显的优势,句子的翻译译文虽然可以与原句对号入座,但过于机械,译文常常显得生硬,不利于主观能动性的有效发挥。篇章的翻译有时甚至不在一词一句之得失,甚至不受原文句子结构的束缚。这是因为,译文要让读者充分感受原作之味,要把原文读者的感受迁移到译文读者中去。正是出于这样的考虑,才不能被原文的语言结构(作为符号的语言)所困。站在原文的角度欣赏原作,若原文不生硬,当站在译文的角度读译作时,译文就不能生涩。因东西语文不同,对号入座式的翻译常常会把原本很流畅的原文译得佶屈聱牙。因此,所谓"忠实"的翻译标准,强调的不是忠实原文的字面结构,而是原文的原意。这里,第一句的翻译就在 because 处停顿了,而且用了感叹号。我们不把 I wash my face 译为"我洗我的脸"也同此理。

另外,英语重在形合,汉语重在意合,英语多用衔接词语,汉语中除了正式的文体外,普遍用得较少。这里的 because 就没有翻译。把 they are close in age,both of them in their early teens 逗号前后两个部分合并翻译为"年龄相差无几"显得更简洁,因下文具体交代了二人的年龄。我们或将其叫作省词法? 但不管怎样,我们还应更多地从译文语言的归化角度看问题。

【再译】 我的两个室友马莉和安妮在很多方面都相仿,甚至有人还认为她们是孪生姐妹呢! 她们的年龄相差无几,长相和举止也都毕肖对方。高高的个头儿,与实际年龄不大相称,纤细苗条,黑棕色的头发长而整齐。马莉 15 岁,又长又黑的睫毛下,扑闪着一双大而美丽的棕色眼睛,安妮 14 岁,同样有着一对漂亮的深色眼睛。她们的皮肤呈橄榄色,十分可爱,微笑中洋溢着温暖与幸福。她们的穿着也相似,马莉的衣服大多由自己亲手缝制,安妮也在学习裁剪技术。因她们身高相近,彼此又是借用衣服,又是借用式样。最显眼的地方是,两个女孩都聪明、开朗并乐于助人。马莉是班上的副班长,热心舞蹈和戏剧;安妮也不逊色,既是优秀的小提琴手,又是网球队的明星球员。也许你们大家都已经猜到了,我的这两个室友还很受人欢迎呢!

实 践 提 升

近年来,全球气候变暖,北极冰雪融化加速。在经济全球化、区域一体化不断深入发展的背景下,北极在战略、经济、科研、环保、航道、资源等方面的价值不断提升,受到国际社会的普遍关注。北极问题已超出北极国家间问题和区域问题的范畴,涉及北极域外国家的利益和国际社会的整体利益,攸关人类生存与发展的共同命运,具有全球意义和国际影响。

　　中国倡导构建人类命运共同体,是北极事务的积极参与者、建设者和贡献者,努力为北极发展贡献中国智慧和中国力量。为了阐明中国在北极问题上的基本立场,阐释中国参与北极事务的政策目标、基本原则和主要政策主张,指导中国相关部门和机构开展北极活动和北极合作,推动有关各方更好参与北极治理,与国际社会一道共同维护和促进北极的和平、稳定和可持续发展,中国政府发表本白皮书。

第20讲 翻译宏道

——译者主动亦被动 顾念个体顾大众

要点拓展

1. 翻译之道是什么？从选择翻译材料开始，总有翻译为用的动机在其中。因此，译以致用是翻译的王道。

2. 译者更多的时候是主动的，从翻译的选材到翻译的操作和一定程度上对翻译效果的控制，莫不如此。

3. 但有些时候，译者是被动的，比如译者受到当时意识形态的影响而不得不对原文进行改动等，比如希拉里的《亲历历史》在中国出版时，有些内容就被删除了。

4. 翻译的"目的论"显示了译者应有的主动，翻译的"操纵论"显示了译者的被动。

5. 译者接受翻译的任务时，译者是被动的。但在翻译的过程中，译者仍有主动控制的一面。

6. 在职场里，译者从事的翻译，多为应用翻译。在进行应用翻译时，译者为迎合材料的应用者，经常扮演超出翻译者的角色。

7. 在职场里，译者即使接受的是文学翻译材料，也应将其看作应用的一部分。瞄准使用的对象，和客户认真沟通，翻译出客户真正想知道的内容，不仅节省时间，也能获得客户的好评。

8. "忠实原文"可能会显得有些过时。所谓"原文"，一般会理解为原文所有的文字组织，字字翻译，误时误事。有效的做法是：真正理解原文的意义，增删有度，重新编辑文字，方便客户，达到客户满意，才是王道。

9. 社会有个体和大众构成，要学会满足个体和大众。顺应个体时，译者可能是被动的，听命于赞助人的要求，此时不必顾念翻译的基本原理，只需要把可能的行动预先告知赞助人；顺应大众时，译者一般是主动的，能否满足大众，一般情况下需要译者预先揣测。

10. 自我翻译、供人欣赏，也是满足社会的一种表现。人的才能反映在不同的方面，不管在哪个方面表现出长处，就等于使自己在社会上有了立世竞争的资本。

11. 商道全球相通，常见的说法都该怎样翻译？"清仓大甩卖"（the ultimate wardrobe sale），"淘宝"（treasure hunt）……

12. 许渊冲模仿《道德经》所作的《译经》："译可译，非常译。忘其形，得其意。得意，理解之始；忘形，表达之母。故应得意，以求其同；故可忘形，以存其异。两者同出，异名同理。得意忘形，求同存异：翻译之道。"

13. 译者的综合能力或背景知识是顺应社会、做好翻译的基本保障。

14. 至此了解了整个翻译过程，学会了从原文中心走到了社会中心，就等于具备了飞跃的本事。原来，翻译现实和翻译理想，有时并不一致，特别是走出象牙塔、走到社会上，更能发现"实用即为真理"的真谛。

阅 读 空 间

• 翻译方法上的不辨不析

传统上就一直有直译、意译之争，似乎只有直译才是忠信的表现，其结果往往是，因文化有隔，译文不传意成了难免之事。意译时从来就没有那么僵死，充分调动了人们的主观能动性，跨越了机械的逻辑思维，实现了灵活的形象思维。意译可以译出表面文字底下的潜在义。意译从某种意义上说也是忠实的表现，只是忠实的不是字词，而是忠实原文的原意。但有时虽然忠实了原意，原文字面所传达的文化信息可能要丧失殆尽了。

在较长的句子或一般篇章中，在每一个评价单位（词、短语、句子、篇章）都能够通体采用直译或意译的可能性不大。一般来讲，直译中含有意译的成分，意译中含有直译的成分。或者更全面地说，直译中含有过度直译（死译、硬译）和意译的成分，意译中也含有过度自由的翻译（随意翻译）和直译的成分，这是翻译方法杂糅的现实。例如：

There is originality and imagery in his poems.

原译：在他的诗里有独具一格和想象力。

试译：他的诗独具一格，想象力丰富。[①]

---

① 黄忠廉等：《翻译方法论》，中国社会科学出版社 2009 年版，第 37 - 38 页。

按照他们对"直译""一般能显出译文与原文较大的形似,换言之,比较容易看出词对词或短语对短语的痕迹"的特征来分析,"原译"就是典范,至于交际效果如何,或者是不是符合目的语的表达习惯,则是另外的问题,即不是决定"直译"是不是"直译"的原则性问题。"试译"中反而有意译的倾向,比如例句中的"丰富"就是原文里所没有的。"有想象力"不等于"想象力丰富"。或许可译为:"他的诗里有新意、有想象力",更符合"直译"的特征,"试译"实际是直意参半式的翻译。

我们再来评价他们所列举和分析的"意译"的例句和他们的"试译":

The Negro lives on a lonely island of poverty in the midst of a vast ocean of material prosperity.

原译:黑人依然生活在物质汪洋大海中贫乏的孤岛上。

改译:黑人仍生活在贫困的孤岛上。尽管放眼四周,是一片繁华景象。(叶子南译)

试译:黑人生活在贫困中,仿佛身处孤岛,而四周却物欲横流。

他们的分析是:"原译不是直译,而是拘泥字面的翻译。改译是意译,尚欠简练。试译是典型的意译。"[①]

如果不讲究交际效果和目的语表达习惯的话,"拘泥字面的翻译"就是直译存在的一种形式,也即《现代汉语词典》定义的"直译"词条:"偏重于照顾原文字句的翻译";"改译是意译",不管简练与否,但为什么"试译是典型的意译"却无以为证。

"试译"是不是"典型"的意译呢? 按照他们给"意译"下的定义("意译是传达意义不拘原作形式的全译策略"),"改译"文似乎就已经足够了,如果认为"改译"文可读性不够强从而认为不够典型的话,就应当在"意译"的定义中补上"以期提高可读性和交际效果"之类的表述,否则"典型"与否将无所依。

事实上,"试译"文有些地方不很符合他们自定的"意译"的定义,比如把原文中的暗喻改为明喻("仿佛")、把比喻用法的 ocean 略去不译("改译"文也如此),显然丢失了原文的形象色彩。把 material prosperity 译为"物欲横流"也不够妥当,因为该词组的意思是"对物质的需要遍处都是,以至于横扫一切领域"[②],和原文表现的物质繁荣的景象是不一样的。"物欲横流"有贬义,而material prosperity 无非表现和贫困相对的现象。或可译为:"黑人生活在贫

---

①　黄忠廉等:《翻译方法论》,中国社会科学出版社 2009 年版,第 38 - 39 页。

②　http://baike. baidu. com/view/ 366054. htm

困的孤岛上,四周则是物质富足的海洋。"

• 翻译实践上的张冠李戴

例 1. 中国大陆上市公司的年报在香港译成英语,译者根据这类文本的国际惯例,对原文作出修订,初稿寄回去后,再寄回来的第二稿,译者发现,作者(公司)不但没有对改动提出异议,而且根据译者的改动,修订了原文。

例 2. 金庸的《鹿鼎记》,译者闵福德(John Minford)不仅改扬州为杭州,而且对其他内容改动也很大。

例 3. 贾平凹的《浮躁》的英译本由美国石油公司资助出版,但是公司提出小说过长,要求译者葛浩文(Howard Goldblatt)删节。译者照做,作者也没有提出抗议。

例 4. 昆德拉被译成 22 种语言。有人批评他的文体(fancy style),他看了译文之后,大失所望。……

例 5. 前美国总统克林顿夫人的《亲历历史:希拉里回忆录》在中国的译文被删节大约 10 页,作者认为译本不能完全表达她的想法而提出抗议。①

以上因素和事实表明,译者的求真只能是部分求真,译者的务实也只能是部分的。如果一味要求忠实原文,那么标点符号也是形式意义的一部分,是不是也要标点符号做到忠实呢?"翻译作为文化交流的工具,是无法做到'语言传真'的,但却可以要求'文化传真'"②,道出了其中的缘由。虽然都是"部分"上的,但求真一般是基于某一点或有限的几点之真而欲达到更多的务实目标的。由于语言和文化的差异,求真很大程度上变成了一个理想的目标,成了一个近似值,对于译者的翻译实践来说,求真是不断向真理逼近的过程和努力。务实行为往往发生于全面求真无力、无须或效果不能兼得时,通过务实手段而欲实现务实的效果,是社会化的补偿行为。毕竟,翻译总体上是为社会服务的。

音乐剧翻译中为增加时代感、娱乐性而采用的人物替代法(用"陈冠希"代"希尔"③),又怎么可以称得上译者身份和角色的行为呢?钱锺书评价的林纾翻译中的"讹",是林纾"明知故犯",严格说起来,也难以称得上是译者的行为,即狭义上译者身份和角色的行为。这样的行为如果说是译者所有,倒不如说

---

① 朱志瑜:《翻译研究:规定、描写、伦理》,《中国翻译》2009 年第 3 期。

② 孙致礼编著:《新编英汉翻译教程》,上海外语教育出版社 2008 年版,第 125 页。

③ 杨建国:《中文唱词偏爱"张冠李戴":谈〈发胶星梦〉出现"陈冠希""范冰冰"等》,《新民晚报》2008 年 7 月 9 日。

是懂得双语者的操纵行为：功夫却在翻译外。

师 生 互 动

【例子】 We had a short spring this year. The weather was cold through March and into April due to storms moving down from Canada. There was still snow on the mountains in late April, although it was usually gone by the end of March, we had only two nice weeks in May with the temperatures in the low 70s. But by mid-May, temperatures were in the 90s, and it was hot from then on.

【直白型译文】今年春季短暂，因来自加拿大暴风雪所致，3、4月份的天气依然寒冷，在4月末，山上还覆盖着积雪，通常情况下在3月底前积雪就会消融。仅在5月份有两周好天气，气温低徊于华氏70度左右，但到5月中旬气温攀升至90度左右，自此天气转热。

【抒情型译文】今年春季特短，因为受到来自加拿大暴风雪的影响，3、4月份的天气还是那么寒冷，都到4月底了，山上还有积雪，正常年景里，不到3月底就看不到雪的影子了。直到5月份我们才好不容易盼来两周不错的天气，气温不高，才华氏70来度，可到了5月中旬，气温竟爬升到90左右度，从此热浪席卷大地。

【讨论】 学生对 storms 提出了疑问，会不会有暴风雨的因素在里面呢？可如果有雪有雨，又如何在汉语中表达呢？外国专家的回答是：storms 指导致寒冷天气的一切因素。在无可奈何的情况下改译为：冷空气；寒流。

汉语中不经常说华氏温度，是不是一定要换算为摄氏温度才算符合了汉语的表达习惯呢？根据翻译原则，异化的是文化，保留异域文化是理所当然的，只要通过一些手段，化隔为不隔即可。这里就用"低徊"、"气温不高"、"才"来表现70来度并非摄氏温度中的高温。

至于显得书面化的"席卷大地"因在口语中经久使用，早已经完成了习语化过程，成了口语中的一部分，是古汉语在日常用语中的一种沉积形式，可看作惯用语。而且，"席卷大地"是暗喻，用了并不显得过，但在译文中使用明喻要谨慎，比如就不能将 He is tricky. 译为"他像狐狸一样狡猾"。

实 践 提 升

How did music begin? Did our early ancestors first start by beating things together to create rhythm, or use their voices to sing? What types of instruments did they use? These are some of the questions explored in a recent Hypothesis and Theory article published in *Frontiers in Sociology*. The answers reveal that the story of music is, in many ways, the story of humans.

So, what is music? This is difficult to answer, as everyone has their own idea. "Sound that conveys emotion," is what Jeremy Montagu, of the University of Oxford and author of the article, describes as his. A mother humming or crooning to calm her baby would probably count as music, using this definition, and this simple music probably predated speech.

But where do we draw the line between music and speech? You might think that rhythm, pattern and controlling pitch are important in music, but these things can also apply when someone recites a sonnet or speaks with heightened emotion. Montagu concludes that "each of us in our own way can say 'Yes, this is music', and 'No, that is speech.'"

So, when did our ancestors begin making music? If we take singing, then controlling pitch is important. Scientists have studied the fossilized skulls and jaws of early apes, to see if they were able to vocalize and control pitch. About a million years ago, the common ancestor of Neanderthals and modern humans had the vocal anatomy to "sing" like us, but it's impossible to know if they did.

Another important component of music is rhythm. Our early ancestors may have created rhythmic music by clapping their hands. This may be linked to the earliest musical instruments, when somebody realized that smacking stones or sticks together doesn't hurt your hands as much. Many of these instruments are likely to have been made from soft materials like wood or reeds, and so haven't survived. What have survived are bone pipes. Some of the earliest ever found are made from swan and vulture wing bones and are between 39,000 and 43,000 years old. Other ancient instruments have been found in surprising places. For example, there is evidence that people struck stalactites or "rock gongs" in caves dating from 12,000 years ago, with the caves themselves acting as resonators for the sound.

So, we know that music is old, and may have been with us from when humans first evolved. But why did it arise and why has it persisted? There are many possible functions for music. One is dancing. It is unknown if the first dancers created a musical accompaniment, or if music led to people moving rhythmically. Another obvious reason for music is entertainment, which can be personal or communal. Music can also be used for communication, often over large distances, using instruments such as drums or horns. Yet another reason for music is ritual, and virtually every religion uses music.

However, the major reason that music arose and persists may be that it brings people together. "Music leads to bonding, such as bonding between mother and child or bonding between groups," explains Montagu. "Music keeps workers happy when doing repetitive and otherwise boring work, and helps everyone to move together, increasing the force of their work. Dancing or singing together before a hunt or warfare binds participants into a cohesive group." He concludes: "It has even been suggested that music, in causing such bonding, created not only the family but society itself, bringing individuals together who might otherwise have led solitary lives."

Preparing for Old Age

Socrates was once asked by a pupil, this question: "What kind of people shall we be when we reach Elysium?" And the answer was this: "We shall be the same kind of people that we were here."

If there is a life after this, we are preparing for it now, just as I am to-day preparing for my life tomorrow. What kind of a man shall I be tomorrow? Oh, about the same kind of a man that I am now. The kind of a man that I shall be next month depends upon the kind of a man that I have been this month. If I am miserable today, it is not within the round of probabilities that I shall be supremely happy tomorrow. Heaven is a habit. And if we are going to Heaven we would better be getting used to it. Life is a preparation for the future; and the best preparation for the future is to live as if there were none. We are preparing all the time for old age. The two things that make old age beautiful are resignation and a just consideration for the rights of others.

In the play of "Ivan the Terrible", the interest centers around one man, the Czar Ivan. If anybody but Richard Mansfield played the part, there would be nothing in it. We simply get a glimpse into the life of a tyrant who has run the full gamut of goosedom, grumpiness, selfishness and grouch. Incidentally, this man had the power to put other men to death, and this he does and has done as his whim and temper might dictate. He has been vindictive, cruel, quarrelsome, tyrannical and terrible. Now that he feels the approach of death, he would make his peace with God. But he has delayed that matter too long. He didn't realize in youth and middle life that he was then preparing for old age.

Man is the result of cause and effect, and the causes are to a degree in our hands. Life is a fluid, and well has it been called the stream of life—we are going, flowing somewhere. Strip "Ivan" of his robes and crown, and he might be an old farmer and live in Ebenezer. Every town and village has its Ivan. To be an Ivan, just turn your temper loose and practise cruelty on any person or thing within your reach, and the result will be a sure preparation for a querulous, quarrelsome, pickety, snipity, fussy and foolish old age, accented with many outbursts of wrath that are terrible in their futility and ineffectiveness.

Babyhood has no monopoly on the tantrum. The characters of "King Lear" and "Ivan the Terrible" have much in common. One might almost believe that the writer of "Ivan" had felt the incompleteness of "Lear", and had seen the absurdity of making a melodramatic bid for sympathy in behalf of this old man thrust out by his daughters.

Lear, the troublesome, Lear to whose limber tongue there was constantly leaping words unprintable and names of tar, deserves no soft pity at our hands. All his life he had been training his three daughters for exactly the treatment he was to receive. All his life Lear had been lubricating the chute that was to give him a quick ride out into that black midnight storm.

"Oh, how sharper than a serpent's tooth it is to have a thankless child," he cries.

There is something quite as bad as a thankless child, and that is a thankless parent—an irate, irascible parent who possesses an underground vocabulary and a disposition to use it. The false note in "Lear" lies in giving to him a daughter like "Cordelia". Tolstoy and Mansfield ring true, and "Ivan the Terrible" is what he is without apology, excuse or explanation. Take it or leave it—if you do not like plays of this kind, go to see Vaudeville.

Mansfield's "Ivan" is terrible. The Czar is not old in years—not over seventy—but you can see that Death is sniffing close upon his track. "Ivan" has lost the power of repose. He cannot listen, weigh and decide—he has no thought or consideration for any man or thing—this is his habit of life. His bony hands are never still—the fingers open and shut, and pick at things eternally. He fumbles the cross on his breast, adjusts his jewels, scratches his cosmos, plays the devil's tattoo, gets up nervously and looks behind the throne, holds his breath to listen. When people address him, he damns them savagely if they kneel, and if they stand upright he accuses them of lack of respect. He asks that he be relieved from the cares of state, and then trembles for fear his people will take him at his word. When asked to remain ruler of Russia he proceeds to curse his councilors and accuses them of loading him with burdens that they themselves would not endeavor to bear.

He is a victim of amor senilis, and right here if Mansfield took one step more his realism would be appalling, but he stops in time and suggests what he dares not express. This tottering, doddering, slobbering, sniffling old man is in love—he is about to wed a young, beautiful girl. He selects jewels for her—he makes remarks about what would become her beauty, jeers and laughs in cracked falsetto. In the animality of youth there is something pleasing—it is natural—but the vices of an old man, when they have become only mental, are most revolting.

The people about "Ivan" are in mortal terror of him, for he is still the absolute monarch—he has the power to promote or disgrace, to take their lives or let them go free. They laugh when he laughs, cry when he does, and watch his fleeting moods with thumping hearts.

He is intensely religious and affects the robe and cowl of a priest. Around his neck hangs the crucifix. His fear is that he will die with no opportunity of confession and absolution. He prays to High Heaven every moment, kisses the cross, and his toothless old mouth interjects prayers to God and curses on man in the same breath.

If any one is talking to him he looks the other way, slips down until his shoulders occupy the throne, scratches his leg, and keeps up a running comment of insult—"Aye," "Oh," "Of course," "Certainly," "Ugh," "Listen to him now!" There is a comedy side to all this which relieves the tragedy and keeps the play from becoming disgusting.

Glimpses of "Ivan's" past are given in his jerky confessions—he is the most miserable and unhappy of men, and you behold that he is reaping as he has sown. All his life he has been preparing for this. Each day has been a preparation for the next. "Ivan" dies in a fit of wrath, hurling curses on his family and court—dies in a fit of wrath into which he has been purposely taunted by a man who knows that the outburst is certain to kill the weakened monarch.

Where does "Ivan the Terrible" go when Death closes his eyes? I know not. But this I believe: No confessional can absolve him—no priest benefit him—no God forgive him. He has damned himself, and he began the work in youth. He was getting ready all his life for this old age, and this old age was getting ready for the fifth act. The playwright does not say so, Mansfield does not say so, but this is the lesson: Hate is a poison—wrath is a toxin—sensuality leads to death—clutching selfishness is a lighting of the fires of hell. It is all a preparation—cause and effect.

If you are ever absolved, you must absolve yourself, for no one else can. And the sooner you begin, the better. We often hear of the beauties of old age, but the only old age that is beautiful is the one the man has long been preparing for by living a beautiful life. Every one of us are right now preparing for old age.

There may be a substitute somewhere in the world for Good Nature, but I do not know where it can be found. The secret of salvation is this: Keep Sweet.

为了暮年

翻译：周领顺　唐红英

苏格拉底有一个弟子这样问他："我们到天堂会变成怎样的人?"苏格拉底答道："现在怎样,将来还怎样。"

若真有来世,我们今天就在预备着来世,就好比今天为明天做着打算无异。明天的我会是什么样子? 哦,和今天的我一般不二。下个月的我会是什么样子? 要看这个月我的样子。如果今天的我可怜兮兮,明天的我也不大可能极度欣喜。入天堂乃习惯成自然之事,若有意去天堂,最好现在就开始学着调适。生活莫不为了将来,最好的预备取决于当下的自己。我们一直在预备着暮年,而让暮年美好者,无外乎接受年老的现实并合理地考虑他人的利益。

《伊凡雷帝》一剧聚焦于沙皇伊凡一个人物的身上,谁也不及理查德·曼斯菲尔德演得如此惟妙惟肖。看看沙皇的一生吧,他脾气暴躁、性情乖戾、寡恩薄义、满腹牢骚,皆到了无以复加的地步。机缘巧合,让他掌握了生杀予夺的大权,他平时杀人成性,颐指气使;他睚眦必报、残酷无情、争强好胜、独断专治,真是令人发指。而当他感觉死亡逼近时,才想起与上帝妥协,但为时晚矣。他早没明白,他的青年和中年,都在为他的暮年做着如此这般的努力。

人皆因果之物,而因在某种程度上,就掌握在自己的手里。生命如流水,或者说成生命之溪,我们在前行,在流往某地。试想,将伊凡雷帝的长袍剥去,皇冠摘除,他可能就是个老农,生活在埃比尼泽的小镇子里。事实上,一镇、一村都有伊凡的影子。要做伊凡,轻而易举,只需任性妄为,在权力的范围内残酷对待他人足矣。可等待伊凡暮年的必然是牢骚满腹、争吵不止、吹毛求疵、傲慢无礼、苛责于人、愚蠢至极,还时不时暴跳如雷,却又徒劳无益。

婴儿任性,成人不可。《李尔王》和《伊凡雷帝》中的人物有颇多相似之处,人们很可能相信,《伊凡雷帝》的作者会觉得《李尔王》的结尾不够完整,认为剧中同情他这个被女儿们赶出宫廷的老头儿是多么的荒谬无理。

李尔王本就是非,经常口出恶言,实在不值得同情。他一生对三个女儿的教导,与他得到的恶报如出一辙。他一生所忙,终于使他淹没于午夜的风暴里。

他咒着喊道:"薄情子比毒蛇的毒牙还锋利呀!"

薄情子毒,寡义父母尤甚。易怒暴戾的父母,必定将毒言恶语常挂于嘴边,李尔王的命里不配有考狄利娅这样的好女儿。剧作者托尔斯泰和演员曼斯菲尔德说得对,伊凡雷帝就是活该,无愧疚、无理由、无解释。这类剧目让人深思,若不喜欢,可以歌舞杂耍之类取而代之。

曼斯菲尔德所饰演的伊凡令人恐惧。沙皇未老,不足七十,但死神已然逼近。他不能自已、一意孤行、独断专横、无念他人,然生性如此。一双枯瘦如柴的手颤抖不已,手指不停地抠东挠西:他一会儿摸摸胸前的十字架,一会儿正正身上的珠宝,一会儿抓抓他的宇宙饰物,一会儿玩玩他的魔鬼纹身。他不安地起身朝宝座后面看看,然后凝神屏息,侧耳倾听周围的响动。人民跪拜于他,他蛮横诅咒;若直立不跪,他又斥其不懂君臣大礼。他表示不愿为国事烦忧,但因又惧怕人民信以为实而战栗。当众人拥立他继续他的沙皇统治时,他又咒骂他的臣下将重担压在他一个人的身上,而他们自己却躲避清闲。

他是色欲的牺牲品。就在这个环节,曼斯菲尔德却演不下去,他说他不敢演,如果演下去,现实中的他也会令自己诧异。这个步履蹒跚、老态龙钟之人又要谈情说爱,又要娶个年轻貌美的女子。他为女子挑选珠宝,阔论什么能成就她的美丽,夸夸其谈,假腔假调。年轻的身体肯定能给予老沙皇欢愉,然而他的精神颓废,其恶行令人厌弃。

伊凡左右皆惧之。他是专制君主,能给人加官晋爵,也能让人无端蒙羞;他能取人性命,也能让人无罪开释。君笑时臣笑,君哭时臣哭,臣下伴喜怒无常之君,忐忑中仰其鼻息。

他披着宗教的外衣:身着牧师服,项挂十字架。他惧怕临终无机会忏悔,时时向主祈祷,对着十字架亲吻。令人难以置信的是,他一边祈祷,一边诅咒,竟都出自同一张牙齿光光之口。

若有人与之交谈,他必定环顾左右,滑下身子歪靠在宝座之上;他抓挠着大腿,嘴里咕噜着"是"、"哦"、"当然"、"肯定"、"哼"、"听他的!"等蔑视之词。这些倒是给悲剧增加了些喜剧的色彩,减少了观众的一些厌恶情绪。

纵观伊凡的过往和他突然转念的忏悔,可以肯定他是最悲惨的、最不幸的人,也肯定他是咎由自取。他为他的暮年做了一生的准备啊,此所谓今日皆备为明日。伊凡死于暴怒,临终仍咒骂家人和群臣。他是被一个臣子故意激怒而毙命的。身体羸弱者不堪气受,臣子对此心知肚明。

死神合上了他的眼睛,他会魂归哪里? 我不知道,但我深信:他无处忏悔,牧师不会愿意倾听,上帝不会施以怜悯。他一直在诅咒着自己,年轻时即为自己的暮年埋下了祸根,他的生命在第五幕时戛然而止。剧作家没说什么,演员曼斯菲尔德也没说什么,但教训是:仇恨是毒,愤怒是毒,好色致人死地,自私自利点燃了地狱之火。因果报应啊。

你若被人宽恕,那就宽恕自己吧,越早越好,没人能代你承受。我们常听到暮年有美,只有一直美好地生活,才可能领略到暮年的美好,而我们都在预备着暮年的自己。

世上或许有"本性善良"的替代品,但我无处寻觅。自我救赎的秘诀是:将美好延续下去。

评析:

原文《为了暮年》(*Preparing for Old Age*),是一篇古奥而充满哲理的思辨类文字。展现这样一篇文章,目的在于增强读者对于这类经典文字的注意,拓宽读者的知识面和学术视野。对于翻译而言,挑战性是不言而喻的,表现在理解和表达的各个环节。

一、古典思辨类文字的背景知识和语境意义

《为了暮年》一文的作者阿尔伯特·哈伯德（Elbert Hubbard）（1856—1915），出生于美国伊利诺伊州的布鲁明顿。他在塔福学院获得学士学位，又在芝加哥大礼堂获得法学博士学位。他曾经做过教师、出版商、编辑和演说家。1899年，他创作了鼓舞人心的《致加西亚的信》（*A Message to Garcia*），在世界各地广为流传。1908年，他又创作了内容更全面，思想更深刻的商业佳作《双赢规则》（*Reciprocal Rule*），更深入地阐述了主动、自信、敬业、忠诚、勤奋的伟大思想。哈伯德的主要著作还有《短暂的旅行》（*Little Journeys to the Homes of Good Men and Great*）、《爱·生活·工作》（*Love，Life and Work*）、《健康和财富》（Health and Wealth）等，因思想深刻、内涵丰富而被人们津津乐道。

原文主要聚焦于因果之间的关系，阐释积极行善、保持美好，是使自己能够拥有一个美好暮年的道理。作者不断以《伊凡雷帝》（*Ivan the Terrible*）一剧中的"伊凡雷帝"为例，说明有关的哲理，并进行相应的思辨。

《伊凡雷帝》是一部五幕史诗悲剧，由托尔斯泰（K. Tolstoy）创作于150多年前，由著名演员理查德·曼斯菲尔德（Richard Mansfield）主演。当时的美国对俄国的一切都有着特殊的兴趣，此剧被美国评论家称为戏剧界的巨大胜利。《泰晤士报》评论此剧是"一部了不起的生动的作品"，并赞扬"理查德·曼斯菲尔德在剧中呈现出演员的最佳状态和巨大的创造力"。纽约《太阳报》称此剧让理查德·曼斯菲尔德多年的表演事业达到了顶峰。因此，文中不断提及托尔斯泰和曼斯菲尔德，也就不难理解了。

"伊凡雷帝"，或曰"恐怖的伊凡"，显然带着贬义，皆因伊凡雷暴的个性和冷酷无情而臭名昭著。"伊凡雷帝"即伊凡四世、伊凡大帝。伊凡四世三岁即位，母亲暂时摄政。当时各集团激烈争权、倾轧和谋杀，对伊凡四世性格的形成及其活动产生了深刻的影响。

该文语言带有当时的时代特色和作者的个人风格，加上属于古典哲理思辨类文字，生涩词语和古奥的表达较多，有的还要与外籍教师反复讨论后才能确定。例如：

[1] We are preparing all the time for old age. The two things that make old age beautiful are resignation and a just consideration for the rights of others.

resignation 原义是"退休、放弃、顺从"。外教认为，此处应理解为"接受年老的状态，包括体能下降、机能衰退、精神不振"，因此确定将该句话译为："我们一直在预备着暮年，而让暮年美好者，无外乎接受年老的现实并合理地考虑他人的利益"。

[2] Lear, the troublesome, Lear to whose limber tongue there was constantly leaping words unprintable and names of tar, deserves no soft pity at our hands.

Lear to whose limber tongue there was constantly leaping words unprintable and names of tar 一部分的语法结构较难辨认。外教认为,作者用词较晦涩,句法略显随意,可以将 names of tar 理解为 bad words,根据上下文,确定将该句话译为:"李尔王本就是非,经常口出恶言,实在不值得同情。"

[3] He fumbles the cross on his breast, adjusts his jewels, scratches his cosmos, plays the devil's tattoo, gets up nervously and looks behind the throne, holds his breath to listen.

scratches his cosmos 和 plays the devil's tattoo 的准确意义虽然不能十分肯定,但相关动作描述的是伊凡雷帝百无聊赖、心神不宁、坐立不安、疑神疑鬼的状态特征,因此确定将该句话译为:"他一会儿摸摸胸前的十字架,一会儿正正身上的珠宝,一会儿抓抓他的宇宙饰物,一会儿玩玩他的魔鬼纹身。"

个别词语是作者自己杜撰的,词典里查不到。例如:

[4] He is a victim of amor senilis.

amor 意为 love,senilis 是新创词,外教认为意同 senile。但我们结合下文对伊凡雷帝"好色"(sensuality)的指责,最后确定将该句话译为:"他是色欲的牺牲品。"

[5] We simply get a glimpse into the life of a tyrant who has run the full gamut of goosedom, grumpiness, selfishness and grouch.

goosedom 为作者新创词,与 grumpiness, selfishness and grouch 并列,均为描述人物性格特征的贬义词,应与 grumpiness,selfishness 等基本同义,最后确定将该句话译为:"看看沙皇的一生吧,他脾气暴躁、性情乖戾、寡恩薄义、满腹牢骚,皆到了无以复加的地步。"

二、古典思辨类文字的语言逻辑及其深度再现

有的句子逻辑关系在今天看来不很紧密,这与作者习惯于使用当时人们耳熟能详的戏剧故事和历史史实不无关系。因此,如何在翻译时处理好语言逻辑方面的问题,深度表达字里行间的意义,是值得认真讨论的。例如:

[1] Socrates was once asked by a pupil, this question:"What kind of people shall we be when we reach Elysium?"

Elysium 一词指的是"极度欢乐的状态,极乐世界",但苏格拉底不信佛,

因此其弟子的言语中不可能出现"极乐世界"的表述,故将该词译为"天堂"。

语言的逻辑关系主要借衔接词语来表现,但作者用得不多,有时孤零零的一句话,未免突兀,让今天的我们摸不着头脑。如果不把字里行间深层的意义再现出来,就等于忽略了句子的逻辑关系。例如:

[2] Heaven is a habit.

若直译为"天堂是一种习惯",意义生硬,难以理解。上文讲"如果今天的我可怜兮兮,明天的我也不大可能极度狂喜",下文说"若有意去天堂,我们最好现在就开始学着调适",可见 habit 此处强调习惯成自然的意思,因此确定将该句话译为"入天堂乃习惯成自然之事"。

[3] Babyhood has no monopoly on the tantrum.

全文通篇没有任何关于婴儿的内容,直接译为"婴儿是控制不了自己任性胡闹的",会令人摸不着头脑。结合上文所讲伊凡雷帝任性妄为的例子,以及对于下文李尔王任性的了解,作者的本意在于:婴儿无法控制自己的任性胡闹,但是成人应该有自控能力,可是两个君主都没有,因此确定将该句话译为:"婴儿任性,成人不可。"这样既解决了逻辑问题,也方便读者理解其中的哲学道理。

除了句子之间的逻辑关系外,句子内部的逻辑关系也要弄清楚。例如:

[4] The false note in "Lear" lies in giving to him a daughter like Cordelia.

Cordelia(考狄利娅)是李尔王的三女儿,真心爱着父亲。但父亲在分封的时候,是根据每个女儿表达的对他的爱戴程度来给她们分配国土的。大女儿高纳里尔和二女儿里根竭尽全力赞美国王,只有小女儿考狄利娅表达了自己朴实而真挚的感情,却因此被父亲逐出了宫廷。当老李尔被女儿们逐出宫廷时才了解到,三女儿才是真正爱他的。李尔王昏庸糊涂,按因果之间的关系,他的女儿也都会和他一样,但偏偏有这样一个温柔、真诚的三女儿,所以成了李尔王生命中的 false note,即暗示李尔王不配拥有这样的好女儿,因此译文添加了原文表面没有的"好"而译为:"李尔王的命里不配有考狄利娅这样的好女儿。"

鉴于逻辑关系的话语标记语在原文中比较少见,因此在翻译过程中,译者根据语义,增加了一些明示逻辑关系的标记语,例如"试想,将伊凡雷帝的长袍剥去,皇冠摘除,他可能就是个老农,生活在埃比尼泽的小镇子里"中的"试想";"事实上,一镇、一村都有伊凡的影子"中的"事实上"等。

三、古典思辨类文字的典雅之气和可读性

古典思辨类文字的典雅之气,主要体现在叙述时典雅的择词上,比如用词

的正式程度上，在汉语译文中，要尽量加以保留。例如：

[1] When people *address* him, he *damns them savagely* if they kneel, and if they stand upright he *accuses them of lack of respect*. He asks that he be relieved from the cares of state, and then *trembles for fear* his people *will take him at his word*.

译文：人民跪拜于他，他蛮横诅咒；若直立不跪，他又斥其不懂君臣大礼。他表示不愿为国事烦忧，但又因惧怕人民信以为实而战栗。

[2] The people about "Ivan" are in *mortal terror of him*, for he is still the absolute monarch—he has the power *to promote or disgrace*, to take their lives or let them go free. They laugh when he laughs, cry when he does, and *watch his fleeting moods with thumping hearts*.

译文：伊凡左右皆惧之。他是专制君主，能给人加官晋爵，也能让人无端蒙羞；他能取人性命，也能让人无罪开释。君笑时臣笑，君哭时臣哭，臣下伴喜怒无常之君，忐忑中仰其鼻息。

古典思辨类文字的典雅之气和可读性是一致的，而提高可读性，也是译者的主要目标之一，比如使用四字结构，就既能表现典雅之气，也能提高可读性，且能被汉语读者广泛接受。例如：

[3] and the result will be a sure preparation for a *querulous, quarrelsome, pickety, snipity, fussy and foolish* old age, accented with many *outbursts of wrath that are terrible in their futility and ineffectiveness*.

译文：可等待伊凡暮年的必然是牢骚满腹、争吵不止、吹毛求疵、傲慢无礼、苛责于人、愚蠢至极，还时不时暴跳如雷，却又徒劳无益。

汉语读者有"恋古情结"，但是哲理思辨类的文字，并非处处都要保持古色，还要根据讲话的内容（比如生活化的对话）而兼容朴素、质朴的一面。例如：

[4] Socrates was once asked by a pupil, this question："What kind of people shall we be when we reach Elysium?" And the answer was this："We shall be the same kind of people that we were here."

译文：苏格拉底有一弟子，问道："吾辈登天堂，其貌若何？"答曰："现世之貌也！"

如此翻译，则未免稍显迂腐。总之，哲理思辨类文字的翻译，大有讲究。但在翻译界，讨论的却很少，应该引起实践家和理论家的注意。

究竟该怎样认识"忠实"?

　　"忠实"作为翻译的指导原则,一般应该放在首篇作为"导入篇"来叙述。但是,笔者宁愿置于书末,是希望通过全书的学习而达到对"忠实"有个更理性的认识。

　　"忠实"是面对原文的,是"文本"方面的议题,而大量的翻译实践证明,"忠实"也是"人本"的,是有关译者行为的议题。文学翻译是不是该忠实?该忠实而不忠实的理由会是什么呢?我们只有分层次、理性地看问题,才可能对"忠实"有个合理的认识。

一、文本上的"忠实"

　　"'忠实'是翻译研究的根本问题之一,也是翻译活动的基本原则之一,从伦理的角度来看甚至是保证翻译自身存在的内在需要。"① 不管在译学界,还是在翻译实践领域,对其内涵似乎大家都心照不宣,但迄今没有一个明确的答案,不能不说是对"翻译学"的揶揄。方梦之主编的《中国译学大辞典》(上海外语教育出版社,2011)中并没有"忠实"词条,倒是有个"忠实性翻译",貌似翻译上的"忠实":

　　　　作为一种翻译方法,其特点在于力求在目的语语法结构允许的范围内忠实地再现原作的语境意义,倾向于将原作中带有特殊文化色彩的词语"转化"为目的语中易于理解、具有普遍文化内涵的词语;对于原作中语

---

　　① 刘云虹,许钧:《文学翻译模式与中国文学对外译介——关于葛浩文的翻译》,《外国语》2014 年第 3 期,第 6 - 17 页。

法和词汇方面的特别之处,则在译作中适当保留,试图以此准确地再现原作作者的意图与原作的内涵。

但这里的"忠实性翻译",只是作为一种"翻译方法"对待的。该辞典中另一个与"忠实"相关的词条是"'忠实'观的解构",所"解构"的"忠实",却不是"忠实性翻译"词条所显示的内容,因为该词条的首句便写道:"翻译的'忠实'观向来被认为是翻译的一个最基本的原则,是衡量译本是否合格的一个基本标准。"其中,并没有提及"忠实性翻译"中所说的"方法"。"解构"了"忠实",却不设"忠实"词条,使之变成了无的之矢,或许是因为人们对"忠实"的内涵莫衷一是,如该词条所说的,"即使是对这个近乎'常识'或'公理'的'忠实'观,质疑的声音也一直存在于译界,在近些年更是出现了对'忠实'观的解构"。"忠实"是译者眼里的方法、原则、主张,也是研究者眼里的效果、态度、标准,这些角度并没有全部包容在"'忠实'观的解构"词条中。

该词条还解释道,"有多位学者指出'忠实'观含义模糊,可以指向翻译中的任何层面,因此应被舍弃,需要有概念更为清晰的术语来代替它。""'忠实'到底是什么? 或者,当人们在谈论翻译的忠实性时,翻译到底应该忠实的是原文的什么? 是文字忠实、意义忠实、审美忠实、效果忠实抑或其他?"[①]朱志瑜说:"中国传统学者一般只说'翻译以忠实为标准',但忠实是什么、翻译具体要在哪些方面忠实(形式、内容、功能、作者意图、效果等等),却没有一定的说法(各时期有不同的重点),但是基本上是以'内容'忠实为主,就是不顾形式(这一点与西方正相反,西方 faithful translation 几乎就是形式上或句子结构上的忠实)。"[②]孙致礼认为,"忠实"作为译文的评价标准,曾经"一统天下"[③],也是中西译论的核心议题。

虽然,当"忠实"缺少一个一致的定义时,讨论它的概念局限性有虚妄之嫌。比如,吕世生把忠实概念的局限性限定于两个方面,"一是忽略了社会现实对翻译行为,包括目标语文本接受的制约","二是对译出尤其是当下中国文

---

① 刘云虹,许钧:《文学翻译模式与中国文学对外译介——关于葛浩文的翻译》,《外国语》2014 年第 3 期,第 6 - 17 页。

② 朱志瑜:《翻译研究:规定、描写、伦理》,《中国翻译》2009 年第 3 期,第 5 - 12 页。

③ 孙致礼:《译者的职责》,《中国翻译》2007 年第 4 期,第 14 - 18 页。

化走出去的翻译实践解释能力不足"①。吕教授是在讨论文化的"译出"和"译入"话题时涉及忠实概念的，但对于实践家而言，并非不可以把忠实原文的意义作基而在翻译过程中根据翻译目的进行能动的调整。况且，按照葛浩文的身份，很难肯定是"译出"或"译入"。

但对于翻译实践者而言，忠实（于原文的意义）仍是其基底，并且需要在翻译过程中根据翻译目的进行能动的调整。翻译家葛浩文质疑过，"我的责任是翻译要忠实，但忠实什么？ 问题在这里。是忠实于一字一句吗？"②这表明，翻译家在实践中需要使忠实这一原则具体化。"忠实"虽然呈现为多维性，但并非没有一个默认的内核。孙致礼把"忠实"限定于两个方面，一是要"忠实于原作的思想内容"，二是要"保存原作的风格"③，这和奈达等人给"翻译"定义的"在译语中用最切近的自然对等语再现源语的信息，首先是意义，其次是文体"④异曲同工。不管是内容上的，还是形式上的，两个方面的意义归根结底都是原文的意义，因此翻译要面对原文，不偏离原文，是作者、译者和读者的本能期待，也即奈达所说的在翻译活动涉及的诸多要素中，只有原文才是客观的存在⑤，也是洪堡特（Wilhelm von Humboldt）所说的"真正的精神只存在于原作中"⑥的要义之所在。 所以，当有人称赞葛浩文的翻译为 creative translation（创造性翻译）时，他却听着有"刺耳"的感觉⑦。"褒词"之所以变成了"贬语"是因为对于葛浩文这样的翻译家而言，某种意义上"创造"这个词语似乎是对原文的偏离乃至背叛的另一种说法。

原文的意义一般分为语义意义和语用意义。有时，出于主观或客观上的

---

① 吕世生：《中国"走出去"翻译的困境与忠实概念的历史局限性》，《外语教学》2017年第 5 期，第 86－91 页。

② "葛浩文：下一步翻译刘震云贾平凹"http：//book. sina. com. cn/news/c/2013－10－16/0945550075. shtml

③ 孙致礼：《新编英汉翻译教程》，上海外语教育出版社，2003 年，第 9 页。

④ Nida，E. A. & C. R. Taber. *The Theory and Practice of Translation*，Leiden：E. J. Brill，1982. p. 12.

⑤ Nida，E. A. *Language，Culture and Translating*［M］. Shanghai：Shanghai Foreign Language Education Press，1993.

⑥ Lefevere，A. *Translating Literature：The German Tradition from Luther to Rosenzweig*［M］. Van Gorcum，Assen/Amsterdam，the Netherlands，1977. p. 45.

⑦ "葛浩文：中国文学如何走出去"http：//history. sina. com. cn/cul/zl/2014－07－07/113094803. shtml

原因,译者有所侧重地忠实于原文意义,这使翻译成为了一种目的性、选择性的活动。

二、人本上的"忠实"

面向原文是"忠实"的本意,也是翻译的道德自律。但一名译者,既要对原文和作者忠实,也要对读者忠实,若将译者服务于各方利益所说的"忠实"看作概念,将无疑是"忠实"的泛化,也难以做到严谨。译者要顾及各方面的利益和感受,这种意识和行为准确地说是"忠诚"①。潘文国将"诚"解释为"对事业的忠诚和全身心投入"②。只有"忠诚"于人(作者),才能传达作者的原文之神和作者的真意,才能做到方法上的灵活变通,也才能真正最大程度上落实"对得起作者,对得起文本"的目标。

"忠实"是葛浩文坚持的总的翻译原则,而"直译"和"意译"是执行这一总原则的两条路经,哪一条路径既能"对得起"原文和作者并同时或特别"对得起"读者,它就是译者乐意选择的一条路经,这是译者"求真为本,务实为用(上)"③的表现。从这层意义上说,"直译"和"意译"都有可能达此目标,比如葛浩文在翻译《狼图腾》时,就用直译的方式再现了大量带有特殊时代、地域特色的语言表达和文化习俗,让读者在阅读的过程中,既不会因为过多的陌生文化和语言表达而觉得晦涩难懂,又不会因为"翻译腔"而失去兴趣。

对于"直译",葛浩文论述道:"英文和中文可以说是天壤之别的两种语言,真要逐字翻译,不但让人读不下去,而且更会对不起原著和作者。"④"如果真的逐字翻译,我翻译的小说没有一本是可以出版的。"⑤也就是说,死板的翻译("硬译"和"死译"),是根本过不了编辑关的,因为译者和编辑都主张的是"意译"。葛浩文说:

---

① 周领顺:《译者行为批评:理论框架》,商务印书馆,2014 年,第 98 - 100 页。

② 赵国月,周领顺,潘文国:《认清现状,树立中国本位的对外译介观——潘文国教授访谈录》,《翻译论坛》2017 年第 4 期,第 4 - 8 页。

③ 周领顺:《译者行为批评:理论框架》,商务印书馆,2014 年,第 102 页。

④ "葛浩文:好作品不是逐字翻译成的"http://new. qq. com/cmsn/20140424/20140424008011

⑤ "葛浩文:滥用成语导致中国小说无法进步"http://culture. ifeng. com/wenxue/detail_2014_04/22/35943426_0. shtml

　　"意译"派在出版方面更胜一筹，因为无论是商业出版社还是大学出版社都推崇意译派的译著。对此无论我们是庆幸也好，悲伤也罢，事实依旧是，在那些"可译的"小说里，"可读性好"的译作才能出版。①

　　他坚持"只要字词句译得没问题，我在行文上就要忠实地再现作家要表达的内容——也就是他要说什么——而不必要在形式上再现他是怎么写的"②，并具体要求"翻出作者想说的，而不是一定要一个字一个字地翻译作者说的"③。他在 The Republic of Wine（《酒国》）的译者注里说："虽然文字上并不完全一致，但我已经尽可能忠实于莫言的原著。"④可以看出，葛浩文的"意译"是可以和"可读性好"划等号的。巴尔胡达罗夫就将逐词直译看作"层次偏低的翻译"，而把意译看作"层次偏高的翻译"⑤，与葛浩文不谋而合。

　　采取"意译"，便于译者跳出短语、小句或句子结构的约束而在宏观上更好地加以把握，对于充满神韵并需要"二度创作"的文学翻译尤甚，在这种情况下，译者便拥有了更大的自由和展示才能的空间，也便有了更多确保译文具有"可读性好"的可能。

　　葛浩文排斥的"直译"和译学界反对的"硬译""死译"并没有实质性的区别，如果能够较好地执行译学界的"直译"，既有可读性，又执行了他所崇尚的"忠实"原文的总原则，当然是求之不得的。所以，为了执行他的"忠实"原则，他的译文中甚至会偶尔出现他自己所排斥的"直译"，比如他把"吃香的喝辣的"译为 eat sweets and drink spicy drinks，笔者调查了几位美国读者，他们甚至不知译文之所云。"当深层的文化意义不能通过字面的语言翻译全部或部分再现时，那么以有效交际为首要目标的翻译活动便失去了应有的意义"⑥，这也是"忠实"原文意义的、学术上的"求真"性"翻译"经常要向普通意义上的"务实"性"翻译活动"转化的主要原因了。

---

　　①　葛浩文:《葛浩文文集》,现代出版社,2014年,第199页。
　　②　葛浩文:《葛浩文随笔》,现代出版社,2014年,第45页。
　　③　"葛浩文:滥用成语导致中国小说无法进步"http://culture.ifeng.com/wenxue/detail_2014_04/22/35943426_0.shtml
　　④　Goldblatt, H. *The Republic of Wine*. New York: Arcade Publishing, 2012.
　　⑤　巴尔胡达罗夫:《语言与翻译》(蔡仪等译),中国对外翻译出版公司,1985年,第145-160页。
　　⑥　周领顺,周怡珂:《汉语"乡土语言"英译的"求真"与"务实"——基于葛浩文翻译实践的讨论》,《扬州大学学报(人文社会科学版)》,2017年第6期,第103-109页。

三、从文本到人本

从忠实到不太忠实甚至很大程度上偏离原文，总有原因在，这与学习翻译逐步走向飞跃是一样的道理。因此，我们有必要对于人本意义上的译者行为进行批评把控。具体有以下这样一些道理和条件。

应该忠实原文的理由：

1. 原文是翻译所依据的母本，而母本是唯一的客观存在。

2. 文学文本属于表达型文本，朝原文靠拢，是译者本能的选择，也是译者和翻译活动最基本的道德伦理。

3. 文学作品是一个作家的特别呈现，反映作品和作家的特别之处，当然是译者义不容辞的责任。文学文本，除了讲故事、重情节之外，就是风格，因为风格是一个作家特有的标记。莫言说过："一个写作者应该关注的并且将其作为写作素材的，应该是那种与众不同的、表现出丰富的个性特征的生活。一个写作者所使用的语言，应该是属于他自己的、能够使他和别人区别开来的语言。"①莫言所说的"个性特征的生活"，就是讲的独特的故事；莫言所说的"使他和别人区别开来的语言"，就是语言风格。所以，应该靠近和再现原文，这也是把文学文本作为表达型文本的主要原因。不改变文学作品主要的东西，便是控制住了翻译的幅度。

偏离原文，即不够忠实原文的理由：

1. 但文学翻译往往又没有那么忠实，这是因为文学翻译是务实的，讲究的是语境效果和对于读者的影响。

2. 文学翻译是务实的，与以求真为主的文化翻译是不一样的。

3. 从文本上讲，文学的严肃度比不上考古、宗教、科技、公文、法律和哲学，总体上属于娱乐的，尽管在其内部可以进一步分为严肃文学和娱乐文学。

4. 文学翻译家既是语言人，也是社会人。但当他面对市场时，其社会人的身份和社会性、社会化的程度明显增强，比如他会根据市场的需求而选材和选择性地引进，因此出现删改等行为属于正常现象。

5. 删改也分为外部和内部。外部的比如书太厚，既不好读，也影响销量

---

① "第二届华语文学传媒大奖获奖感言"http://www.cjh.com.cn/pages/2004-04-19/140875.html

（我们那么多莎士比亚戏剧的简写本也是出于这样的原因）；内部的是对于原文各个层次忠实的程度。当然，当翻译单位还有争议的时候，这个问题也仍然存在争议。

综上，要分层次看问题，从文本到人本，从内部到外部，从静态到动态莫不如此。因此，评价文学翻译是不是该忠实或者该忠实而没有忠实，需要分层次、辩证地把握以下几点：

从文本到人本视角：

1. 文本类型的制约。

2. 人本因素的考量，比如目的因素及其相应的行为。

从内部到外部视角：

1. 语言内、翻译内的问题。如语言转换和意义再现的客观性。

2. 语言外、翻译外的问题。如读者需求和市场定位、审美等对翻译产生的影响，表现的是译者的主观性。即使译者本身，也分为内部和外部，如内在心理活动和外在行为表现。

从静态到动态视角：

1. 静态的翻译伦理与翻译幅度的制约。

2. 动态的语境和外围环境的制约。

只要不把翻译看作真空中进行的社会活动，那么以往进行的翻译标准大讨论，就没有多少意义，因为标准只是基于文本、静态地看问题的，而以往有关"忠实"标准该不该的极端说法，皆可以休矣。

后 记

在我国,翻译教材从"规划经济"步入"市场经济",之后似乎又走向了新的盲从。翻译教材曾经受到"规划经济"思维的影响。20 世纪八九十年代,翻译教学界常用的统编教材是张培基等编著的《英汉翻译教程》和喻云根等编著的《汉英翻译教程》。在使用的过程中,教师们发现了诸多不尽人意之处,且主要集中在内容上,因此对于新的、统编教材的呼声便甚嚣尘上。在这一形势下,上海外语教育出版社 2001 年推出了孙致礼编著的《新编英汉翻译教程》。因新编教材本身的内容(实例集中于作者翻译过的几本文学名著),也因教材编写基本沿袭着传统的套路,教师们仍然要靠自己补充大量的资料来完成教学任务。新的情绪,促发了教师们自编教材的繁荣景象,实现了翻译教材从"规划经济"模式到"市场经济"模式的华丽转型。

此后,新的问题依旧不断。教师们把自己原本要补充于课堂的材料编辑成书(比如练习及其答案),成书后还要转而补充新的材料,这似乎陷入了一个怪圈。究其深层的原因,是教师们未将自己的作者角色和课堂操作者角色区别对待。作者希望详写,但作为课堂操作者的教师并非如此:你把要讲的东西都写得清清楚楚,教师还讲什么? 学生们都知道答案,老师再要怎么做? ……传统教材都在不约而同地沿用着翻译史、翻译理论、翻译技巧到翻译练习的组织思路。略写,担心说不透,显现不出作者的水平;详写,成书厚重,价格过高在所难免。如果说翻译史、翻译理论可详可略,而翻译技巧部分总要占去很大的篇幅。翻译技巧需要怎样学习? 对于翻译鉴赏而言,却又不因翻译技巧使用的多寡而"给分"。诸多困惑,如同难以逾越的藩篱。

怎样编写教材才能使教师们有充分的课堂操作空间? 怎样避免传统上主打的翻译技巧而引领学生悟出翻译活动运行的深层规律? 怎样在翻译实践和翻译评价间、在原文中心和市场中心间、在意志体译者和静态文本间找到一种平衡? 怎样避免教材的厚重? 怎样做到以学生为中心? 怎样让学生认识到翻译是一个永无止境的过程? 怎样避免"教材"的一本正经而为传统增添一分鲜活? ……当以上成为思考的核心时,那么翻译史、翻译理论等,甚至可以不着一字。本书旨在吹入一股异样的气息。为传统翻译教材"老大"做个"小兄弟",想来算不得奢侈。这些是从教材角度而论的,但对于社会上的学习者而言,它又说不上是教材。比如自学者可以通过"阅读空间"里的短文而学习;研究者可以从"要点拓展"部分发现研究的题眼和切入研究的角度。

本书是在《翻译识途:学赏用》一书反复试用的基础上认真修订而再版的,与首版相比,增删内容达 50％以上。除了修正了原来的内容,还增加了"导入篇""收尾篇"和"外篇"。"外篇"部分的翻译,均由本书作者完成,评析部分的作者除标注的外,均与短文的翻译者一致。

感谢我的研究生们协助查找资料并校对;感谢南京大学出版社裴维维编辑热情邀约,才有此重新修订和再版的机会。

周领顺

2018 年 6 月